学科文化视角下的
博士生培养

王东芳◎著

中国社会科学出版社

图书在版编目（CIP）数据

学科文化视角下的博士生培养／王东芳著 . —北京：中国社会科学出版社，
2017.12

ISBN 978 - 7 - 5203 - 1098 - 7

Ⅰ.①学… Ⅱ.①王… Ⅲ.①博士生—研究生教育—培养模式—研究
Ⅳ.①G643.7

中国版本图书馆 CIP 数据核字（2017）第 234874 号

出 版 人	赵剑英
责任编辑	马　明
责任校对	胡新芳
责任印制	王　超

出　　版	中国社会科学出版社
社　　址	北京鼓楼西大街甲 158 号
邮　　编	100720
网　　址	http://www.csspw.cn
发 行 部	010 - 84083685
门 市 部	010 - 84029450
经　　销	新华书店及其他书店

印　　刷	北京君升印刷有限公司
装　　订	廊坊市广阳区广增装订厂
版　　次	2017 年 12 月第 1 版
印　　次	2017 年 12 月第 1 次印刷

开　　本	710×1000　1/16
印　　张	17
插　　页	2
字　　数	237 千字
定　　价	69.00 元

前　言

在不少国家的博士生培养制度改革中，通常把博士培养看作一个整体，缺少对不同学科博士生培养特点的关注。博士生培养是知识生产与学术训练相结合的过程，不同学科的文化传统、价值理念与知识生产方式迥异，这种差异必然会反映在博士生培养和学术训练的过程之中。

本书从学科文化的视角分析不同学科的博士生培养过程。通过对美国 R 大学进行了长达一年的田野调查，选取化学、天文学、数学、经济学和英语五个学科作为案例，就"学科文化对不同学科的博士生培养产生了何种影响"这一论题进行了系统、深入的研究。本书首先介绍了美国博士生培养的整体理念与制度环境，然后从学科文化的角度对五个学科的博士生培养理念、导师指导方式与师生互动结构进行了阐释，最后分析了学科文化影响博士生培养的内在逻辑，抽象了不同学科在博士生培养过程中所呈现出的学科文化上的差异。基本结论如下：

第一，教师对博士生的培养活动受到学科文化的影响并具有其内在逻辑——高深知识。博士生教育的核心任务是培养博士生从事特定学科高深知识的生产，在教师看来，博士生从事高深知识的生产需要掌握三种类型的知识：学科核心知识、学科外围知识和可迁移性知识。

第二，教师对博士生的培养活动因学科文化的不同而产生差异。学科文化就其价值取向而言影响了不同学科博士生培养理念的形成，并形塑了不同学科教师培养博士生的方式与师生互动结构。首先，之所以不同学科的博士生培养理念会呈现出学科差异，是因为学科文化的行动理性不同。具体来说，纯学科崇尚价值理性，博士教育的目标定位为学术界的学者或研究者的培养，更为强调培养博士生的学术研究能力。而在应用学科，遵循目标理性，教师对博士生的学术训练过程不仅注重学术本身，而且更强调解决实际问题的能力，因此，博士教育的培养目标在强调学术研究能力的同时，更为注重培养博士生的专业技术能力或就业能力。其次，不同学科博士生培养方式和互动结构的差异源于学科研究范式的清晰统一化程度和知识生产活动的特征。在此基础上，本书抽象出五种基于学科的博士生培养方式及其文化特质：（1）以导师实验室为基础的结构化培养方式（化学）；（2）以公共观测台为基础的引导式培养方式（天文学）；（3）以智识讨论为基础的启发式培养方式（数学）；（4）以技能培养为主的团队互动培养方式（经济学）；（5）寻求团队支持的个体探索培养方式（英语）。

第三，学科文化对博士生培养的影响方式具有稳固性的特点。首先，教师对博士生的培养活动形成了一种学科惯习。学科惯习属于特定学科共同体不言自明的行为方式，存在于显性制度之外。其次，不同学科的博士生培养在不同程度上都依托于特定学科的"智识共同体"，提倡在对话、交流的氛围中培养博士生。

除了描绘、分析不同学科博士生培养的差异性图景，本书也力图将博士生培养这一议题置于全球情境下讨论，就博士生培养制度改革与政策制定进行反思，并提出若干"面向学科文化的博士生培养"的政策建议。通过本书，我们可以更好地理解博士生培养所孕育其中的学科文化的异质性和多样性，促进不同学科群体之间的沟通，奠定决策制定的基础，呼吁博士生教育改革应该考虑学科文化的多样性。

目　　录

图表目录

第 一 章

导　论

　　博士生教育，尤其是教师对博士生的指导、博士生的学习经验与专业社会化过程，长期以来被视为一个黑箱。[①] 但在博士生教育体制的改革过程中，随着博士质量以及博士培养质量问题的凸显，博士生的培养过程开始受到研究界的关注。以美国卡内基博士生教育创新计划（CID）的调查为基础的系列研究，[②] 从宏观上把握所有学科博士生培养的总体特征，重思了博士生教育并将其定位为培养未来的学科看守者。《三个有魔力的字母》[③] 一书从录取、资助、社会化、研究产出、修业年限、学业进度与完成率等方面揭示了博士生的整体经历。修业年限过长、就业难是美国博士生教育面临的

　　① 有学者指出，导师指导对研究生的成功非常重要，但关于博士生接受学术训练的过程，尤其是指导过程，令人捉摸不透，神秘难测，对教师指导实践的整体描述仍为荒芜之地。参见 Acker, S. , "The Hidden Curriculum of Dissertation Advising", in Margolis, E. , ed. , *The Hidden Curriculum in Higher Education*, New York: Routledge, 2001. Minor, J. T. , "For Better or for Worse: Improving Advising Relationships between Faculty and Graduate Students", in Green, Anna L. & Scott, LeKita V. , eds. , *Journey to the Ph. D. : How to Navigate the Process as African Americans*, Sterling, V. A. : Stylus Publishing, 2003, pp. 239 – 253. Leahey, Erin, "Transmitting Tricks of the Trade: Advisors and the Development of Research Knowledge", *Teaching Sociology*, Vol. 34, No. 2, 2006, pp. 93 – 110.

　　② Golde, C. M. , Walker, G. E. & Associates, eds. , *Envisioning the Future of Doctoral Education: Preparing Stewards of the Discipline*. San Francisco: Jossey – Bass, 2006. George E. Walker, Chris M. Golde, Laura Jones, Andrea Conklin Bueschel & Pat Hutchings, *The Formation of Scholars: Rethinking Doctoral Education for the Ttwenty – first Century*, Stanford: Jossey – Bass, Awiley Imprint, 2008.

　　③ Nettles, M. T. , & Millett, C. M. , *Three Magic Letters: Getting to Ph. D.* , Baltimore, MD: The Johns Hopkins University Press, 2006.

核心问题,① 这些困境与培养过程及师生在其中的体验息息相关,因此现有研究力图从资助、机构和系的氛围等角度予以分析,并日趋关注博士生的个体经验。② 德国等欧洲国家聚焦于博士生培养模式的结构化,包括研究生院制度的建立、课程体系的建设、培养模式的改革等,其目标在于提高博士生教育的效率与质量。③ 在澳大利亚、英国,随着博士生教育规模的扩张,学术指导的质量成为突出的问题,而且被看作是博士生成功完成学业最重要的因素,④ 英国的研究更多是从教师的个体特征剖析指导风格、动机。⑤ 总体而言,西方各国现有研究普遍强调博士生培养是一个复杂多变的过程,博士培养质量的提高需要教师投入更多精力,导师的指导是影响博士培养质量的最重要因素之一。

从现有的关于博士教育的研究文献看,多关注博士生培养的一些制度性和外在的因素,缺乏从学科文化视角的切入。在美国,关

① 据统计,从1920—1924年到1995—1999年这一时间段,美国博士生的平均修业年限从7年增加到了11年。Thurgood, L. L., Golladay, M. J. & Hill, S. T., *US Doctorates in the 20th Century*, Arlington: National Science Foundation, 2006, p. 27. Smallwood, S., "Doctor Dropout: High Attrition from Ph. D. Programs is Sucking away Time, Talent and Money and Breaking some Hearts too", *Chronicle of Higher Education*, Vol. 50, No. 19, 2004, p. A10.

② Golde, C. M. & Dore, T. M., *At Cross Purposes: What the Experiences of Doctoral Students Reveal about Doctoral Education*, Philadelphia, PA: A report prepared for The Pew Charitable Trusts, 2001.

③ 代表性的研究有:Kiley, M., "Discipline - related Models for a Structured Program at the Commencement of a Ph. D.", *Teaching in Higher Education*, Vol. 4, No. 1, 1999, pp. 61 - 75. Guth, J., "The Bologna Process: The Impact of Higher Education Reform on the Structure and Organisation of Doctoral Programmes in Germany", *Higher Education in Europe*, Vol. 31, No. 3, 2006, pp. 327 - 338.

④ Kulej, M. and Park, C., "Postgraduate Research Experience Survey 2008", *Final Report*, York: The Higher Education Academy, 2008.

⑤ Taylor, T. & Beasley, N., *A Handbook for Doctoral Supervisors*, London: Routledge, 2005. Lee, Anne, "How are Doctoral Students Supervised? Concepts of Doctoral Research Supervision", *Studies in Higher Education*, Vol. 33, No. 3, 2008, pp. 267 - 281. Pole, C. J., Sprokkereef, A., Burgess, R. G. & Lakin, E., "Supervision of Doctoral Students in the Natural Sciences: Expectations and Experiences", *Assessment & Evaluation in Higher Education*, Vol. 22, No. 1, 1997, pp. 49 - 63. Trevor H., "A Quantitative Analysis of Ph. D. Students' Views of Supervision", *Higher Education Research and development*, Vol. 21, No. 1, 2002, pp. 41 - 53.

于博士生修业年限在不同学科呈现明显差异是公认的事实，根据
2010 年国家研究理事会（NRC）的统计，农学、工程领域在六年
以内完成博士学位的博士生比例略超过 50%，在六年内完成学业的
社会科学博士生占 37%，而在人文学科只有 37% 的博士生在八年
内完成学业。[①] 为何修业年限会存在学科差异？该研究将修业年限
的差异解释为资助与经费的不同，但是如能对不同学科培养活动及
其学术研究的特性进行分析，将会发现更深层次的原因。再如，美
国 70% 左右的英语系博士生期待能从事学术职业，而在化学学科，
只有不到 35% 的博士生对教职感兴趣。[②] 为何不同学科博士生的职
业期待存在差异？甚至对自己有几个导师的看法，也呈现出显著的
学科差异：超过 60% 的化学学科博士生指出自己只有一个导师，而
在英语学科，却有 62% 的博士生说自己有一个以上的导师。[③] 为何
在相同的制度体系下，不同学科博士生对导师的认知存在差异？

　　缺乏从学科文化视角审视博士生培养实际上已经引发了不少现
实问题。在澳大利亚，不考虑学科文化多样性的博士生教育政策已
引起诟病。20 世纪 90 年代开始，澳大利亚政府最重要的科研政策
是鼓励工业界大力支持所有领域博士生的研究工作，但事实证明，
这一政策有利于特定学科的博士生科研活动，但对某些学科博士生
的科研活动却带来了一些问题，诸如人文学科的论文选题难以界
定。[④] 在英国，也有学者忧虑：所有学科的教育与培养正在受到自
然学科工作模式与规范的影响。但尚不清楚，趋同自然学科的博士

① Ostriker, J. P., Holland, P. W., Kuh, Charlotte V. & Voytuk, J. A., eds., "Committee to Assess Research Doctorate Programs", National Research Council, *A Data - based Assessment of Research Doctorate Programs in the United States*, National Academy of Sciences, 2010, p. 90.

② Chris M. Golde & Timothy M. D., "The Survey of Doctoral Education and Career Preparation", in Wulff, Donald H., Austin, Ann E. & Associates. *Paths to the Professoriate*, San Francisco: Jossey - bass, 2004, pp. 19 - 45.

③ Bound, J., Turner, S. & Walsh, P., *Internationalization of U. S. Doctorate Education*, Population Studies Center Research Report, 2009, p. 31.

④ Neuman R., *The Doctoral Education Experience: Diversity and Complexity*, Commonwealth of Australia, Department of Education, Science and Training, 2003, pp. 16 - 18, 136.

生培养模式是否会提升所有学科的博士培养质量?[①] 我国 2006 年实施的研究生培养机制改革，提出建立"以科学研究为主导的导师责任制"和"以科研项目经费为引导的导师资助制"，为何高校在实行过程中，人文学科反对浪潮较高，而社会科学有反对的也有支持的，理工科反对声浪最小? 一些大学在实施过程中甚至导致了一些学科的知名教授发表罢招的公开声明，根源就在于没有理解不同学科的培养方式与师生关系的差异。[②] 世界范围内热火朝天的博士生培养改革制度大多为自上而下，但是制度改革是否考虑到大学的原生文化之本——学科文化?

　　从文化的角度看，大学的独特性在于其是由各个不同的"小世界""学术部落"[③] 组成的多样化、异质性的机构，不同学科具有其内部的文化特征，包括学者的研究目标、典型的行为模式、互动方式、出版规则以及部落的核心价值与观念，这形成学科文化的特质。那么，学科文化也会对旨在进行学术训练的博士生培养活动产生影响。博士生培养是知识生产与学术训练相结合的过程，博士生介于研究者与学生之间，对博士生的培养实际上是科研训练的过程。不同学科的文化传统、价值理念与知识生产方式迥异，这种差异必然会反映在博士生培养和学术训练的过程之中。

　　因此，如能从学科文化的角度对不同学科的博士生培养进行分析，将能更清晰地解释诸种疑问和现象背后的实质，而揭开不同学

---

　　① Henkel, M., *Academic Identities and Policy Change in Higher Education*, London: Jessica Kingsley, 2000, p. 158.

　　② 杨玉良:《漫谈研究生教育中的一些相关问题》,《学位与研究生教育》2007 年第 2 期。唐景莉:《以科研为主导师生协同创新——国务院学位办主任杨玉良院士谈研究生培养机制改革》,《中国教育报》2008 年 11 月 26 日。武毅英、陈梦:《困惑与出路:对我国研究生培养机制改革的思考》,《现代大学教育》2008 年第 2 期。陈洪捷:《博士质量:概念、评价与趋势》,北京大学出版社 2010 年版，第 159 页。

　　③ 伯顿·克拉克将学术生活比喻为"小世界，不同的世界"(small worlds, different worlds)。参见 Clark, B., *The Academic Life*, New Jersey: The Carnegie Foundation for the Advancement of Teaching, 1989. 托尼·比彻将学术生活比喻为不同的"学术部落"(academic tribes)。参见 [英] 托尼·比彻、保罗·特罗勒尔《学术部落及其领地》，唐跃勤、蒲茂华、陈洪捷译，北京大学出版社 2008 年版。

科博士生培养过程的神秘面纱，能为博士生培养制度的设计与改革提供更有针对性的依据。

第一节 研究问题

一 问题提出

针对以上论述所抛出的现象与疑问，本书探讨的问题是：学科文化对不同学科的博士生培养产生了何种影响？也就是说：不同学科教师对博士生的培养是否受到学科文化的影响？不同学科在博士生培养过程中有哪些文化上的差异？这些差异会对博士生培养实践带来何种影响？总之，本书是从学科文化的视角分析不同学科博士生培养所呈现的文化差异。这一问题具体包括如下三个子问题：

第一个问题，不同学科的博士生培养理念有哪些差异？美国卡内基博士生教育创新计划将博士教育目标界定为培养学科的"看护者"，但是，不同学科的教师是如何理解学科"看护者"的？不同学科注重培养博士具备哪些素质和能力？学科文化如何形塑教师对博士生培养目标的话语实践？

第二个问题，学科文化如何影响导师对博士生的培养方式？导师与博士生形成了什么样的互动结构？这里主要探讨的问题是，学科文化在多大程度上影响了导师对博士生的培养实践以及不同学科形成了什么样的特质？研究的重点聚焦于导师对博士生的指导方式与师生互动的结构，并从学科文化的认识论与社会学维度予以探析。

第三个问题，学科文化是否影响不同学科博士生培养制度的运行？学科文化方面的差异会对不同学科博士生培养制度的运行产生何种影响？与前两个问题对博士生培养的非正式约束的探究不同，问题三的提出是希望分析不同学科博士生培养制度在实际运行中所呈现的差异。

总之，通过从理念到实践、从行动到制度的考察，阐释不同学科博士生培养的目标与行动结构是如何受到学科文化的影响并构成博士生教育的多样化特质。

需要说明的是：第一，尽管影响博士生培养的文化多种多样，不仅有学科文化，也包括国家文化、院校文化、学派文化，甚至种族文化等，但是本书是从学科文化的视角进行分析的。比彻（T. Becher）、克拉克（B. Clark）等学者都指出，学者对学科这一无形学院的认同远远超越国家、院校文化的界限，[①] "尽管学科的特点会随着时间的改变而不同，尽管学科因研究机构不同和国家相异而具有多样性，我们还是可以认为学科具有可辨认的同一性和具体的文化特征"[②]。第二，本书力图勾画一个学科大体的状态与概貌，至于学科内部不同分支之间的细微差异不是本书予以关注的。第三，本书的情境，是基于美国的一所公立—博士研究型大学——R大学，因此，案例的描述、分析以及研究的结论是基于该校各个学科教师的话语。

二 基本概念

（一）博士生教育

本书所提到的博士生教育，一概指"学术型博士生教育"（Ph. D.）。学术型博士生教育的定义是：这类博士生教育要求博士生从事高层次的且高于硕士学术水平的研究工作，具体表现在博士学位论文和答辩是基于原创性的研究，博士期间的科研项目是原创

---

① 比彻在《学术部落及其领地》一书的附录中指出："尽管在美国大学中展开更多的调查（从调查一所大学的六个主要学科到调查四所大学的所有辅助学科），但是我仍旧没有得出太大的差异数据：一所大学的化学家、现代语言学家等学者与另一所大学的相同学科学者之间非常相似。"［英］托尼·比彻、保罗·特罗勒尔：《学术部落及其领地》，唐跃勤、蒲茂华、陈洪捷译，北京大学出版社 2008 年版，第 222 页。伯顿·克拉克说：学科的范围不限于一国的学术系统，尤其是学术科学家，很自然地在世界范围内开展工作。他们的学科观点和兴趣很容易跨越国界。［美］克拉克：《高等教育系统》，王承绪、徐辉译，杭州大学出版社 1994 年版，第 43 页。

② ［英］托尼·比彻、保罗·特罗勒尔：《学术部落及其领地》，唐跃勤、蒲茂华、陈洪捷译，北京大学出版社 2008 年版，第 47 页。

的且能体现其学术水平。① 与之相对的是专业博士教育,不属于本书的研究范围。本书主要探讨学术型博士生的培养问题。

(二)博士生培养(advising)

在现有的英文文献中,关于"培养"的英文表达有不同的词语,常见的有 advising,mentoring、training、supervising 等。根据笔者在美国的田野调查,发现日常用语中不同人的使用偏好与理解不同。因此,在文献收集过程中,为了不遗漏包括了使用 mentoring/advising/training/supervising 的研究。

在美国学界的研究中,以 advising、mentoring 为主,两者的名词形式分别是 advisor、mentor。从词源来看,mentor 一词出自荷马史诗。在《奥德赛》中,Mentor 是奥德赛最忠诚的朋友,在特洛伊战争期间,他委托 Mentor 来指导自己十岁儿子的教育与成长,包括身心各个方面的发展,诸如身体、智力、道德、精神、社会和管理等,因此 Mentor 担负着多重角色:教师、教练、答疑解惑者、知己、咨询者和朋友。② 在《奥德赛》中,这种关系有如下特点:第一,这很像是父母与孩子间的关系,一个年长的、有经验的人为年幼且没有经验的年轻人提供指导;第二,这也是一种长期的关系,关系的维持主要依赖于 Mentor 强烈的个人责任感;第三,被指导者发现自己处于一个并不熟悉的境地,需要克服障碍和危险。

尽管指导的思想已经发展了几个世纪,但是直到 20 世纪 70 年代指导的概念和重要性才被"重新发现"并流行起来,列文森(D. Levinson)曾经对指导的概念做了一个被普遍接受的界定,他认为"导师"应该是一个教师、一个编辑或是一个庇护人,更是自信,给予智慧、帮助、批判,老练的合作者,他建议可以用 advi-

---

① Integrated Postsecondary Education Data System,2011 - 9 - 20,http://nces. ed. gov/ipeds/(National Center for Education Statistics).

② Aguilar - Gaxiola, S., Norris, R., & Carter, G., *The Role of Mentors in the Lives of Graduate Students*, American New Orleans:Educational Research Association, 1984, p. 5.

sor、sponsor、counselor 等术语来做导师的同义词。①

美国有一些研究从词义上将两者予以区分，将 advisor 看作是由院系正式指定的，博士生可就课程、填表、签字等事项与其讨论。但是 advisor 并不一定是 mentor，因为 mentor 是指博士生在需要之时可以询问建议、修改文章或寄希望得到鼓励与支持的教师。② 简单地说，advisor 更偏向于正式指定的指导教师，但 mentor 是博士生与导师之间更为自主化的双向师生关系，mentor – protégé 的关系通常比 advisor – advisee 的关系要更深厚。根据笔者的访谈，发现美国教师对博士生教育中 advising 的描述，不仅包括导师的指导，也包括课程指导委员会（advisory committee）和论文指导委员会（dissertation committee/research committee）③ 的教师，以及研究生事务主任的指导（见图 1—1）。从内容上看，包括对博士生在学业、就业、生活等方方面面的体察与引导。这比将 advising 限于"导师的指导"的理解要广阔得多，相当于"培养"的意涵。因此，本书的基本观点是：将使用 advising 一词，即在相对宽泛的意义上讨论培养。

（三）文化、学科文化（具体论述见本章第三节理论基础部分）

为了加强"文化"的分析力度，本书将其概念狭义化。韦伯（M. Weber）、格尔茨（C. Geertz）等学者提出，文化是由人自己编织的意义之网，④ 也就是说，"对文化的分析是一种探究意义的解释

---

① Levinson, D. J., *The Season of Man's Life*, New York：Alfred a. Knopt, 1978.

② Nettles, M. T., & Millett, C. M., *Three Magic Letters：Getting to Ph. D.*, Baltimore, M. D.：The Johns Hopkins University Press, 2006, pp. 96 – 98.

③ 在美国，博士生指导实施的是"以导师为主的委员会制度"，这里的委员会包括 advisory committee 和 dissertation committee/research committee。就两者的中文翻译而言，有研究将其统一译为指导委员会、导师小组或指导小组制。但根据笔者对 R 大学的考察，发现两者是有区别的。advisory committee 是在资格考试之前负责指导博士生课程学习的，本书将其译为"课程指导委员会"；dissertation committee/research committee 是在资格考试之后负责指导博士生从事博士论文研究的，本书将其译为"论文指导委员会"。

④ ［美］格尔茨：《文化的解释》，韩莉译，译林出版社 2008 年版，第 5 页。

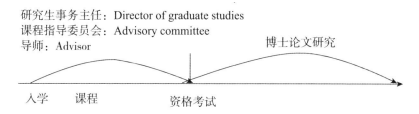

研究生事务主任：Director of graduate studies
课程指导委员会：Advisory committee
导师：Advisor

博士论文研究

入学　课程　　　　　　资格考试

导师：Advisor/mentor/director (chair) of dissertation committee
论文指导委员会：Dissertation committee/research committee

图1—1　博士生培养过程与指导教师

科学"①。因此，我们尝试从符号学的意义上界定文化的含义，即文化是指共同体成员所共享的价值观、信念和取向，这构成共同体的意义之网。

学科文化是本书的分析视角。沃勒斯坦（Immanuel Wallerstein）认为学科有不同的层次，即作为学术范畴的学科、作为组织结构的学科以及作为文化的学科。文化乃学科之魂。② 本书旨在追溯学科的"文化"意义。根据比彻、伯顿·克拉克等高等教育学者的观点，我们提出：学科文化是指学科群体内的成员在社会行为与学科知识方面所形成的共同价值观念、思维方式、态度和取向。

三　研究意义

本书研究意义在于通过分析不同学科在博士生培养中的差别，为不同学科博士生培养制度的设计与改革提供更有针对性的依据。同时，本书也是对比彻关于学科文化研究的进一步延伸，即从教师是如何培养博士生从事研究的角度看学科文化的特点。总之，本书

---

① ［美］格尔茨：《文化的解释》，韩莉译，译林出版社2008年版，第5页。
② ［美］沃勒斯坦：《知识的不确定性》，王昱译，山东大学出版社2006年版，第104页。

有助于查明学科文化对不同学科博士生培养实践和理念的影响，进而为改进博士生培养的相关制度提供参考。

国内对博士生教育的研究中，还未看到从学科或学科差异的角度研究博士生培养过程。对作为世界改革金本位的美国博士生教育的研究，已有文献虽有涉及但仍停留在宏观与总体的介绍与描述阶段。在英美两国，关于博士生培养的学科差异已有一些研究，但在研究视角上多从博士生学术社会化的角度进行分析，所涉及的学科较少以至于无法展现学术部落及其领地的复杂性与多样化。本书期望通过对美国大学的案例研究，在以下方面有所贡献：

第一，对不同学科博士生培养的差异性进行分析，为博士生教育的改革与评价提供有针对性的依据。本书的基本观点是，恰恰是因为各学科博士生培养的"潜在规则"与价值追求不同，不同学科文化才在不同理性下各显光芒。当下博士生教育的改革，比如培养政策的制定与资助方案有将硬学科作为理想模型之嫌，但这明显违背多元化的标准，不考虑不同学科光芒的改革终将不利于未来后备人才的培育。

第二，以美国的案例为基础，在系统分析博士生培养潜在实践的学科差异的基础上，结合美国博士生培养制度，尤其是论文指导委员会制度和资格考试制度，不仅分析培养制度的程序与运行（政策、制度规定上），也通过教师的话语探析培养制度在不同学科中的实际运行及其所呈现出的学科差异。以前的研究几乎从未对此进行过系统分析。这对我国甚至欧洲博士生培养制度的改革能提供更细致的参照。

第三，将运用比彻的学科文化理论解释博士生培养呈现学科差异的缘由，也就是从学科文化的认识论与社会学视角为博士生培养所呈现的差异提供立论。同时，进一步丰富比彻有关学科文化的研究，从教师如何培养学术后备的角度能更好地理解不同学术部落及其领地的文化特征。

对学科文化视角中的博士生培养这一议题进行研究，不仅能为政策制定者与制度改革者提供更有针对性的依据，也能对不同学科群体之间的沟通提供可能。如费孝通所言：各美其美，美人之美，美美与共，天下大同。"各美其美"就是不同学科群体对自己培养博士生的文化传统的欣赏。"美人之美"就是要求我们了解其他学科文化的优势与美感。"美美与共"就是不同学科群体在价值上达成共识以促使不同类型之间的沟通与合作。

第二节 文献评述

博士生教育已经成为最近十多年的研究热点，并且成为各国政府部门尤其是教育部门的政策焦点。这些政策部门不仅是博士生教育改革的推动者，同时也是博士生教育研究的生产者。例如，在美国，美国科学院（National Academy of Sciences）及其下辖的美国研究理事会（National Research Council）就是博士教育研究的最为重要的产出者之一。[①]

近年来，我国学者对博士生教育展开了不少研究。国内已有文献围绕西方博士生培养模式（陈学飞，2002）、研究生教育规模和结构（袁本涛，2010）、博士质量与评价（中国博士质量分析课题组，2010；陈洪捷，2010；王战军，2012）、研究生教育的战略规划（谢维和、王孙禺，2011）、研究生教育质量保障（周文辉，2012）等问题进行了研究。不过，与西方学界已有的研究相比，我们的研究在广度和深度方面尚有不足之处。在知识经济时代，博士生教育越来越成为国家经济发展、民族创新能力的关键环节，与此

---

① 陈洪捷：《博士质量：概念、评价与趋势》，北京大学出版社 2010 年版，第 309—310 页。

同时，博士教育的扩张与多样化趋势使其变得越来越不具有确定性，博士教育与劳动力市场的关系、博士生的教育经验均处于动态的变化之中，为了及时把握博士教育的变化与状况，我们非常有必要加强对博士生教育相关问题的研究。①

　　具体到博士生培养模式，国内研究的第一种路径是基于我国经验与现实的研究，《中国学位与研究生教育发展报告（1978—2003）》分析了我国研究生培养模式的特点，指出在招生制度、培养方式、博士生课程和淘汰环节存在的问题。第二种路径是对国外博士生培养模式进行总结与描述性研究（陈学飞，2002；李盛兵，1997；马黎，1994；刘献君，2010）。李盛兵（1997）通过分析世界研究生教育模式的演变，提出学徒式、专业式和协作式三种模式。陈学飞（2002）从招生、导师指导、课程、学位论文等方面概括了英法德美四国的博士生培养模式。就国内学界对西方博士生教育的研究而言，仅有的研究还停留在从宏观上对"整体式图景"的分析，指出20世纪80年代以来博士生培养模式改革的总体趋势是从"德国模式"转向"美国模式"，带有明显的渐进式与转型式发展的特征。② 但关于博士生教育中观和微观的实证研究，尤其是对博士生培养这一核心活动的关注仍不够。对国际比较教育经验与政策的借鉴，仍局限在基于国外文献的介绍和描述上，而没有进入实地获取一手资料。③

---

①　陈洪捷：《博士质量：概念、评价与趋势》，北京大学出版社2010年版，第311页。

②　沈文钦、王东芳：《从欧洲模式到美国模式：欧洲博士生培养模式的改革趋势》，《外国教育研究》2010年第8期。陈学飞：《西方怎样培养博士》，教育科学出版社2002年版。

③　诸如：张济洲：《近年来美国博士生教育面临的问题及其改革措施》，《学位与研究生教育》2008年第11期。刘凡非：《美国博士生教育的模式及改革动向》，《中国高等教育》2007年第5期。李联明、濮励杰、张小明：《高等教育国际化进程中的美国博士生教育发展脉络初探》，《学位与研究生教育》2006年第7期。而阿特巴赫的一篇被翻译的文章，以及牛大勇对哈佛大学研究生教育调查报告，对博士生培养进行了一些相对细致的描述，参见［美］阿特巴赫《美国博士教育的现状与问题》，别敦荣、陈丽译，《教育研究》2004年第6期，牛大勇《哈佛大学研究生教育调查报告》，《学术界》（双月刊）2003年第3期。

从上述分析可知，一方面，国内一些研究没有将博士生培养与硕士生区分开来；另一方面，对博士生培养模式的研究往往从历史演变或国别差异等宏观角度进行概括，缺少对学科实践的关注。唐安奎（2005）指出研究生教育要以学科文化为内容，致力于学科文化的传承。尽管该研究的论述缺乏实证支持，但其价值在于提醒研究者应考虑学科文化与研究生教育的天然联系。近几年，将学科差异引入博士生教育进行研究似乎逐渐引起学者的注意，古继宝和蔺玉（2011）以某校物理和化学学科的博士生为样本，通过 logistic 回归分析了学科差异与博士生科研绩效管理之间的关系，结果表明：学科差异对生源质量、导师学术身份、博士生科研绩效之间的关系有调节作用。从冯蓉、牟晖（2014）[①] 的研究得知，尽管从总体上看不同学科博士生较为趋同地认为导学关系的本质属性是"学术指导关系"，但不同学科的认可程度存在差异，其中历史学的比例最高为 89.1%，理学为 67.2%。然而，不同学科的师生关系呈现何种差异以及为何会呈现差异，该研究并未予以解释。

纵观西方博士生教育的相关文献，主要聚焦在诸如博士生教育改革、博士质量、专业博士、博士生的学术社会化、学业完成与流失率等方面的议题。教师对博士生的培养被看作是促进博士生学业完成，并影响博士生专业社会化和认知发展最关键的因素。[②] 培养或指导在博士生教育中的重要性已在学界达成共识。

20 世纪 80 年代以来西方学者对博士生培养的研究文献，专门系统研究学科文化与博士生培养差异性的研究并不多。一种路径是

---

① 冯蓉、牟晖：《博士生导师在构建和谐导学关系中的作用研究》，《研究生教育研究》2014 年第 2 期。

② Cullen, D., Pearson, M., Saha, L. & Spear, R., *Establishing Effective Ph. D. Supervision*, Higher Education Division, Evaluation and Investigation Program, Australian Government Publishing Services, Canberra, 1994.

在关注博士生的修业年限、学业完成、学术社会化时将"学科"作为其中一个维度予以考虑，[①] 证实学科差异的确存在；另外一种路径是对师生关系以及导师指导风格的研究，侧重从个体特质分析导师指导风格的差异性。值得注意的是，英美等国尤其关注未被充分代表群体（The Underrepresented，如：女性、少数民族、国际学生等）的指导问题，[②] 但没有以学科为核心单位进行分析；还有一类文献，尽管其核心、出发点、落脚点是博士生学术社会化这一议题，而且大多探寻博士生的声音，缺少教师的话语，但在分析过程及对社会化模型的建构中考虑到了学科差异，并间接论述了博士生指导的问题。近些年也有研究指出导师指导行为与理念或许呈现学

---

① 代表性的文献有：Baird, L., "Disciplines, and Doctorates: the Relationship between Programme Characteristics and the Duration of Doctoral Study", *Research in Higher Education*, Vol. 31, No. 4, 1990, pp. 369 – 385. Moses, I., Planning for Quality in Graduate Studies, In Zuber, S. O. & Ryan, Y., eds., *Quality in Postgraduate Research in Education*, London: Kogan Page, 1994. Seagram, B., Gould, J., & Pyke, S. W., "An Investigation of Gender and other Variables on Time to Completion of Doctoral Degrees", *Research in Higher Education*, Vol. 39, No. 3, 1998, pp. 319 – 335. O'Bara, C., *Why Some Finish and Why Some don't: Factors Affecting Ph. D. Completion*, Doctoral Dissertation, *Claremont Graduate School*, 1993. Faghihi, F., Rakow, E. & Ethington, C., "A Study of Factors Related to Dissertation Progress among Doctoral Candidates: Focus on Students' Research Self – efficacy as a Result of Their Research Training and Experiences", Paper presented at the annual meeting of the American Educational Research Association. Montreal, Ontario, Canada, April 19 – 23, 1999, pp. 19 – 23. M. S. Anderson (ed.) Anderson, M. S. (ed.), *The Experience of Being in Graduate School: An Exploration*, New Directions for Higher Education, No. 101, San Francisco: Jossey – Bass, 1998 .

② 代表性研究有：Fox, M., "Gender, Faculty, and Doctoral Education in Science and Engineering", in Horning, L., eds. *Equal Rites*, *Unequal Outcomes: Women in American Research Universities*, New York: Kluwer Academic/Plenum Publishers, 2003. Sambrooka, S., Stewartb, J. & Roberts, C., "Doctoral Supervision... A View from Above, Below and the Middle!", *Journal of Further and Higher Education*, Vol. 32, No. 1, 2008, pp. 71 – 84. Robinson, C., "Developing a Mentoring Program: A Graduate Student's Reflection of Change", *Peabody Journal of Education*, Vol. 74, No. 2, 1999, pp. 119 – 134. Humble, A., Solomon, C., Allen, K. & Blaisur, K., "Feminism and Mentoring of Graduate Students", *Family Relations*, Vol. 55, No. 1, 2006, pp. 2 – 15. Koro – Ljungberg, M. & Hayes, S., "The Relational Selves of Female Graduate Students during Academic Mentoring: From Dialogue to Transformation", *Mentoring & Tutoring*, Vol. 14, No. 4, 2006, pp. 389 – 407.

科间的不同,① 但对具体差异的描述和认知及其缘由并未提及。由于本书的核心问题是学科文化视角下的博士生培养及其学科差异,因此,下文将主要分析第三类文献。

关于博士生培养的学科差异,最普遍的做法是将学科分为自然科学与人文学科两大类,提出实验室密集的学徒模式与图书馆密集的个体模式,前者强调紧密的师生合作与指导关系,而后者更多是学生个体化的探索。例如,早在 20 世纪 90 年代早期,美国学者伯顿·克拉克邀请英、法、美、德、日五个国家的高等教育专家,提出从"教学与科研相结合"的角度考察各国研究生培养,形成《研究生教育的科学研究基础》② 一书。该书对各个国家研究生教育状况既有宏观介绍,也有对学科基层的描述。古默波特(P. Gumport)分析了美国物理、经济学、历史和生物学科的研究生教育在课程学习、科研训练以及资助方面的差异,提出两个基本模式,一端是自然科学,研究生教育和科研紧密结合并得到经费支持形成正式的结构化关系;另一端是人文学科,研究生教育和科研呈松散结合状的非正式化指导关系。但是,该研究在以下两方面存疑:第一,为何不同学科研究生教育与科研的关系呈现差异?第二,两种模式的中间状态是什么?而且,关于两种模式本身的具体运行还有待详细描述。尤其需要指出的是,学术部落及其领地的复杂性远非二分法所能概括。

从理论视角看,现有研究多采用社会化理论分析不同学科博士生的学习经验。社会化是指个体在与社会环境的相互作用中,发展自我观念与社会角色,掌握所属社会的各种技能、行为规范、价值观念,获得该社会所要求的成员资格,同时也是自我和个性形成和

---

① Zhao, C., Golde C. M., & McCormick A. C., "More than a Signature: How Advisor Choice and Advisor Behaviour Affect Student Doctoral Supervision", *Journal of Further and Higher Education*, Vol. 31, No. 3, 2006, pp. 263 – 281. Lee, Anne, "How are Doctoral Students Supervised? Concepts of Doctoral Research Supervision", *Studies in Higher Education*, Vol. 33, No. 3, 2008, pp. 267 – 281.

② Burton R. C., *The Research Foundations of Graduate Education*, Berkeley, Los Angeles, Oxford: University of California Press, 1993.

完善的过程。人们从他们当前所处的群体或他们试图加入的群体中，有选择地获取价值和态度、兴趣、技能和知识——简言之，文化的过程，指的是社会角色的学习。[①] 比较有代表性的是英国学者德拉蒙特（S. Delamont）[②] 的研究，通过对博士生日常经历的描述，基于伯恩斯坦（B. Bernstein）的社会化模型，建立了与位置社会化和个人社会化相辅相成的两种模型，分析了自然科学和社会科学的博士生如何在各自的学科文化中社会化及其身份认同的问题。伯恩斯坦尤其关注控制、社会化和身份认同形成的模式，在位置社会化模式中，社会控制的边界是清晰的——年龄、性别和地位界定了权威的外在分配。在个人社会化模式中，社会控制仍旧存在，但控制是基于内在的社会关系。位置权威是强制的，个体权威是基于协商和说服。德拉蒙特进而指出：在自然科学，导师和博士生都有固定、清晰的身份认同，导师是管理者的角色，而博士生是接受者的角色，称之为技术理性指导模式（technical rationality model of supervision）；在社会科学，师生关系更为开放和松散，身份可协商，为协商秩序指导模式（negotiated order model of supervision）。笔者结合伯恩斯坦对知识分类与构架的理论，将德拉蒙特的分析归纳为表 1—1。

表1—1　　　　　　　　博士生学术社会化的两种模式

	位置社会化模式	个体社会化模式
学科	自然科学	社会科学
知识分类	强分类	弱分类

---

① ［美］默顿：《社会研究与社会政策》，林聚任等译，生活·读书·新知三联书店2001年版，第216页。

② Delamont, S., "The Marriage Analogy: Personal and Positional Relationships in Ph. D. Supervision", In Prichard, Craig & Trowler, Paul, *Realizing Qualitative Research into Higher Education*, Printed and bound by Athenaeum Press, ltd., 2003, pp. 107 – 120; Delamont, S., Atkinson & O. Parry, *The Doctoral Experience: Success and Failure in Graduate School*, London: Falmer Press, 2000.

续表

	位置社会化模式	个体社会化模式
知识构架	强构架	弱构架
博士生身份获得	先赋性，等级差异	后赋性，开放协商
博士生学术社会化	过程是外在的、等级制	与导师协商的结果，内在

尽管德拉蒙特着眼于分析博士生的学术社会化，但他从知识特征解释学科差异的路径值得借鉴。自然科学的知识是强分类，边界清晰，有独特的话语权和专门的规则，知识结构是强架构，知识的交流方式是可见的、外在的，因此博士生在团队中有清晰的位置，身份获得具有先赋性。由于社会科学的知识是弱分类，弱架构，知识的交流方式是不可见的，内在的，因此博士生的学术社会化是与导师协商的结果。

另外，蒋（K. Chian g）[1] 的研究着重分析了英国大学化学系和教育系博士生的学习经验与满意度，进而提出了"团队合作型"和"单兵作战型"的训练模式。团队合作模式中的导师既是博士生的指导者，也是平等的同事；而在单兵作战的模式中，博士生是学习者，不被当成完全的团队成员，很少共享资源。

以上有代表性的研究，无论是对自然科学与人文学科的对比，还是对自然科学与社会科学的差异分析，都大体得出了两种模式：实验室的团队模式与个体化的作战模式。从学科文化的角度看，人文学科与社会科学由于知识特征和工作方式迥异，博士生的培养也存有差别。

当然，也有学者提及了自然科学、人文学科、社会科学之间的区别。帕里（S. Parry，2007）[2] 对特定学科情境中博士生的学习过程进行了探索，以期对指导过程、博士层次的学习过程及其所学习

---

[1] Chiang, Kuang – Hsu, "Learning Experiences of Doctoral Students in UK Universities", *International Journal of Sociology and Social Policy*, Vol. 23, No. 1 – 2, 2003, pp. 4 – 32.

[2] Parry, Sharon, *Disciplines and Doctorates*, Dordrecht：Springer, 2007.

知识的影响等问题有所启示。该研究采用质性研究方法进行了两轮调查，第一轮于 1993 年到 1997 年间访谈了澳大利亚三所大学 11 个学科（农学、微观生物学、基因学、电气工程、心理学、教育、经济学、政治、会计、历史和哲学）的 120 多名教师、120 多名博士生。第二轮主要采集了这三所大学 26 个成功的博士论文并分析其写作风格、形式和措辞。在涉及指导关系的一节指出：理科博士生与导师的关系更为正式；而人文学科指导关系更为个体化和私人化；在社会科学，由于知识界限界定不清晰，博士生的论文选题具有很大的自由开放特征，导师在其中的作用更多是鼓励博士生在研讨班等团体活动中报告研究，或帮助学生寻找教学工作的资助机会，双方的关系更多是协商和讨论。从研究视角看，该研究仍旧是从学术社会化过程的角度分析博士生是如何掌握有关学科领域的专门知识，但没有对学科知识进行明确分类，也并非专门聚焦于指导问题。这一分析与先前研究相比的贡献是，调查规模大且涉及学科范围广，作者尝试从语言学角度对不同学科的知识生产进行解释。

从研究方法看，现有研究多采用质性研究方法，但也有少数学者采用定量方法，例如，赵（C. Zhao）等人[1]分析了导师选择与导师行为是如何影响博士生的满意度的，其数据来源是美国博士生教育与职业准备调查（Survey on Doctoral Education and Career Preparation）。结果证实，博士生选择导师的标准以及导师的行为方式存在显著的学科差异，这种差异比个体特征更为积极地影响了博士生的满意度。但是，该研究仅仅选择了与指导相关的易操作的两个变量进行分析，导致研究结论略显薄弱。实际上，博士生培养过程非常复杂，涉及的因素多种多样，即使只是从指导的角度看，不同学科的差异不仅体现在导师选择和导师行为方面，也表现在导师指导博士生的理念、是否鼓励博士生参与课题研究等方面。而且，量的研

---

[1] Zhao, C., Golde C. M., & McCormick A. C., "More than a Signature: How Advisor Choice and Advisor Behaviour Affect Student Doctoral Supervision", *Journal of Further and Higher Education*, Vol. 31, No. 3, 2006, pp. 263 – 281.

究虽然在推广性上有优势，但是很难反映出导师对博士生培养的深入思考及其复杂性。博士生培养是带有很强解释性、情境性、过程性的问题，更适合于采用质的研究方法来窥探。

总之，现有文献缺乏对博士生培养的学科差异及其根本原因做出解释的专门系统的研究。第一，侧重于从博士生学术社会化的角度进行分析，缺少从"教师如何培养/指导博士生"这一立场进行专门研究。第二，对指导问题的关注仅限于导师指导，尤其是"博士生导师"与"博士生"的指导关系。但是，美国博士生培养所涉及的教师，不仅包括导师，也包括与培养相关的其他人，如何定义不同个体或群体在不同学科博士生指导中的角色与功能是被现有研究所忽视的。第三，现有研究的学科分类多以人文学科与自然学科这一类目为基础进行分析，但是学术部落及其领地的复杂程度远非人文学科、自然科学所能概括。相应地，以这一类目为基础概括的两种博士生指导模式明显说服力不足。第四，博士生培养产生学科差异的根本原因是什么？尽管现有研究进行了一定的尝试，如分析科研资助模式对博士生科研活动的影响，或从教育知识特征的分析，或从语言学角度对知识的分析，都没有从学科文化这一根本进行系统的实证分析。

基于以上分析，本书将以学科文化的理论为基础，选择若干有代表性的学科，着重解释教师在博士生培养与指导中的话语，包括不同学科的培养理念、指导实践以及培养制度的运行等，试图在已有的理论框架与社会生活事实之间进行力所能及的探讨。

第三节　研究思路

一　理论基础

如前文所述，博士生培养是知识生产与学术训练相结合的过程，不同学科的文化传统、理念价值与知识生产方式迥异，这种差异必然会反映在博士生培养和学术训练的过程之中，因此学科文化构成本书的理论视角。教师对博士生的培养是一种社会行动，这种社会行动会受到文化的影响。

（一）学科文化的理论

1. "文化"的界定

分析学科文化的前提是对"文化"的概念进行梳理。文化不仅是一个复杂的术语，而且现有定义繁多。1952 年，美国文化学者克罗伯（A. Kroeber）和克拉克洪（C. Kluckhohn）在《文化：概念和定义的批判》一书中，指出西方关于文化的定义多达 160 多种。[①]因此，本书并不试图对文化做一个清晰通用的权威界定，而是从已有的经典定义中抽取最核心的、共通的要素说明我们对文化研究所持的立场。

在泰勒（E. Taloy）看来，文化是一个复合的整体，包括知识、信仰、艺术、道德、法律、习俗和任何人作为一名社会成员而获得的能力和习惯在内的复杂整体。[②]墨菲（R. Murphy）也认为，文化是意义、价值和行为标准的整合系统，社会的人们据此生活并通过社会化将其在代际传递。[③]克罗伯和克拉克洪将文化概括为：文化由外层的和内隐的行为模式构成，这种行为模式通过象征符号而获致和传递；文化代表了人类群体的显著成就，包括他们在人造器物中的体现；文化的核心部分是传统的（即历史地获得和选择的）观念，尤其是它们所带的价值。[④]

无论是泰勒将文化界定为涵盖行动、思想和物质对象，还是墨菲将文化看作是意义、价值和行为标准，实际上都试图将文化的概念界定得更全面，而不是更有针对性。对此，格尔茨的看法是，

---

① Kroeber, A. , Clyde Kluckhohn, Wayne Untereiner & Alfred G. Meyer, *Culture: A Critical Review of Concepts and Definitions*, New York: Vintage Books, 1952.

② ［英］泰勒：《原始文化》，连树生译，上海文艺出版社 1992 年版，第 1 页。

③ ［美］罗伯特·F. 墨菲：《文化与社会人类学引论》，王卓君、吕迺基译，商务印书馆 2009 年版，第 32 页。

④ Kroeber, A. , Clyde Kluckhohn, Wayne Untereiner & Alfred G. Meyer, *Culture: A Critical Review of Concepts and Definitions*, New York: Vintage Books, 1952.

"这种泰勒式大杂烩理论方法会将文化概念带入一种困境"，其"模糊之处大大多于它所昭示的东西"。① 笔者非常认同亨廷顿（S. Huntington）的观点：如果我们关心的是文化如何影响社会发展，文化若是无所不包，就什么也说明不了。②

为了加强"文化"的分析力度，本书将其概念狭义化。马克斯·韦伯提出，人是悬在由他自己所编织的意义之网中的动物。格尔茨也持相同观点，即文化就是这样一些由人自己编织的意义之网。③ 格尔茨主张的文化概念实质上是一个符号学（semiotic）的概念，④ 回答的不是"是什么"的问题，而是"认为是什么"的问题，即"对文化的分析是一种探究意义的解释科学"。⑤《心灵的习性》一书也倾向于认为文化体系着力于表达事物的意义，界说道德的内涵，它的组成部分是信念、存在的概念以及象征。⑥ 因此，我们尝试从符号学的意义上界定文化的含义，即文化是指共同体成员所共享的价值观、信念和取向，这构成共同体的意义之网。而制度、器物、行为、行动与关系是用来观察和分析文化的可见的、可操作的"抓手"。

2. 学科文化的界定与理论基础

自 1959 年英国学者斯诺（C. P. Snow）在剑桥的演讲中提出了自然科学与人文科学"两种文化"的冲突以来，学科文化在高等教

① ［美］格尔茨：《文化的解释》，韩莉译，译林出版社 2008 年版，第 4 页。

② ［美］亨廷顿、哈里森：《文化的重要作用：价值观如何影响人类进步》，程克雄译，新华出版社 2010 年版，第 8—9 页。

③ ［美］格尔茨：《文化的解释》，韩莉译，译林出版社 2008 年版，第 5 页。

④ 除了格尔茨，其他人类学家也同意将文化看作一个符号学的概念，人类学家莱斯利·怀特（Leslie White）认为，文化是由一个符号系统组成。一个符号就是附着有一般或抽象意义的任何信号，因为一个信号就是某些视角或声觉刺激，通常是标示某物特定性的声音或视角形象。参见［美］罗伯特·F. 墨菲《文化与社会人类学引论》，王卓君、吕迺基译，商务印书馆 2009 年版，第 30 页。

⑤ ［美］格尔茨：《文化的解释》，韩莉译，译林出版社 2008 年版，第 5 页。

⑥ ［美］雷诺兹、诺曼：《美国社会：〈心灵的习性〉的挑战》，徐克继等译，生活·读书·新知三联书店 1993 年版。［美］贝拉等：《心灵的习性：美国人生活中的个人主义和公共责任》，周穗名、翁寒松、翟宏彪译，中国社会科学出版社 2011 年版。

育研究中的重要性就越来越被学者所意识到。

斯诺的确为后来的研究提供了灵感，但研究者显然对斯诺的二分法不甚满意，一种提法是"三种文化"①，即包括自然科学、社会科学和人文学科。另一种观点是从学科的知识特性出发对学科进行分类，多为类型学研究。1973 年，美国临床心理学家比格兰（A. Biglan）从三个维度将学科领域划分为八个学科群落，这三个维度包括：学科的"硬"（hard）/"软"（soft）维度；学科的"应用"（applied）/"纯"（pure）维度；"生命系统"（life system）（生物）和"非生命系统"（nonlife system）（历史）。随后高等教育研究者对其研究成果进行了大量的实证研究，证明其有效性并命名为"比格兰模型"（Biglan Model）。② 比格兰模型随后得到研究者的广泛引注，其中，英国学者托尼·比彻（T. Becher）和保罗·特罗勒尔（P. Trowler）于 1989 年出版的《学术部落及其领地：知识探索与学科文化》一书很好地发展了比格兰模型，认为从知识特征看硬/软、纯/应用维度更好操作和辨识，此外，还提出了社会维度的分类。该著作是学科文化研究的一部力作，多年来被有关知识社会学、高等教育组织与管理等领域的研究广为引用。美国学者伯顿·克拉克认为，与以往的政治、历史、经济、组织等高等教育的研究视角相比，比彻的文化人类学研究另辟蹊径，别具特色。③

比彻的研究旨在追溯学科的文化意义。他指出：

学科是一种文化现象：体现于心智相似的人组成的共同体

① ［美］杰罗姆·凯根：《三种文化：21 世纪的自然科学、社会科学和人文学科》，王加丰、宋严萍译，格致出版社/上海人民出版社 2011 年版。

② Biglan, A. , "The Characteristics of Subject Matter in Different Academic Areas", *Journal of Applied Psychology*, Vol. 57, No. 2, 1973a, pp. 195 – 203. Biglan, A. , "Relationship between Subject Matter Characteristics and the Structure and Output of University Departments", *Journal of Applied Psychology*, Vol. 57, No. 3, 1973b, pp. 204 –213.

③ ［英］托尼·比彻、保罗·特罗勒尔：《学术部落及其领地：知识探索与学科文化》，唐跃勤、蒲茂华、陈洪捷译，北京大学出版社 2008 年版，第 1 页（陈洪捷，中文版前言）。

中，每个学科具有其行为方式、价值体系和独特的智识任务。①

在比彻看来，文化是指"一系列被认同、接受的价值观、态度以及行为方式，在特定的环境里，这些价值观、态度、行为方式由于一群人的周而复始的实践行为得以整合、强化"。②

美国高等教育学家伯顿·克拉克将学科文化描述为：根据独特的理智任务，各门学科都有一种知识传统（即思想范畴）和相应的行为准则。在每一领域里，都有一种新成员要逐步养成的生活方式……在那里，他们分享有关理论、方法论、技术和问题的信念。学科文化还包括他们崇拜的偶像和外行人难以理解的行话。③

关于"学科文化"的界定，国内已有研究大多是从宽泛的层面进行界定，将学科文化概括为学科内部在物质、制度与精神各个层面的综合体。例如，有研究者说学科文化是在学科知识与学科组织的发展过程中所形成的独特的知识理论体系、学科方法论、思维方式、价值观念、学科传统、伦理规范、学科制度和行为习惯等的总和，是学科知识文化与组织文化的集合体。④ 而根据前文对"文化"的界定，行为与行动并不属于文化的内核，而是用来观察和分析文化的抓手。本书的核心议题是"学科文化对不同学科博士生培养产生了何种影响"，即文化对社会行为或结构的影响。在此问题域中的学科文化应该是一个更上位、抽象的理论概念。

根据以上观点，尤其是格尔茨将文化看作人所编织的意义之网的提法，我们提出：学科文化是指学科群体内的成员在社会行为与

---

① Becher, T., "Towards a Definition of Disciplinary Cultures", *Studies in Higher Education*, Vol. 6, No. 2, 1981, pp. 109 – 122.

② ［英］托尼·比彻、保罗·特罗勒尔：《学术部落及其领地》，唐跃勤、蒲茂华、陈洪捷译，北京大学出版社 2008 年版，第 24 页。

③ ［美］伯顿·克拉克：《高等教育系统——学术组织的跨国研究》，王承绪等译，杭州大学出版社 1994 年版，第 87 页。

④ 杨连生、肖楠、恽晓方：《大学学科文化功能研究：起源、回顾与思考》，《东北大学学报》（社会科学版）2012 年第 1 期。

学科知识方面所形成的共同价值观念、思维方式、态度和取向。

下面，我们将以学科文化作为理论基础，尝试从认识论与社会学的层面提取核心要素作为本书的理论框架。

比彻学科文化理论的独特贡献在于，从学术共同体的认知和社会维度分析了学者与学科之间的关系，认为学术部落内部共享着相同的信念、文化和资源，知识特性是形成不同学术部落与领地的根源。首先，比彻借鉴了比格兰模型的认知维度，即硬/软（hard/soft），纯/应用（pure/applied）。硬学科（如化学、数学、天文学）的知识发展具有累积性和线性特征，强调客观性以及对客观世界普遍规律的发现、解释、揭示和预测。软学科（英语、经济学）的知识发展注重特殊性而不是普遍性，强调阐释与再阐释。纯学科和应用学科的区别在于其对社会现实的功用程度不同，应用学科知识发展注重实用性，而纯学科（如数学、英语）并不关注研究与社会问题的实际应用，而是强调对现象或知识本身的理解。

其次，比彻提出了社会层面的学科文化维度，即不同学术部落的知识生产活动，根据研究人员的密度分为都市型与田园型（urban vs rural），根据学科成员联系的紧密程度分为趋同型与趋异型（convergent vs divergent）。都市型学科的研究人员与研究问题之间的比率高，"众多研究者聚集在一个狭窄的智识领域，围绕数目有限的一些问题，彼此交流频繁，比较容易达成共识，而所研究的问题通常在短期内可以得到解决"，倾向于团队合作。田园型学科的研究人员与研究问题之间的比率低，"研究人员选择的研究领域比较广阔，问题分布离散，彼此之间较难形成共识，问题的解决绝不是一朝一夕可以实现的"[①]，倾向于个体单打独干。趋同型学科的研究者在研究理论与方法等方面的共识程度较高，而趋异型学科在理论与方法程序等方面很难达成一致性。

---

① ［英］托尼·比彻、保罗·特罗勒尔：《学术部落及其领地》，唐跃勤、蒲茂华、陈洪捷译，北京大学出版社 2008 年版，第 4 页。

比彻所提出的认知维度和社会维度为我们提供了利用学科文化研究高等教育的分析思路。但是，已有研究也指出比彻的分类存在一定的局限性：第一，趋同型—趋异型与硬—软维度存有相似，前者是学科文化的社会学维度，后者是认知方面；[1] 第二，都市型—田园型强调研究工作的社会模型的大体特征，这在物理学与历史学领域比较明显，但从这一维度实际上很难辨认并分析所有学科。[2] 因此，后来的学者在以学科文化作为理论框架研究高等教育时，往往会根据自己的研究问题提出学科文化的聚焦点，例如于里约基（O. Ylijoki）[3] 将学科文化的核心概念化为"道德秩序"（moral order），道德秩序包括学科本地文化的优缺点，定义了学科文化盛行的基本信念、价值、规范和抱负，进而形成了学术部落的精神气质。而特纳（J. Turner）等人将学科文化限定于研究文化，即合作研究的学科文化与个体研究的学科文化。[4]

本书感兴趣的话题是，从学科文化的视角探究不同学科的博士生培养。因此，在上述理论探讨的基础上，并结合访谈资料，本书提出分析学科文化的两个核心维度：学科知识的特征和学科知识生产活动的特征。

第一个维度，学科知识的特征，也就是比彻所说的学科文化的认识论特征。知识是学科最基本的构成要素，是学科文化的最初根源和构成大学学科文化的最根本的实体，这是因为知识的专业化发展是学科形成的前提，因而不同的学科其学科文化性质也不同；不同的知识性质决定了不同的学科文化特征；知识群体的知识行为也

---

① Kekäle, J., "Preferred Patterns of Academic Leadership in Different Disciplinary (Sub) Cultures", *Higher Education*, Vol. 7, No. 3, 1999, pp. 217 – 238.

② Turner, Jim L., Miller, M. & Claudia Mitchell – kernan, "Disciplinary Cultures and Graduate Education", *Emergences*, Vol. 12, No. 1, 2002, pp. 47 – 70.

③ Ylijoki, Oili – Helena., "Disciplinary Cultures and the Moral Order of Studying—A Case Study of Four Finnish University Departments", *Higher Education*, Vol. 39, No. 3, 2002, pp. 339 – 362.

④ Turner, Jim L., Miller, M. & Claudia Mitchell – kernan, "Disciplinary Cultures and Graduate Education", *Emergences*, Vol. 12, No. 1, 2002, pp. 47 – 70.

强化着不同的学科文化样态。① 学科知识的特征大体包括学科的研究范式和行动理性。

（1）研究范式的统一程度。库恩（T. Kuhn）在《科学革命的结构》一书中提出了"范式"（paradigm）一说。范式通常是指一个公认的模型或模式。② 库恩以此概念指称某些实际科学实践的公认范例，包括定律、理论、应用和仪器——为特定的连贯的科学研究的传统提供模型。研究范式主要是为以后参与实践而成为特定科学共同体成员的学生准备的。因为他将要加入的共同体，其成员都是从相同的模型中学到这一学科领域的基础的，他尔后的实践将很少会在基本前提上发生争议。以共同范式为基础进行研究的人，都承诺以同样的规则和标准从事科学实践。科学实践所产生的这种承诺和明显的一致是常规科学的先决条件，亦即一个特定研究传统的发生与延续的先决条件。③

受库恩范式理论的启发，学者试图用范式来解释学科之间的差异。但是，不同学科研究范式的清晰统一化程度不同，区分的标准是学科研究理论、方法以及知识内容界限的清晰程度。知识范畴之间边界清晰，学科理论和评判标准相对统一的，研究范式同质性高。相反，知识范畴之间界限模糊，学科理论和评判标准多元化的，则研究范式异质性高。劳达（J. Lodahl）和戈登（G. Gordon）用某一学科就研究方法、研究问题、课程内容所达成共识的程度来衡量学科的范式发展。他们发现，自然科学的范式发展水平普遍高于社会科学、人文学科。④ 默顿和朱克曼发现，在学术范式比较成熟的学科当中，给杂志所投论文的退稿率要低一些。⑤

---

① 樊平均：《论大学学科文化的知识基础》，《江苏高教》2007 年第 6 期。

② ［美］库恩：《科学革命的结构》，金吾伦、胡新和译，北京大学出版社 2003 年版，第 21 页。

③ 同上书，第 9—10 页。

④ Lodah, J. & Gordon, G., "The Structure of Scientific Fields and the Functioning of University Graduate Departments", *American Sociological Review*, Vol. 37, No. 2, 1972, pp. 57 – 72.

⑤ ［美］默顿：《科学社会学》，鲁旭东、林聚任译，商务印书馆 2004 年版。

　　大体上看，研究范式的统一程度在自然科学、社会科学、人文学科形成一个连续系统，自然科学研究范式统一程度更高，而人文学科研究范式的统一程度最低，社科领域居中间。通常情况下，研究范式愈统一，愈容易促成研究者之间的合作；而研究范式统一程度愈低的学科，合作研究出现的频率和可能性也愈低。

　　（2）行动理性：追求价值理性还是目的理性。马克斯·韦伯提出了两种不同的行动理性：目的理性（Zweckrationalität）和价值理性（Wertrationalität）。目的理性是指行动中涉及按照客观的标准使手段适应于特定的目的而言，行动才是由利益决定。可以说，这就是以功效规范为取向的，目的理性是与利益相联系的概念。在他关于经济成分的论述当中，这一点最为清楚，他说，行动"就是按照主观意图来说，旨在满足获取'效用'（Nutzleistungen）为其经济上的取向的"。价值合理性则是相当于评价事物时与利害无涉的态度，这种态度乃是出于为了该事物本身的缘故或是把它作为一种终极价值的体现或直接表现。价值理性即"通过有意识地对一个特定的行为——伦理的、美学的、宗教的或作任何其他阐释的——无条件的固有价值的纯粹信仰，不管是否取得成就"。价值理性仅看重行为本身、内在的价值，而不是其他的外在价值或目的。[①]

　　1973年，帕森斯（T. Parsons）等人在对美国大学的研究著作中，对美国大学所生产和传播的知识从两个维度予以分类：纯粹知识/应用知识；专门性的知识/一般化的知识。学科高深知识本身的特征决定了不同学科的行动理性，即追求价值理性还是目标理性。温道夫（P. Windolf）对学科文化的定义正是建立在这一分类的基础之上。他认为，不同的学科在此基础上形成了不同的价值和规范，主要表现在：知识的实用性、知识的专业化程度和学科内

─────────────

　　[①]　［美］帕森斯：《社会行动的结构》，张明德、夏遇南、彭刚译，译林出版社2008年版，第643—657页。

占主导地位的行动理性。行动理性是指学科成员在行动中所遵循的标准。他们可以遵循价值理性的标准,也可以遵循目标理性的标准。① 纯学科是价值理性的追求,即为学术而学术,追求真理,研究活动是纯粹智识上的探索与思考;应用学科遵循目标理性,例如谋求职业上的发展,或者解决某个实际的问题,研究关照应用性。②

分析学科文化的另一个重要维度是学科知识生产活动的特征。对学科知识生产活动的特征进行判断的明晰标准有二:一是知识生产的社会条件,是更偏向于资源依赖型还是纯粹智识依赖型,即学科的知识生产是对有形资源(例如,设备、仪器、实验室等物质性资源)具有强烈的依赖,还是相对而言更/基本完全依赖于无形的智识探索。当然,从总体上看,所有学科的知识生产活动都离不开"智识上的探索",所以,这里的区分标准是"更/基本完全"依赖于智识。通常情况下,纯科学的知识生产活动更且基本完全是智识依赖型,而应用学科更偏向于资源依赖型。知识生产活动的工作方式,是团队合作型还是独立探索型。也就是说,学科内部的研究活动更倾向于合作研究型还是个体探索型。对不同学科工作方式进行判断最直接、最显著的标准是看研究者从事研究的合作程度以及合作署名发表研究成果的程度。尽管不同学科是否倾向于合作研究是由于存在一系列的结构化要素,诸如科研资助模式、专业化的研究技术、科学的专门化,等等,但从学科文化的内部动机看,知识属性决定了不同学科的科研工作方式是合作型还是单打独干型。限定

---

① Paul Windolf, *Fachkultur und Studienfachwahl. Ergebnisse Einer Befragung von Studienan-fongern*. In: Kü lner Zeitschrift für Soziologie und Sozialpsychologie, Vol. 1, 1992, s. 77. 转引自孙进《德国的学科文化研究:概念分析与现象学描述》,《比较教育研究》2007 年第 12 期。

② 从某种程度上可以说,该论点有深厚的哲学基础,布鲁贝克(J. Brubacher)指出,高等教育存在的合法基础有两种:一种是认识论的,一种是政治—社会论的。前者注重知识本身的价值,后者则注重知识的政治和社会功用。参见〔美〕布鲁贝克《高等教育哲学》,郑继伟等译,浙江教育出版社 1987 年版。

性学科由于研究任务容易被具体化并进行劳动分工。相反，在非限定性学科，理论基础和研究路径呈现多样化，会酝酿出多种研究选择和理性化判断，很难清晰地划分劳动分工而且也不现实。[1] 合作研究型工作方式是指，学科的智识问题在研究实践中可被进行分工和合作。之所以说有些学科不是合作研究型的工作方式，是因为学科的认知形式决定智识任务很难被分隔成认知工作的不同组成部分，这样的研究工作并不需要合作研究，而是更适合于个体独立探索。[2]

　　总之，本书将从上述两个主要维度、四个核心要素构建学科文化的理论框架，具体逻辑关系如图1—2所示。也就是说，本书将从知识与知识生产两个核心维度抽取学科文化的核心特质。

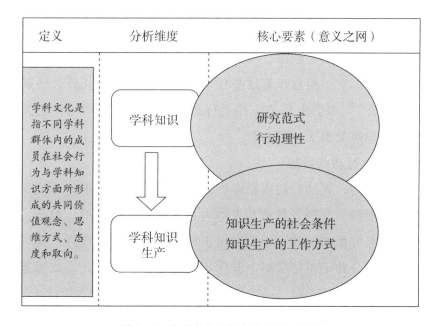

图1—2　学科文化的概念及其理论框架

---

　　[1]　Turner, Jim L. , Miller, M. & Claudia Mitchell - Kernan, "Disciplinary Cultures and Graduate Education", *Emergences*, Vol. 12, No. 1, 2002, pp. 47 - 70.

　　[2]　Ibid. .

（二）文化—社会行动理论

文化与社会行动之间的关系，是社会学的一个经典理论命题。已有的社会学家，如韦伯、帕森斯、吉登斯（A. Giddens）、哈贝马斯（J. Habermas）等都对此理论的研究做出了奠基性工作。本书主要借鉴韦伯的理论观点。

韦伯认为社会学科的性质与自然科学有本质的不同，无法采用自然科学的"规范方法"加以研究，而只能用人文科学的方法加以阐释。因此他将社会学归结为一门"社会行动"的科学，认为社会最基本的分析单位是社会行动。① 社会学是以解释的方式理解社会行动，并将据此而通过社会行动的过程和结果对这种活动做出因果解释。② 社会行动是"按其对于该行动者或行动者们的主观意义来说，涉及到他人的态度和行动，并在行动过程中以他人的态度和行动为取向的那种行动"。③ 因此，就行动属于一种共同体的体系而言，它们是那些根基较深、较持久的态度的特定表现方式。从这样的事实本身出发，便意味着这些行动除具有内在的意义外，还具有象征的意义。④ 韦伯主要关注社会行动的目标以及行动与社会关系这二者是如何受到文化影响的。

1. 社会行动的目标

韦伯认为，人的行动或社会行动包含两个基本因素，动机和目标。毫无疑问，这两者都是与人的内在状况直接相关的。但是，在过程和结果方面相同的行动可以出于极为不同的动机情态，其可明显理解的部分并不总是实际上起作用的那个部分。因此，试图通过

---

① 刘中起、风笑天：《整体的"社会事实"与个体的"社会行动"——关于迪尔凯姆与韦伯社会学方法论的逻辑基点比较》，《社会科学辑刊》2002 年第 2 期。

② ［德］韦伯：《社会科学方法论》，韩水法、莫茜译，中央编译出版社 2008 年版，第 11 页。

③ ［美］帕森斯：《社会行动的结构》，张明德、夏遇南、彭刚译，译林出版社 2008 年版，第 643 页。

④ 同上书，第 689 页。

理解动机而解释人的行动便十分困难，无法解释理解的一般难题。然而，行动的另一因素——目标则为理解切合人的内在状态提供了可能的条件。在韦伯看来，人们总是按照一定的目标来选择适当的手段；人们对于目标的意识越明确，就越是趋向于选择适当的手段。目标合理的行为应是这样一种行为，它唯一地指向（主观上）设想为适合于（主观上）明确地把握了的目标的手段。这种行动的意义结构是最能够被直接地理解的。①

2. 行动与社会关系

社会关系指的是根据行为的意向内容，若干人之间相互调整并因此而相互指向的行为。② 在韦伯看来，文化是人类行动以及通过主体间性而产生的行动所固有的。文化绝不简单是预先构成的社会关系以及它所包含的经济利益的一种反映。恰恰相反，文化在社会关系的产生和维持中起着一种能动作用。那么社会文化领域既不是一种有形的物质力量，也不是这种物质性的反映，它存在于行动过程、选择和价值观之中，而所有这些都是主观的、主体间的和多变的，但是其结果是实在的、有形的和物质的。韦伯在《新教伦理与资本主义精神》一书中的核心，不仅在于理解文化如何维持和再生产社会关系，而且要认识文化在社会关系的组织形成的产生中以及社会关系的历史转变过程中所起的工具作用。③

按照马克斯·韦伯著名的比喻，信念的作用如同扳道工，有助于确定由利益所推动的活动的路线。这种确定过程中令人着迷的是信念在社会领域调节外部压力的方式。在系统中的人受自身观念的指导解释社会趋势的意义，决定合适的反应方式。④

---

① ［德］韦伯：《社会科学方法论》，韩水法、莫茜译，中央编译出版社2008年版，第14页。

② ［德］韦伯：《社会学的基本概念》，胡景北译，上海世纪出版集团2007年版，第36页。

③ 萧俊明：《文化与社会行动——韦伯文化思想述评》，《国外社会科学》2000年第1期。

④ ［美］克拉克：《高等教育系统》，王承绪、徐辉译，杭州大学出版社1994年版，第109页。

　　文化与行动的关系是极为复杂的。文化体系一方面可以看作是行动过程的产物，另一方面可以看作是进一步的行动的条件性成分，与科学"观念"和其他"观念"是一样的。文化体系部分的是行动的产物，又受到行动的制约作用。在行动和文化的边界上已经有一个高度发展并且得到公认的学科，在德国一般被称为知识社会学（Wissensoziologie）。它关心的是作为行动产物的文化体系，行动成分对于文化体系的影响以及文化体系的具体发展过程。[①]

　　总之，文化与社会行动之间的关系表现在：文化是在行动过程中产生并从中抽象出来的核心价值和理念，其在社会关系的产生和维持中起着一种能动作用。

二　研究思路

　　根据文化—社会行动理论，文化作为一种信念或价值影响社会行动，不仅提供了社会行动的目标，而且指导和调节行动者的社会行动并塑造行动结构及其关系。本书的核心议题实际上就是文化对社会行动的影响。我们将教师对博士生的培养活动看作是一种社会行动，则其培养理念、指导方式和制度运行（行动）以及师生互动结构（社会关系）受到学科文化的影响，因为学科文化是学者的首要文化认同。以学科文化以及文化与社会行动的理论为基础，形成本书的理论框架（见图1—3）：从学科文化的角度分析不同学科博士生培养的理念、导师指导方式、制度运行和师生互动结构。

　　本书将循着如下思路研究：

　　首先，介绍美国博士生培养的宏观理念与制度。如伯顿·克拉

---

① ［美］帕森斯：《社会行动的结构》，张明德、夏遇南、彭刚译，译林出版社2008年版，第762页。

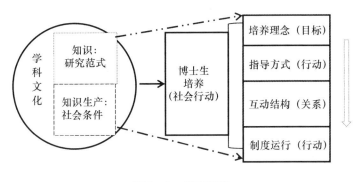

图1—3　研究思路

克所言，个性寓于共性之中，高等教育系统内部的学科差异性是寓于诸如国家、院校文化和程序之中的。必须要予以承认的是，尽管学科文化是塑造博士生培养的重要视角，但在美国的制度环境和理念脉络中的博士生教育也不应该忽视其行政程序，诸如研究生院制度、资格考试和课程结构。论文指导委员会制度是美国博士生培养的特色制度，将对其结构与功能进行分析。

其次，描述和分析五个学科的案例。分别展示化学、天文、数学、经济和英语学科的博士生培养理念、指导方式与师生互动结构。当然，博士生培养所具有的特性，是各种因素辐辏会合的结果；我们将通过寻求博士生培养理念与行动结构的关键特征与学科文化的一致性来说明学科文化的影响力。第一步，呈现学科文化的特征；第二步，分析各个学科教师对"培养什么样的人"的看法，即培养目标、对职业的理解以及博士生应具备的素质和能力；第三步，从访谈资料中提取隐喻、高频词、关键词等，分析导师的指导方式以及师生互动结构。

这里需要说明的是，为了尽可能全面深入分析不同学科类型下博士生培养的特点，本书只选择了化学、天文、经济、数学和英语学科作为主要学科案例进行分析，而将物理、教育、计算机科学与信息学、德语作为辅助学科。①

　　之所以选择这五个学科作为案例，是基于比彻的学科分类理论——硬学科和软学科。在硬学科的类目下，根据知识的纯和应用维度，分为硬/应用学科（化学），硬/纯学科（数学、天文）。但是根据知识生产所使用数据的来源不同，可以将硬/纯学科分为观测型学科和思考型学科。天文学收集数据的方式是观测宇宙等，数学不需要依赖外界物质资源收集数据，更多的是一种思考型学科。这样，将硬学科的博士生培养分为三种类型：以导师实验室为基础的结构化培养方式（化学），以智识讨论为基础的启发式培养方式（数学），以公共观测台为基础的引导式培养方式（天文学）。在软学科的类目下，根据知识的纯和应用维度，分为软/纯学科、软/应用学科。基于此，将软学科下的博士生培养分为两种类型：寻求团队支持的个体探索培养方式（英语），以技能培养为主的团队互动培养方式（经济学）。

　　最后，将从理论层面分析学科文化对博士生培养产生了何种影响。在分析跨越不同学科共同特点的基础上，将运用学科文化的理论，阐释不同学科培养目标的差异，以及不同学科导师指导方式与师生互动结构的差异。另外，依据建制民族志强调"访谈资料与文本资料"结合进行分析的方法，阐述博士生培养制度在不同学科培养实践中所表现出的差异以及不同学科教师的看法，这部分也将从

---

　　①　这里有两个问题需要解释：第一，为什么选择天文学？本书之所以选择天文学，是因为如下原因：（1）天文学研究的独特性。天文学是对宇宙等天体进行观测的学科，收集数据的主要方式是通过观测。（2）尽管已有研究倾向于将天文学与物理学归为一类，但实际上天文学研究与物理学研究不同之处在于，前者强调研究者的个体智识探索，而对社会并无直接应用。库恩《科学革命的结构》，以及富勒《智识生活社会学》也支持天文学不同于其他自然科学这一观点。（3）以往研究，无论是学科文化的研究，还是高等教育的研究，几乎从未涉及天文学。第二，不同学科的受访人数是如何确定的？在实地调研的第一阶段，笔者计划每个学科选择三位受访者，但随着访谈的增进以及对部分资料的初步分析，发现教育学、计算机科学与信息学这类专业学院，具有伯恩斯坦所说的"第二知识生产场所"的特点，即作为跨学科领域其内部知识特征的复杂性与多样性，因此，在接下来的访谈中聚焦教育学领域的不同分支进行了进一步的访谈。但是，由于本书核心研究问题和篇幅所限，对作为跨学科领域博士生培养的情况有待在未来的研究中详细探讨。更深入的反思见结尾部分。

学科文化的理论视角予以解释。

　　基于以上思路，形成本书的整体结构（见图1—4），共三大部分。

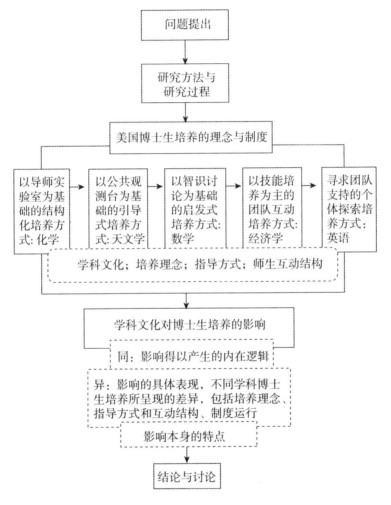

图1—4　本书结构图

　　第一部分为引论，有两章。第一章，在研究背景的基础上提出了研究的问题，并与已有文献进行了对话，阐述了研究意义。同时，着重介绍了研究思路及其形成的理论基础。第二章，对研究过程进行反思的基础上，介绍了建制民族志的技术路线和方法论以及案例大学的特点，就资料搜集与分析以及质性研究的质量检测进行了讨论。

第二部分为本书的主体部分，包括第三章、第四章、第五章、第六章、第七章、第八章。在对不同学科博士生培养的差异性进行探究之前，有必要对本书的情境——美国博士生培养的宏观理念与制度环境进行介绍，这是第三章的内容。接下来分别细致分析了化学、天文学、数学、经济学和英语学科的学科文化与博士生培养，贯穿于其中的主线有两条：一是不同学科的学科文化；二是不同学科博士生培养的目标、行动和互动结构。主要从教师的话语角度探讨博士生培养，诸如：导师在博士生论文选题中的作用；博士生参与导师科研课题的程度；导师在博士生论文研究中的角色与功能；师生双方的互动关系、内容与方式；师生合作研究与论文发表的潜规则；等等。

第三部分为理论提升与总结部分，有两章。第九章在五个学科案例的描述性研究与分析的基础上，首先，抽象出学科文化影响博士生培养的内在逻辑，也就是探讨跨越不同学科的博士生培养文化。其次，从学科文化的角度具体阐释不同学科博士生培养存在的差异性。此外，也分析了学科文化在博士生培养制度运行中的影响，诸如论文指导委员会制度、资格考试制度和课程结构。在以上理论归纳的基础上，总结学科文化对博士生培养影响本身的特点。第十章，对本书的结论、贡献与未来研究前景进行了深化，并结合全球情境下的现实改革进行了有意义的讨论。

第 二 章

研究方法与研究过程

第一节　研究方法

对博士生培养问题的研究，更适合采用质的研究方法，才能对"被研究者的个人经验和意义建构作解释性理解或领会"。[①]质的研究有很多不同的方法视角，如批判民族志、建制民族志，等等，批判民族志关心对社会中的权力、不平等问题的批判和反思，而建制民族志倾向于探讨社会生活是如何组织的，以及行动者的规范和结构。本书关注不同学科博士生培养的理念与行动结构，进而探讨学科文化如何影响博士生培养，采用建制民族志能更好地引导资料的搜集与分析。本书以美国 R 大学为案例，[②]重点探寻教师的话语，在文本与实地访谈资料结合的基础上，将学科作为分析单位，试图揭示不同学科教师培养博士生的实践经验与理念及其背后学科文化的潜移默化影响力，为政策制定者提供有关不同学科博士生培养的图景。

一　建制民族志

比彻的《学术部落及其领地》、拉图尔的《实验室生活》以及特拉维克（S. Taweek）的《物理与人理：对高能物理学家社区的

---

① 陈向明：《质的研究方法与社会科学研究》，教育科学出版社 2000 年版，第 7 页。

② 本书涉及的大学名称以及人名全部为匿名。

人类学考察》堪称知识社会学研究"学术生活世界"的经典之作。其研究路径是采用民族志的调查路径考察学者的认知、生活状态和文化，突破了以往思辨式的分析。生活世界在哈贝马斯看来是通过传递"共享知识"进行的文化再生产，生活世界的连续性和一致性可以通过其成员认为有效的知识的合理性进行衡量，这种合理性是指特定群体用以协调与他人行动和沟通的传统、观念、信念、规范和价值。① 社会科学对生活世界研究的目的旨在理解和解释人们行动背后的原因。② 作为局外人的研究者如何走入他人的生活世界？如何阐释生活世界活动的形态与结构？

立足于日常生活世界、作为质性研究新视角的建制民族志（Institutional Ethnography）在一般民族志③的基础上吸收了政策研究的成果，如重视文本分析、组织结构及话语阐释等，并提出了"以文本为媒介的社会组织"（textually-mediated social organization）的分析路径，为探索教育研究中生活世界的结构提供了一种社会学视角。④

建制民族志最早由史密斯（D. Smith）于20世纪80年代早期提出，在最近几十年渐趋成熟，不仅在社会学研究中广泛使用，而且在教育、护理学等领域也扩散开来。史密斯以她对传统社会学的批判著称，⑤ 她提出社会学研究应该调查社会是如何组织或

① Habermas, J., *The Theory of Communicative Action*, Boston: Beacon Press, Vol. 1, 1984.

② 韦伯的理解社会学为此类研究方法提供了一个很好的理论基础：对行动者赋予社会行为的意义予以理解与解释。

③ 民族志研究的基本方法是以田野调查（fieldwork）为基础，对某种特定的文化、习俗和信仰或人类行为的研究、理解与叙写。参见 Harris, M. & Johnson, O., *Cultural Anthropology* (5th ed.), Needham Heights, MA: Allyn and Bacon, 2000。

④ 参见笔者与建制民族志的创立者 Dorothy Smith 教授的通信。她在信中说："我现在越来越不把建制民族志单纯地看作一种研究方法……我现在更赞同把它看成是一种社会学视角，使用各种研究方法——至此多是访谈、文本分析、参与式观察等质性研究方法。"

⑤ Smith, D., *The Everyday World as Problematic—A Feminist Sociology*, Boston: Northeastern University Press, 1987. Smith, D., *The Conceptual Practices of Power—A Feminist Sociology of Knowledge*, Toronto: University of Toronto Press, 1990. Smith, D., *Text, Facts, and Femininity: Exploring the Relations of Ruling*, London: Routledge, 1990.

形成的，以生产出对公民有意义的关于"工作"（work）①的知识。知识发生在人类的真实社会组织和社会关系中，人类的知识和获得知识的方式是社会分析的关键要素，这是建制民族志的立场。

建制民族志的哲学基础是社会实在论（social ontology），研究对象是关注局内人有关"工作"的知识。研究目的不是生产出关于局内人的描述，而是阐释包括受访者的理解和解释在内的本地情境是如何形成和组织的。建制民族志适合研究"人的经历和日常生活"（社会生活）是如何组织的。②探讨该问题的分析角度有两方面：一是"在地情境"（local setting），即实实在在的人们的生活和经历（社会实在）；二是"越地情境"（extra/trans setting），即外在于人们日常生活经验界限、是从人们的日常社会经历中延展出来而又凌驾于人们的日常生活之上的文本，包括政策、文件、机构主页介绍和组织对外宣传。之所以说"越地情境"是从人们的日常社会经历中延展出来的，是因为政策等文本的形成不是空中楼阁，而是经过人们的活动根据人们的经验而制定出来的具有一定范围适用性的文本；之所以说"越地情境"凌驾于人们的日常生活经验，是因为诸如政策等文本对人们的社会活动有一定的指导或规范作用。建制民族志认为，尽管研究要扎根于访谈资料进行分析，但是过于专注受访者如何谈论他们的生活会忽视其社会组织，因此要结合与行动相关的文本。作为研究者，要分析越地情境和在地情境的关系，以获得对社会结构的理解。

---

①　史密斯"工作"的概念与我们通常认为的工作是不同的。人们对"工作"的一般理解会把很多人群排除在外，尤其是专业人士之外的各种人群，如家庭主妇等。建制民族志将人们在日常生活中的"行为"视为"工作"，如家庭主妇的母职行为。建制民族志非常重视研究对象的个人叙述，认为个人叙述可能是一个丰富的研究资源，史密斯称之为"丰富的工作概念"。参见谢妮《建制民族学》，《贵州社会科学》2009 年第 7 期。

②　Campbell, M. & Gregor, F., *Mapping Social Relations: A Primer in Doing Institutional Ethnography*, Lanham: AltaMira Press, 2004.

　　建制民族志的特别之处在于，不预先建立假设或预设结论进而验证，而是从研究对象的日常生活世界中发现问题。① 在史密斯的第一个建制民族志的研究案例——探讨单亲母亲是如何管理子女学业的研究中，不仅展示了不平等的问题是如何产生的，而且指出了外界的变迁和学校组织。该研究并非只将研究触角聚焦在单亲母亲身上，这实际上为政策制定者提供了一幅单亲母亲在处理子女学业这一生活世界的"地图"②。总之，建制民族志的根本就是以人的日常生活为出发点，探讨行动和实践是如何形成文本、塑造和组织日常经验的。③

　　本研究主要探讨不同学科的教师是如何培养博士生的，不同学科博士生培养形成了什么样的规范与理念。如果我们把每一个学科理解为一种"生活世界"，把教师对博士生的培养活动看作"生活世界"中的"工作"，则不同生活世界之间的工作方式与理念的差异将是我们探讨的重点。而要想找到差异，首先要看支配各个学科博士生培养的共同特点，如涂尔干所说的"团体意识"④。也就是说，着重从"教师"的视角看"不同学科博士生培养"的学科差异及其背后的学科文化如何形塑此种差异。

---

　　① Smith, D., *Institutional Ethnography: A Sociology for People*, Lanham, MD: Altamira Press, 2005.

　　② Devault, M., "Introduction: What is Institutional Ethnography?", *Social Problems*, Vol. 53, No. 3, 2006, pp. 294 – 298.

　　③ Levinson, B., Sutton, M. & Winstead, T., "Education Policy as a Practice of Power", *Education Policy*, Vol. 23, No. 6, 2009, pp. 767 – 795.

　　④ "团体意识"和"团体表象"既是涂尔干解释宗教起源的钥匙，也是他知识社会学的核心概念。涂尔干将社会事实确立为社会学的研究对象，这不同于心理学对个体的关注，也不同于自然现象的研究。社会事实以外在的形式强制和作用于人们，塑造了人们的意识。这种强制有两层含义：个体无法摆脱社会事实的熏陶和影响，同时如果不遵守社会规则将会受到惩罚，诸如不被特定群体接受或无法成功完成社会化。一切社会观念都具有这种强制力。社会事实分为"运动的状态"和"存在的状态"，前者指与思想意识相关的现象，亦称"团体意识"，后者是社会上一切组织和有形设置。［法］涂尔干：《宗教生活的基本形式》，渠东、汲喆译，上海人民出版社 2006 年版。

二　案例大学

本研究的案例——R 大学，是一所位于美国中西部具有近两百年历史的公立研究型大学，在全美共有八个分校，本书以主校区为主进行田野调研。之所以选择 R 大学，一方面是基于研究的便利性原则的考虑。另一方面，从 R 大学本身的特点看，它是一所公立、博士—研究型大学，并且是美国大学联合会（AAU）的成员机构。

美国 2011 年版的《卡内基高等院校分类》将年均授予博士学位不少于 20 个的大学归为博士型大学（Doctorate - granting Universities）。根据以下四项指标：（1）理工科的研发经费；（2）其他学科的研发经费；（3）理工科研究人员数；（4）人文、社科、理工和数学，以及其他学科的博士学位授予量，将博士型大学主要分为三类：第一类为博士—研究型—研究活跃度极高，第二类为博士—研究型—研究活跃度高，第三类为博士—研究型。R 大学属于第一类，即博士—研究型—研究活跃度极高的大学。以 2009—2010 学年度为例，该校在 94 个博士点共授予博士学位 385 个，博士学位授予学科门类分布较广（无医学）。

为什么选择一所公立大学呢？第一，公立研究型大学授予了美国大量的博士学位。由公立大学授予的博士学位占全美总数的 75%。[1] 第二，美国大部分公立研究型大学的博士生教育具有相似的组织结构，即校级层面的研究生院和院系专门负责研究生事务的部门。一般来说，研究生院的院长实施由研究生理事会批准的相关政策，包括入学标准、课程规定、在校学生要求、博士生论文指导委员会的要求，以及研究生指导教师的资格规定，等等。[2]

---

[1] Nerad, M., "The Ph. D. in the US: Criticisms, Facts, and Remedies", *Higher Education Policy*, Vol. 17, No. 1, 2004, pp. 183 - 199. ［美］詹姆斯・杜德斯达、弗瑞斯・沃克马：《美国公立大学的未来》，刘济良译，北京大学出版社 2006 年版，第 1 页。

[2] George, W., "Doctoral education in the United States of America", *Higher Education in Europe*, Vol. 33, No. 1, 2008, pp. 35 - 43.

　　R 大学也是美国大学联合会的成员机构。美国有资格授予博士学位的大学绝大多数是研究型大学，其中主要的博士学位授予大学都是美国大学联合会的成员，这类高校共授予全美 53% 的博士学位。①

　　本书希望通过对 R 大学不同学科博士生培养的研究，能对了解美国博士生教育至少公立—博士—研究型大学的博士生培养有所裨益。但是，需要明确的是，机构类型的差异并不是本研究将予以考虑的，第一，本书的核心问题是"学科文化视角下的博士生培养"，在研究中具体的分析更多是以"学科"为单位，着眼点是阐释"学科分化"，而非"院校分化"。根据伯顿·克拉克的观点，可以将高等教育的分化分为纵向分化和横向分化两种。横向分化指的是科系与学院之间的分化，也就是学科分化；纵向分化指的是不同层次的训练和教育之间的分化。本书只选择一所美国大学作为案例，所以不存在院校分化的问题，而仅涉及学科分化。第二，案例研究的目的是归纳出理论，依据的是"分析性归纳"。对此，罗伯特·K. 殷指出，"在案例研究中用样本来类推总体是错误的"，当然研究者在分析性归纳中，"也尽力从一系列研究结果中总结出更抽象、更具概括性的理论"② （关于质性研究推广性的问题会在本章第三节详细论述）。

第二节　资料收集与分析

　　尽管本书是对一所大学的案例研究，但在案例大学之下，还涉及各个不同学科的研究，因此，也是多学科的研究。在建制民族志

---

　　① CIRGE, University of Washington, September 2003. 转引自 Altbach, P. , " The United States: Present Realities and Future Trends", in Jan Sadlak, ed. *Doctoral Studies and Qualifications in Europe and the United States: Status and Prospects.* Bucharest: UNESCO, 2004, p. 275.

　　② ［美］罗伯特·K. 殷：《案例研究：设计与方法（中文第二版）》，周海涛、李永贤、李虔译，重庆大学出版社 2010 年版，第 49 页。

所倡导的文本与访谈资料相结合的启发下，笔者对 R 大学进行了为期近一年的田野调查，主要搜集了以下几类资料（data）：

（1）文本资料：R 大学研究生院、学院和系有关博士生教育的文件；美国国家层面有关研究生教育的政策；美国博士生教育调查报告；美国各学科学会的报告。

（2）正式访谈资料：对 R 大学 35 位教授的访谈，来自 9 个学科。[1] 全部录音并签署《知情同意书》，以半结构化访谈为主，同时辅以观察。

（3）非正式访谈与参与式观察资料：在 R 大学研究生院蹲点一个月，访谈研究生院管理人员共计 15 位；参加研究生院的各种会议 3 次；观察一位导师与一位博士生的正式会面互动。

（4）会议参与及其访谈资料：参加 2011 年 10 月 17 日中美博士生教育会议，借参会机会，访谈某著名私立大学负责研究生事务主任、生物系教授 1 人，并再次访谈 R 大学研究生院副院长；参加 R 大学的未来师资准备计划（PFF）[2] 会议。

（5）其他访谈资料：对在 R 大学工作的来自中国的 2 位博士后学者进行访谈。

下文将对资料收集与分析过程进行简要介绍，并予以方法论的阐释。

一　准备工作

曾访谈过的美国诺贝尔奖获得者朱克曼（H. Zukerman）反思，深入细致的准备工作给访谈带来两大便利：其一是证明访谈者认真负责，有助于名正言顺地占用诺贝尔奖获得者的时间，这为获奖者

---

[1]　需要说明的是，本书之所以没有选择博士生进行访谈是基于如下几点考虑：第一，已有文献对学生进行了不少访谈和问卷调查，但教师的声音是缺失的；第二，本书力图探讨教师对博士生的培养理念和方式，因此更有必要加大对教师进行访谈的力度。

[2]　未来师资准备计划（Preparing the Future of Faculty Program）（http：//www. preparing – faculty. org）。

与访谈者之间的短暂关系提供了一个坚实的基础；其二，根据准备阶段得到的材料提出来的问题常常得到对方的回应。① 良好的准备工作对访谈的成功至关重要。访谈前的准备工作通常包括：了解实地、选择样本和决定规模、获得进入实地前的"许可证"、尽可能多地掌握受访者的信息和经历以及有关其工作的知识、发出邀请函、约定访谈时间和地点，以及访谈设备的准备等。

（一）确定研究对象的过程

就笔者的研究而言，选择 R 大学作为案例。如前所述，该大学是美国一所公立研究型大学、授予博士学位数量多、学科门类丰富。在正式访谈开始前，笔者在 R 大学的校研究生院进行非正式访谈与观察近一个月，这一阶段共访谈研究生院的各部门负责人 15位，参加研究生院组织的工作会议 3 次，以更好地了解该校研究生教育尤其是博士生教育的基本政策和管理程序。在了解实地的同时，也查阅了博士生教育的相关文本资料。

在此基础上，采用目的抽样选择能为本书提供最充分信息的样本——各学科具有丰富的指导博士生经验的教师。就学科而言，选择的人文学科有：英语、德语研究；社会学科包括经济学、教育学；自然学科包括数学、化学、天文学、物理学、计算机科学与信息学。采用滚雪球的方式，总共访谈了 9 个学科的 35 位教授。确定研究对象后，在发出正式邀请函之前通过网络搜索受访教师的简历和研究成果，以期全面了解并有针对性地制定访谈提纲。②

（二）进入现场前的"许可证"

在美国从事社会科学调研，以"人"作为研究对象的项目必须在研究开始前向所在机构评审委员会（Institutional Review Board，简称 IRB）提交研究申请书，按照规定陈述研究问题、研究目的、

---

① Zuckman, H., *Scientific Elite: Noble Laureates in the United States*, New Brunswick (US) and London (UK): Transaction Publisher, 1976, pp. 83 – 283.

② 参见附录。该访谈提纲是本研究的总体性访谈提纲，针对不同的研究对象，会略有改动。

研究对象的年龄和特点，以及与研究相关的其他文件，包括访谈提纲（Interview Questions）、邀请函（Invitation Letter）[1] 和知情同意书（Informed Consent Form）[2] 等，只有获得机构评审委员会的批准——也就是说经过一系列审核认定研究符合相关法律和规定后，才被准许搜集资料。若进入实地后在访谈人数、访谈对象等方面发生变化，需再次提交评审材料进行审批。需要注意的是，研究者在访谈前应向受访者呈现《知情同意书》，并由研究者和研究对象签字。该程序的目的是希冀从法律层面上保护研究对象，并使研究对象清楚并了解研究项目对匿名、资料等的使用原则和处理，这其实也是对研究者的一种保护。

当然，获得研究对象的许可是必不可少的。笔者在写给受访教师的邮件里陈述了研究问题、目的以及笔者作为研究者的身份和研究经验，后者是想证明这一研究工作在组织上的合法性。"研究经验"对研究者来说是一个累积值，而且具有马太效应，随着受访者数量的增多，在邀请函里陈述的数字不断地变大，也会有越来越多的受访者愿意接受访谈。一般在邮件的最后，会向对方询问于他们最方便的访谈时间和地点。

最后，如果得到了研究对象的回复，在访谈前一天除了调试好录音设备，很重要的一点是将受访者的重要信息写半页摘要，附在访谈提纲中，以备访谈时需要提及某些信息。尤其是笔者所访谈的教师都是各领域的学术精英，他们的学术简历与活动的公开化程度相对比较高，因此在访谈的过程中不应该花时间在询问可以查到的信息上。而且，你准备得越充分，向受访者展示了你对他的重视以及研究者的专业素养，同样也能赢得受访者的尊重与合作，让他们

---

① 发给研究对象的邀请函，即邀请潜在的研究对象接受访谈。

② 《知情同意书》，英文为 Informed Consent Statement，大体包括如下内容：研究者的信息、研究目的、研究对象的数量、研究过程、研究对象参与研究的可能风险以及可能益处、保密原则、研究对象自愿参与，以及研究者和研究对象的签字。如上条款清晰地界定了研究项目的内容、程序以及对研究对象的保护，有助于从法律上保护研究者和研究对象的正当权益。

觉得自己付出的时间有所值。①

二 资料的收集

建制民族志实地调研的立足点就其方法论所显示的，即关注"活动是怎样被组织的"。对于实地资料的收集方法一般包括：观察、访谈、焦点团体访谈，② 以及一些颇为新颖的方法，例如"照片之声"（Photovoice）③。由于本书主要采用观察与访谈收集资料，因此，下文将主要介绍笔者是如何使用这两种方法的。

（一）访谈

访谈有正式和非正式两种形式，但通常采用开放式或半开放式、非预设性的方法。访谈是"交谈双方共同'建构'和共同'翻译'社会现实的过程"，④ 在访谈过程中，要特别注意访谈者对受访者的影响，比如访谈问题不能诱导性太强，避免将自己的评

---

① 例如，当笔者向某位受访者提及："您 1980 年从耶鲁毕业后，先去了威斯康星大学工作，后来又去了宾夕法尼亚大学，然后又到了现在的大学，您能否谈一下在不同的学校对博士生指导相关政策的异同以及您是如何指导您的博士生的？"受访者先是略微惊讶，然后笑着说："你可是花时间做了不少功课啊。"随后，对笔者的问题进行了详细的回应，并举了不少例子。

② 焦点团体访谈，是个人访谈法的一种延伸。在焦点团体访谈中，访谈者要试图营造一种相对安全和宽松的环境，使参与者能够敞开心扉，围绕一定的主题畅所欲言，并且在参与者互动的过程中碰撞出新的火花。研究者的身份从访谈者（interviewer）变成了谈话的协调者（moderator），因此进一步淡化了研究者在收据收集中的引导功能，有助于获得一对一的访谈所无法获得的一些信息。

③ 近年来，学者们也因为研究对象、目的和性质的需要，提出了一些有效的创新性研究方法，其中包括在教育学领域已被采纳的"照片之声"。这一方法通常是为研究对象配备相机，请他们在一段时间内拍摄记录自己及周围人的生活状态，并通过请研究对象讲述所摄照片的方式进行访谈。照片本身不是资料，被研究者对照片的解释和叙述是研究所需的资料。因此，研究对象在整个研究过程中成为视角遴选、意义阐释的主体，提高被研究者的参与兴趣，有助于促进研究者和被研究者之间的平等有效对话（Wang, C. & M. A. Burris, "Photovoice: Concept, Methodology, and Use for Participatory Needs Assessment", *Health Education and Behavior*, Vol. 24, No. 3, 1997, pp. 369 – 387）。这一方法对于年龄较小的被研究群体极为适用，在教育学中的使用也体现出此领域所需要的对话性本质和相互理解。"照片之声"这一研究方法也被一些学者用作文化交流，罗海蒂（Heidi Ross）教授就曾使用这一方法，请一所在中国陕西的乡村中学和一所美国印第安纳的中学学生用相机记录自己的生活学习状态，然后配上自己的解释和叙述，并在中美学生之间交流。"照片之声"不仅是一种民族志研究卓有成效的方法，也有效促进了文化交流和理解。

④ 陈向明：《质的研究方法与社会科学研究》，教育科学出版社 2000 年版，第 181 页。

价或者思维模式加诸受访者。赛德曼曾推荐三轮式访谈，第一轮是着眼于生活经历，重点在于探讨受访者是怎样成为现在的"他/她"的；第二轮是了解并发现受访者目前生活状态的细节；第三轮是让受访者反思自己经历的意义或者展望将来。但是，访谈本身就是一种交往活动，如果拘泥于一定的程序对话，不仅受访者感到枯燥与被控制，而且研究者在适时追问与获得丰富和多样化的信息方面也会有所限制。对于不同的受访者要根据其性格和谈话模式使用一些技巧与受访者建立持续、深入、良好的交谈氛围，而适当地使用受访者的"工作"术语会增进互动关系。本书的访谈为半结构化开放式，大多持续 60 分钟到 120 分钟，工作语言主要为英语。[①]

（二）观察

观察是一种直接进入现场的行为，研究者所观察到的情况，大都是自然情境中的真实反映，因此在某种程度上克服了访谈的主观局限性。观察有不同的方式，例如参与式观察、旁观式观察。观察者往往能在观察对象的活动中挖掘其背后的规律和意义。笔者在研究中采用的观察方式主要是"在访谈中观察"，即在访谈的前后及过程中观察：（1）观察受访教师的办公室，包括办公室里摆放的照片和一些艺术品、办公室的格局、办公室与实验室的距离。例如笔者常常会在访谈开始和结束阶段"不经意"地与受访者说："你似乎对印象派的作品很感兴趣"，或者"你的办公室布置和外面的风景很好，哦，你这儿还有一些可爱的照片"，等等。往往受访者会滔滔不绝地讲述一些生动的故事，照片里的每个学生以及他们现在的状态，而这从侧面能帮助分析其所指导的博士生的现状以及导师对博士生的了解程度。（2）观察访谈中偶然进入的博士生与教师的互动。由于笔者的访谈一般进行 1—2 个小时，在这个过程中，会有受访教师的博士生打来电话，或者出现在办公室的门口双方进行

---

① 其中一位数学系受访者为华裔，他已在美生活 30 年有余，是在受访教授主动提出的情况下使用汉语进行访谈。另外，对两位中国博士后的访谈也是用中文。

简短的互动，而对于这种最自然的情境，一定要进行观察并在稍后访谈中适当地询问。

三　资料的分析

在资料分析阶段，为了能更深入地展示学科差异，本书选择英语、化学、天文学、经济学、数学作为主要学科案例，物理、德语研究、教育学、计算机科学与信息学作为辅助案例，只在需要之时引证辅助学科的访谈资料。

本书采用扎根理论的三级编码进行资料分析，其具体操作过程是：一级编码，开放式登陆，以开放的心态呈现资料本身的概念和意义，发现概念类属，对类属加以命名，确定类属的属性和维度，然后对研究的现象加以命名及类属化；二级编码，关联式登陆，发现和建立概念类属之间的各种联系；三级编码，核心式登陆，在所有已发现的概念类属中经过系统分析以后选择一个"核心类属"，将分析集中到那些与该核心类属有关的码号上面。①

让笔者举一个例子来说明上述三级编码的过程。当我进行英语学科的资料分析时，首先，在开放式登陆中，笔者找到了很多受访者使用的本土概念，如"intellectual isolation""we don't have a coherent direction or coherent idea of what is current""different idea""breakdown coherence""different answers""there's not a sense of agreement""lonely""not a very organized discipline""it doesn't have a single direction""all over the place""it's so varied and multifaceted means""there's no clear direction to go in"等。然后，在关联式登陆中，笔者在上述概念之间找到了一些联系，在三个主要类属下面将这些概念连接起来，即"英语学科知识特点、英语学科学者对学科本身的看法、英语学科的研究范式"。在每一个主要类属下面又分

---

① 陈向明：《质的研究方法与社会科学研究》，教育科学出版社 2000 年版，第332—335页。

别列出相关的分类属，比如在"英语学科的知识特点"下面有
"breakdown coherence""different answers"等；在"英语学科的研
究范式"下面有"it's so varied and multifaceted means""there's no
clear direction to go in""there's not a sense of agreement"等；在"英
语学科学者对学科本身的看法"下面有"intellectual isolation""we
don't have a coherent direction or coherent idea of what is current"
"lonely""not a very organized discipline"等。最后，在所有的类属
和类属关系都建立起来以后，笔者在核心式登陆的过程中将核心类
属定为"学科文化的特点"。需要说明的是，笔者在每次阅读材料
或编码后都会写备忘录。在三级编码之后，也就是资料分析的第四
轮，加上对政策文本的分析，并进行两者的对话，而这正是建制民
族志所注重的。第五阶段是以学科为基础分析资料并写作学科
案例。

　　生活世界所讨论的主题是社会的规范结构，包括价值和制度。①
在笔者的研究中，笔者作为研究者与研究对象，无论是在国家文化
层面，还是在学科领域，都属于不同的"生活世界"，那么如何理
解和阐释"他们"的生活世界？阐释—重构（hermeneutic - recon-
structive）分析法提供了一个很好的视角。阐释性分析②可以帮助研
究者理解复杂世界的鲜活经历，揭示现象背后的社会关系和规则，
并寻找导致行动的意义和目的。卡斯贝肯（P. Carspecken）认为，
在日常生活中，人们从他人的榜样中获得意义和对意义的印象，人

---

① ［德］哈贝马斯：《合法化危机》，曹卫东译，上海人民出版社 2000 年版，第 7 页。

② 与量化研究不同，质性研究追求对社会问题更为直接、深入的调研，关注社会活动的真
实过程、研究主体的真实体验和观点，对数据的分析注重"阐释"和"理解"，并由此得出模
型。对此，社会学家和哲学家都给予了认同。韦伯认为社会科学的意图在于对社会行为进行阐释
性的理解，并从而对社会行动的过程及结果予以因果性的解释。同样，法国哲学家于连也指出：
圣人的智慧是"并不寻求通过思想的独特，让自己的观点与别人的观点有差别，而是理解别人
的观点，在自己的思想中协调所有其他的观点"。［法］于连：《圣人无意——或哲学的他者》，
闫素伟译，商务印书馆 2006 年版，第 100 页。

的行为有意义的同时会宣称其价值、规范和身份及身份类型。意义性行为宣称生活世界的存在和有效性，体现了行为本身的有效性。当研究者采取了"站在他人的立场"（position‑taken）理解他人就掌握了他们所宣称的生活世界。① 在哈贝马斯看来，要跳出这种执着于"我"或主体性的思路，把目光转向"主体间性"（intersub-jectivity），转向具体的主体间交往网络或者社会建制。② 陈向明也指出：质的研究的主要目的是对被研究者的个人经验和意义建构做"解释性理解"或"领会"……此外，研究者还要了解自己是如何获得对对方意义的解释、自己与对方的互动对理解对方的行为有什么作用、自己对对方的行为进行的解释是否确切。③ 这里讨论的是访谈资料分析中的立场问题。

在资料的分析过程中，如何站在研究对象的立场上理解行动的理由、价值和规范？下面结合笔者采用扎根理论分析资料的过程予以说明。首先对资料进行通读和浏览，并在旁边标出研究对象赋予的"主题"（theme），这时先抛开研究问题，对原始资料逐一编码，跟着受访者的思路走。受访者经历的任何叙述都是发现其社会关系的线索，这是研究的切入点，它引导研究者去发现社会组织的相关特征，并弄清楚场景的意义，即事情实际上是怎么发生的。其次，加入研究者的理解，并尝试与研究资料对话，赋予编码更为丰富的意义。再次，分析被研究者的"话语"和话语背后的"社会情境"。与传统访谈分析的形式不同，建制民族志不仅将访谈者的叙述作为分析研究对象内在经历的窗户，而且要揭示塑造在地情境

---

① Carspecken, P., *Critical Ethnography in Educational Research: A Theoretical and Practical Guide*, New York: Routledge, 1996, p. 169.

② 英国哲学家彼得·文奇（Peter Winch）早在1958年就指出，社会现象区别于自然现象之处就在于构成社会现象的人的行动的特点是遵守规则而不仅仅是表现出规则性（regularities），而要了解规则的意义，进而了解行动的意义，就不能采取认识自然运动那样的客观观察的态度，而要采取主体间交往参与者的意义理解的态度。参见童世骏《没有"主体间性"就没有"规则"——论哈贝马斯的规则观》，《复旦学报》2002年第5期。

③ 陈向明：《质的研究方法与社会科学研究》，教育科学出版社2000年版，第7页。

的"统治关系"（relations of ruling）①。建制民族志非常强调文本在资料分析中的重要性，并提出了"以文本为媒介的社会组织"（text-mediated social organization）的思路。通过文本，研究者可以探索越地情境是如何在真实的在地情境（所在机构和特定情境）中发生的，这两者是紧密联系的。这与当下政策研究中"将政策看作实践"（policy as practice）在哲学意涵上有相同之处，例如列文森（Bradley A. U. Levison）和萨顿（Margaret Sutton）认为政策是"一种复杂的社会实践，是由不同社会和机构情境中的多个行动者持续进行的规范文化生产"。②

　　访谈资料与文本结合的分析涉及生活世界和社会组织的方方面面。在本书中，主要有四个视角。第一，对文本本身的权力结构和价值理念的分析。例如，博士生论文指导委员会要求必须有一名成员是博士生辅修专业的教师，这体现了美国对博士生广博知识和跨学科知识的重视。第二，不同文本之间的关系。如：校研究生院、学院、系以及博士点制定的有关博士生培养的政策文本；学校层面的政策文本与学科学会之间对博士生教育政策话语的异同。第三，文本与实地访谈资料的对话，即文本是如何反映在地情境中的话语，在地情境又是如何影响文本的。第四，文本和实地访谈资料与背景的分析。对教育问题的充分理解只有放到其发生的情境中才能实现。在研究中，需要同时考虑到横向与纵向层面的影响、观念和行动。正如米尔斯所说，人究其根本是社会和历史中的行动者，必须通过他与社会与历史结构间的密切的、错综复杂的联系来理解他。③

----

① Devault, M., & Liza, M., "Institutional Ethnography: Using Interviews to Investigate Ruling Relations", in Gubrium, J. & Holstein, J., eds., *Handbook of Interview Research: Context and Method*, Thousand Oaks, C. A.: Sage Publication, 2002.

② Vavrus, F. & Bartlett, L., *Critical Approach to Comparative Education: Vertical Case Studies from Africa, Europe, The Middle east, and the Americas*, Palgrave Macmillan, 2009, p. 13.

③ ［美］米尔斯：《社会学的想象力（第2版）》，陈强、张永强译，生活·读书·新知三联书店 2005 年版，第 170 页。

第三节　研究的质量检测

　　质性研究的质量检测涉及有效性（validity）和推广性（generalization）的考量。之所以不使用"效度"一词，是因为"质的研究遵循的是与量的研究不同的思维范式，关注的不是客观的分类计量、因果假设论证或统计推论，而是社会事实的建构过程和人们在特定社会文化情境中的经验和解释。这种过程性的、发生在人际互动之中的对意义的探索很难用'效度'这类游戏规则来进行判断"①。本书提出，质性研究结论的有效性和推广性是有其"生态界限"的。

一　有效性

　　有效性是研究结论与研究资料之间的关系，可能受到的威胁包括：研究者为什么这样解释？如何验证受访者话语的真实性？这主要与研究过程的两个程序有关：资料收集与资料分析。首先，在访谈中最好的办法就是追问，一层一层地追问，总能找到细节，同时通过观察和实物分析等进行三角验证。② 研究者可以从不同的角度、提出宏观和微观的问题、理想与现实的问题验证受访者所说的话。

---

①　陈向明：《质的研究方法与社会科学研究》，教育科学出版社2000年版，第99页。

②　陈向明在《质的研究方法与社会科学研究》一书中就三角验证的方法进行了详细的叙述：三角验证法是指将同一结论用不同的方法、在不同的情境和时间里，对样本中不同的人进行检验，目的是通过尽可能多的渠道对目前已经建立的结论进行检验，以求获得结论的最大真实度。比如，如果我们使用访谈的方法对某一研究现象有所发现，可以使用观察或收集实物的方法对同一现象进行研究。如果我们在某时某地对某研究现象进行研究以后有所发现，可以选择在不同的时间和地点对同一现象进行研究。如果我们从一些被研究者那里了解到一些情况，可以进一步调查其他的人。在质的研究中，最典型的进行相关验证的方式是同时结合访谈与观察了解他们行为的动机。通过在访谈结果和观察结果之间进行比较，我们可以对被研究者所说的和所做的时期之间进行相关检验。在进行相关检验时，我们不仅可以将观察到的结果在访谈中进行检验，而且也可以反过来将访谈的结果在观察中进行检验。相关检验不仅可以在不同的方法之间进行，而且可以在一种方法之内进行。陈向明：《质的研究方法与社会科学研究》，教育科学出版社2000年版，第403—405页。

最有价值的是请受访者举例子、讲述细节。此外，在资料分析阶段也可结合受访者身份、经历进行分析。

　　研究者如何保证对资料分析和解释的真实？关于"真实"，不能用传统意义的真或假来衡量，因为"社会科学探讨的是个人生活历程、历史和它们在社会结构中交织的问题"①，对真实性的判定不是像自然科学通过观察，而是分析有效性宣称是否满足了生活世界成员取得的规范性一致认同或通过交往获得的有效性条件，"真理宣称应该用有效性宣称（Validity Claim）来检测"②。研究者要"站在他人立场上"（主体间性）分析理由并提供证据对有效性宣称进行解释，证据的正确、充分与代表性，需要加上既支持观点又解释证据的理由。这是一个循环和互相解释的过程。对此，格尔茨讲述了一个英国绅士在印度殖民地的故事，当他听说这个世界停在四头大象背上，而这些大象却站在一只大海龟的背上时，就问海龟站在什么上面。回答是另一只海龟。那么另一只海龟呢？"啊哈，先生，在那之后一直往下都是海龟。"但是马克斯·威尔强调在资料分析中"你不一定非要找到那只垫底的海龟才能得出有效的结论。你只需要达到一只你可以安全站立其上的海龟"。③

　　在具体操作上，可以利用以下几种途径对有效性进行检验：（1）研究者在访谈过程中向受访者确认。在访谈过程中可以适当地复述或者总结受访者的意思，询问受访者是否认同，或请受访者举例子，以当场验证研究者的理解。这种方法不能频繁使用，而且要建立在继续追问的基础上。例如，在访谈中笔者会这样发问："您刚才谈了博士生专业发展比较重要的几方面，包括参加课题、国际会议上做报告、发表论文、教学经历，那您具体是如

---

①　［美］米尔斯：《社会学的想象力（第2版）》，陈强、张永强译，生活·读书·新知三联书店2005年版，第154页。

②　Carspecken, P., *Critical Ethnography in Educational Research：A Theoretical and Practical Guide*, New York：Routledge, 1996, p.156.

③　［美］马克斯·威尔：《质的研究设计：一种互动的取向》，重庆大学出版社2007年版，第82页。

何在这几方面帮助和指导博士生的？能不能举一些例子？"（2）
访谈结束后的资料反馈。在质性研究中，研究者与研究对象的交
往并非是访谈结束就终止，有时候研究者与研究对象的关系可能
会超越研究关系。笔者在每次访谈结束后都会给受访者发一封
"感谢信"，感谢他/她对笔者研究课题的贡献以及与笔者分享精
彩的思想和丰富的实例。另外，将整理出来的录音资料和研究结
果发给受访者或相关群体，① 不仅可以请对方重新对某些想法评
估，也是对研究对象的尊重。当然，良好愉悦的访谈也会赢得受
访者的主动反馈。② 没有任何检验会比受访者的反馈和肯定更有
效。（3）在研究对象之间的互相检验。具体的技巧是，例如将从
英语系 A 访谈者得到的研究结论在与英语系 B 访谈时进行验证；
而更有趣的是在不同学科之间比较，比如，在访谈化学系和天文
学系的教师时，他们往往会谈到两种学科的不同运作模式，于是
笔者会将不同学科访谈的初步结论与受访教授讨论。这种交叉互
访的方式更好地比较了学科的异同，验证了研究结论。（4）同行
报告会（Peer - debriefing）。③ 这是一种将初步的研究分析与同行
学者分享的方式，在某种程度上获得有效性宣称的"认同"和
"一致同意"。需要强调的是，有效性的评判是有其界限的，也就
是"生态有效性"（ecological validity）④。

---

① 例如，笔者在完成每个学科的案例写作后，由于是中文写作，因此，请几位曾在美 R
大学攻读博士学位或博士后研究的中国学者阅读、检验并提建议。

② 例如，一位计算机科学与信息学的教授在访谈后给笔者发来了热情洋溢的反馈信：
"你提出了一个很有意义的问题，这引发了我对这么多年教学和研究经历的思考。……附件是
我指导过的博士生的学术谱系，别忘了××这个博士生是 2007 年毕业的。我想这个学术谱系
对你会很有帮助。另外，我将你介绍给了我们系现任的研究生教育主管，他能告诉你我们博士
点最新的一些政策和进展，把这封邮件也抄送给你了。很高兴和你谈话。"

③ Carspecken, P., *Critical Ethnography in Educational Research: A Theoretical and Practical Guide*, New York: Routledge, 1996, p. 141.

④ 生态有效性的概念借鉴于比较教育学对有效性的讨论。Vavrus, F. & Bartlett, L., *Critical Approach to Comparative Education: Vertical Case Studies from Africa, Europe, The Middle east, and the Americas*, Palgrave Macmillan, 2009, pp. 225 – 226.

二　推广性

同样，研究的推广性（generalization）也存在生态界限。有学者提出了内在推广性和外在推广性的概念。内在推广性指的是一个结论在研究的情境或群体内的推广性。内在推广性明显是质的案例研究的一个主要问题。一个案例研究结论的描述性、解释性及理论性效度取决于它们整体在案例内的推广性。外在推广性是指结论的推广性超出了特定情境或群体。质的研究的价值也许正是因为它缺少外在推广性，不代表更大的群体。但它可以提供一个情境或群体的描述，作为一个极端或理想的类型而发挥启示性的作用。① 本书是对 R 大学的案例研究，因此，内在推广性是在 R 大学情境内的讨论。研究结论的描述、解释和理论抽象在 R 大学具有推广性。

关于外在推广性，有三个不同的层次：第一个层次是，对研究结果的推广可以是部分范式或特征的推广，生活世界的成员以不同的方式彼此相似。对 R 大学各个学科的描述可以启发我们对某个学科大体特征的认识，也就是维特根斯坦的"家族相似性"（family resemblance）②，而并不是达致所有特点的完全对应。第二个层次，通过对研究结果的认同达到推论。研究报告的描述或结果揭示了同类现象中一些共同的问题，读者在阅读研究报告时在思想和情感上产生了共鸣，那么就起到了"推论"作用。也就是说，至于本书的描述和结论是否可以推论到 R 大学或美国以外的地方，在一定程度上取决于阅读者的经验和认同感。因此，本书在各个学科案例完成后，会请每个学科的留美中国学者阅读报告并提出建议。第三个层次，通过建立有关的理论来达到推论，理论会对类似的现象产生阐

---

① ［美］马克斯·威尔：《质的研究设计：一种互动的取向》，朱光明译，重庆大学出版社 2007 年版，第 89 页。

② 例如我们对游戏（game）的概念实际上通过一系列实例的总结进而得出的互相交叠的特征，这种描述和解释的关系和相似性就是家族相似性。Battin, M. P., Fisher, J., Amoore, R. & Silvers, A., *Puzzles about Art: An Aexthetics Casebook*, New York: St. Martin's Press, 1989, p. 7.

释的作用，从而在理论的层面上发挥"推论"作用。①

需要说清楚的是，尽管本书在拓展推广性方面做出了不少努力，但是质性研究的推广性并没有完美和绝对的解说，案例研究是在特定情境内对有限的人的研究。

社会科学，尤其是教育学是对特定生活世界的活动和关系的研究，强调对社会事实的构建与反思。拉扎斯菲尔德说，必须研究具体的问题，然后将许多烦琐、细致而耗时的调查加以综合，构建成更广泛的知识。② 对教育研究中生活世界的探索是一个开放、持续和沟通的过程，研究者应该采用主体间性的立场分析社会活动，在隐性的社会事实中建构制度化、结构化，为没有走进田野的人提供理解与沟通的可能性，从而走向交往行为的理性。

---

① 陈向明：《质的研究方法与社会科学研究》，教育科学出版社 2000 年版，第 411—412 页。
② ［美］米尔斯：《社会学的想象力（第 2 版）》，陈强、张永强译，生活·读书·新知三联书店 2005 年版，第 69 页。

第 三 章

美国博士生培养的理念与制度

如伯顿·克拉克所言，个性寓于共性之中，学术系统既沿着文化的路线前进，又根据行政的程序行事。[1] 高等教育系统内部的学科差异性是寓于诸如国家、院校文化和程序之中的。必须要予以承认的是，尽管本书强调学科文化对博士生培养的重要性，但是以美国高校为案例讨论博士生教育也不应该忽视美国博士生教育的文化和程序。因此，研究不同学科的博士生培养，有必要先阐明宏观背景——对美国博士生教育理念与制度的宏观介绍形成了本章的内容。

第一节　博士生培养的理念

从历史的角度看，现代博士生教育始于德国，[2] 德语称呼博士生导师为"博士之父"（Doctorvater）形象地表达了德国博士生教育的培养传统与师生关系，对博士生的指导是一种更为私人化与潜移默化的互动成长过程。在这种关系中，导师对学生有明确的责任感，对学生在知识、方法以及学术态度、学术风格等多个方面产生

---

① ［美］克拉克：《高等教育系统》，王承绪、徐辉译，杭州大学出版社 1994 年版，第 115 页。

② 陈洪捷：《德国博士生教育及其发展新趋势》，《学位与研究生教育》1994 年第 1 期。

重要的影响，且师生双方都能在科研过程中受益。① 19 世纪初，曾有大量美国学生赴德攻读博士学位。他们回美任教于大学并致力于将德国学术自由之理念、教学科研结合之原则实施于美国本土，建立一所真正意义上的大学（university），而不是在美已遍地开花的学院（college）。② 这正是美国最早一批现代大学——约翰·霍普金斯大学、芝加哥大学和克拉克大学的目标，即建立一所拥有研究生教育的"立式大学"。③

　　阿特巴赫（P. Altbach）指出，尽管 19 世纪美国大学借鉴了德国博士生教育的基本理念，并使其适应了美国国情，但自 20 世纪 50 年代以来，美国大学并没有受到其他国家太大的影响，相反，主要是美国在影响其他国家。④

---

　　①　陈洪捷：《德国博士生教育及其发展新趋势》，《学位与研究生教育》1994 年第 1 期。

　　②　在霍普金斯大学建立之前，美国的大学被称为学院（college），时称哈佛学院、耶鲁学院等，这类高等教育机构主要进行本科生教育。因此，吉尔曼（J. Gilman）坚定地指出要建立一所区别于其他 college 的 university，并明确提出以研究生教育为主。当时报界高度评价约翰·霍普金斯大学是美国首次以研究生教育为目标建校治学的大学。因此，约翰·霍普金斯被称为美国研究生教育的先驱。而且在建立伊始，当时的大部分董事会成员都非常清楚他们要建立的是 university，而不是 college，因为巴尔的摩（Baltimore）已经有 college 了。但是，为了和巴尔的摩本地的资助者达成妥协，校长吉尔曼才把本科学院补充进来。其实，后来的克拉克大学、芝加哥大学在创立伊始都曾就组织机构的形态和目标进行过讨论，也就是 university 与 college 的问题，克拉克大学的资助者克拉克先生希望将该大学办成一个本科生的院校（college），但是当时的校长努力将其办成一个 university，致力于研究生的培养。参见 Ryan, W. C., *Studies in Early Graduate Education*, New York：the Carnegie Foundation for the Advancement of Teaching, 1939。

　　③　Clark, B., *Places of Inquiry*, Berkeley and Los Angeles, California：University of California Press, 1995.

　　④　[美] 阿特巴赫：《美国博士教育的现状与问题》，别敦荣、陈丽译，《教育研究》2004 年第 6 期。从历史的角度看，尽管 19 世纪早期大量美国学生赴德攻读博士学位，但是在 20 世纪中叶之后，在德国的美国留学生人数逐年递减，一方面原因是 1900 年前后开始，德国当局对外国学生的态度变得不太友善，但更为重要的是，人们相信德国大学的质量在下降，而美国的研究生教育在迅速改善。美国的博士生教育虽然是学习德国的产物，但德国的"种子"在美国的"土壤"里生长出了不同的"植株"，它融合德国的学术性和美国的实用主义，被世人公认是最有活力和最具多样性的，以灵活性的招生方式来接纳来自世界各地的优秀学子；培养过程中有着多样化的课程设置、多样化的学习方式和多元化的指导力量；学生群体构成也非常多元化。参见 [美] 维赛《美国现代大学的崛起》，北京大学出版社 2011 年版，第 137 页；张英丽《论学术职业与博士生教育的关系》，博士学位论文，华中科技大学，2008 年，第 84 页。

一　博士生教育与科研紧密结合的理念

美国借鉴德国大学教学与科研紧密结合的理念发展了研究生教育。在克拉克大学（Clark University）建立伊始，便将科研与研究生教育作为学校的发展目标，并规定："年轻学者的晋升主要取决于他们的研究成果而不是教学，尽管后者也不可忽视。"这一规定与吉尔曼（Jonas Gilman）和霍尔（Stanley Hall）的理念相同，即"只有自己做过调查研究的人才可以教他人如何研究。教师如果没有从事学术研究的精神，不能为学生树立好榜样，那么学生永远都不能承担自己的研究工作"[①]。教师的教学，尤其是对研究生的培养应该建立在科研基础之上。

美国博士生培养是以科学研究为基础的活动，因此形成了博士生教育与科研紧密结合的理念。从某种程度上说，对科研价值的尊崇奠定了美国博士生教育的基础，促进了博士生教育的不断发展。在2011年的中美博士生教育会议上，当笔者向美国几所高校研究生事务的负责人问及"您认为美国博士生教育体制最大的优势是什么"时，他们一致认为博士生培养与科研相交融的理念是美国博士生培养体制保持活力的重要基础。华盛顿大学校长在大会报告中指出，"美国博士生教育体制之所以是世界上最好的体制，在于博士生教育和科学研究活动是紧密交织在一起的"。所以说，探讨博士生培养不能绕开科研。

美国的基础类研发工作大多是由大学承担的，自然的，教师及博士生就成为研发的主体。尽管有研究认为"美国博士生教育的声望很大程度上得益于教师优秀的研究工作是一个搞笑的讽刺"[②]，但正是由于教师对科学研究的投入才得以形成指导博士生进行学术训

① Ryan, W. C., *Studies in Early Graduate Education*, New York: the Carnegie Foundation for the Advancement of Teaching, 1939, p. 126.

② George, W., "Doctoral education in the United States of America", *Higher Education in Europe*, Vol. 33, No. 1, 2008, p. 19.

练的基石，正是由于教师站在科研动态的前沿才能对博士生进行有效指导。一位华裔教授对此提供了有力的论据："美国之所以每年能够产生如此大数量的博士，且相对能产出质量高的博士，在很大程度上和美国大学教师投入研究有很大的关系。就指导学生而言，不是说你坐在房间里面凭空想象就可以给学生一个题目。……所以说你如果能够建立一个好的题目让学生做，首先你自己就必须在研究上涉入得比较深，才会有很多的问题。如果自己不做研究，也不会有很多问题给学生做，关键是老师要在研究上比较活跃。这就是美国在教育上比较好的地方。"

教师投入科研不仅能引导博士生从事学术研究，而且对博士生的研究过程具有激发和支持作用。对此，一位在美从事博士后研究的中国学者指出："如果说博士生遇到一个难题，老师会和学生一起做，帮你分析，学生胆子会大一些，有支持，一起研究想法会丰富，如果让学生自己单打独斗，重要的结果、结论很难出来。"

博士生培养以科研活动为基础的理念在自然科学领域表现得尤为突出。博士生的整个培养过程是依托科研课题进行的，而且受到相应的资助。博士生在研究项目中是有担当的研究同事。美国高等教育从这套为博士生教育提供财政资助的体制中获益匪浅。它不仅确保了教师和博士生能够得到资助和指导，而且还确保了研究项目始终有稳定的劳动力资源。[①]

科研与博士生教育相融合的理念，不仅体现在日常的博士生培养实践中，而且在国家层面的政策和项目中也有呈现。在全球竞争日益白热化的今天，美国社会普遍意识到研究生教育尤其是以科研训练为主要活动的博士生教育于国家发展的重要性，因此加大了对科研与研究生教育的投入。早在 1960 年，美国总统科学顾问委员

① ［美］阿特巴赫：《美国博士教育的现状与问题》，别敦荣、陈丽译，《教育研究》2004 年第 6 期。

会（President's Science Advisory Committee）发布的《西博格报告》就强调联邦政府和大学都有责任重点发展科研和研究生教育。[①] 2007 年美国国会通过的《美国竞争法》以法律的形式保障了教育拨款，拨款教育研究总经费为 51.77 亿美元，其中高等教育经费 42.77 亿美元，占教育研究总经费的 82.61%。在高等教育经费中，本科生教育经费为 14.25 亿美元，研究生教育经费为 28.52 亿美元，研究生教育经费占高等教育研发经费的 66.68%。[②]

2010 年 4 月，美国研究生院委员会（Council of Graduate Schools，简称 CGS）和教育考试服务中心（Educational Testing Service，简称 ETS）联合推出题为《前进的道路：研究生教育的未来》（The Path Forward：The Future of Graduate Education）的报告，明确指出美国全球竞争力和创新能力从根本上来说依赖于强大的研究生教育体系，而且"美国的研究生教育体系是国家的一项战略资产。就像对待其他宝贵的资产一样，我们必须予以关注和支持以保持其活力和强大"。[③] 强大的研究生教育体系不仅为国家未来竞争培养了研发人员，而且博士生也是科研队伍的活跃成员。

二　博士生培养中的通识教育理念

以往对通识教育的研究，往往将其局限于本科生教育。但是，本书认为，作为培养高层次人才的博士生教育，在美国的课程体系与制度规则中也体现了通识教育的理念。美国的博士生教育，是基于通识教育之上的高深知识的探究活动。美国学者斯蒂普森（C. Stimpson）首次提出了"研究生教育中的通识教育"这一概

---

① President's Science Advisory Committee, *Scientific Progress*, *the Universities*, *and the Federal Government*, Washington D. C. : Government Printing Office, 1960.

② 易高峰、赵文华：《〈美国竞争法〉对我国研究型大学研发的启示》，《比较教育研究》2008 年第 8 期。

③ Wendler, C., Bridgeman, B., Cline, F., Millett, C., Rock, J., Bell, N., & McAllister, P., *The Path Forward：The Future of Graduate Education in the United States*. Princeton, N. J. : Educational Testing Service, 2010.

念。① 从历史的角度看，早在霍普金斯大学创建之时，就将博士生
教育定位为"为想学之士的博雅高深教育、为特定群体制定的专门
课程，并结合经典诵读、实验室实践、田野调查和个别化指导的混
合体"。② 美国博士生培养蕴含的通识教育的理念主要表现在以下几
方面：

第一，强调博士生学习广博的课程知识。与其他国家博士生教
育相比，课程学习是美国博士生教育的重要组成部分。博士生在正
式提出论文研究问题之前需要研修大量的课程，接受较为系统的课
程学习，全面了解和掌握相关学科和研究方向的理论和方法。如一
位化学教授指出：

> 美国的教育体制让学生的学习进度比较慢，比其他国家的
> 专业化要晚。你来自中国，美国一个 21 岁的研究生比中国一
> 个 21 岁的研究生对专业知识的了解要少。这就是为什么美国
> 的研究生教育，在我们理科仍旧要上课，但是在英国、德国，
> 根本没有任何课程，对吧？

从今天美国各高校的情况看，博士生往往需要花两年到三年的
时间研修大量的课程。以 R 大学为例，博士生须完成 90 个学分
（credit hours）的课程。③ 课程包括必修课和选修课，必修课往往是
专业核心课程；选修课又分为两类，一是专业选修课程，二是辅修
（minor）专业的选修课程，后者旨在培养博士生具备跨学科知识。
有学者对哈佛大学研究生教育进行调查后指出，博士生一般应在前

---

① Stimpson, C. R., "General Education for Graduate Education", *The Chronicle of Higher Education*, Vol. 49, No. 10, 2002, p. B7.

② Ryan, W. C., *Studies in Early Graduate Education*, New York: the Carnegie Foundation for the Advancement of Teaching, 1939, p. 19.

③ R 大学要求博士研究生需完成 90 学分的课程，这通常是针对获得学士学位直接攻读博士学位的学生；对于硕士学位获得者攻读博士学位的情况，其学分计算包括学生硕士阶段课程在 R 大学获得认可的学分，以及在 R 大学修的研究生课程，两者加起来也应该达到 90 学分。

两年的四个学期内修完至少九门课，包括必修课和选修课，其中有两门课要跨出本专业之外去选修，以拓宽知识面，适应未来的教学科研需要。[①] 同样，R 大学的博士生在前两三年也是集中于课程学习，而且必须要选择辅修专业的课程，为博士论文的研究奠定学科和跨学科的知识基础。总之，博士生教育课程不仅注重训练博士生从事学术研究的基本功和专业知识，更希望培养博士生掌握广博的跨学科知识。

第二，相关制度规定中也体现出对通识教育理念的重视。美国大学要求博士生在主修专业之外选择辅修专业，除修满规定学分，还要选择辅修专业的教师成为论文指导委员会成员，以获得不同专业领域教师的指导。另外，博士生可以根据个人兴趣选择攻读双学位（double major）或跨系博士项目。例如本案例大学的数学系与物理系合办了一个数学物理的跨系博士项目（interdepartment program），对数学和物理都感兴趣的博士生可以申请该博士项目。在后期的培养上，博士生的研究课题可以获得两个系的教师和资源的支持，论文指导委员会的成员往往由两个系的教师共同组成。

第三，美国对博士生从事跨学科研究予以鼓励与支持。美国国家科学基金会（National Science Foundation）于 2000 年启动了"研究生教育与科研训练整合计划"（Integrative Graduate Education and Research Traineeship Program），该项目以促进研究生教育创新为己任，以跨学科培养博士生为宗旨，帮助博士生独立开展科研。其拨款方式是直接向学生而不是向指导教师提供资助，将拨款与博士点捆绑。美国国家科学基金会这样做的目的是希望博士生有独立的经费从事博士论文研究，不必受导师科研项目的约束。2009 年，美国国家科学基金会投入 1200 万美元资助 20 个研究训练中心，每个新项目第一年资助 40 万美元，后四年每年资助 60 万美元。[②]

---

① 牛大勇：《哈佛大学研究生教育调查报告》，《学术界》（双月刊）2003 年第 3 期。

② Integrative Graduate Education and Research Traineeship Program（IGERT）2008，http://www.igerT.org/.

综上所述，美国博士生培养形成了注重通识性和结构化训练，以及将博士生教育与科研紧密结合的理念。这一理念体现在博士生教育的宏观政策中，并影响着博士生培养的日常活动与实践。

第二节　博士生培养的制度

从国际比较视角看，研究型博士培养主要有两种不同的传统或模式：一为"欧洲模式"（又称"德国模式"），二为"美国模式"。美国模式中，博士生在正式提出论文研究问题、研究计划书前须选修大量课程，接受系统的学术训练，系统了解相关学科和研究方向的理论和方法。欧洲模式中，博士生被视为独立的研究者，通过与导师的交流掌握学科方法、学科文化与学科规范，在此基础上完成一篇知识上具有原创性贡献的博士论文，没有正式课程，更遑论系统的培养计划。[①] 最近十多年，欧洲不少国家都对其博士生培养模式进行了大刀阔斧的改革。欧洲各国博士生教育的改革在很多方面体现了美国的影响，例如博洛尼亚进程（Bologna Process）有关学位体制的改革、研究生院制度的建立、对博士生课程结构化的强调、联合导师制等。制度上的优势使美国的博士生教育模式颇受推崇，正如斯图亚特·布鲁姆（Stuart Blume）所指出的："北美模式的吸引力在于，与通常的欧洲大学模式相比，它似乎能够在一个更大规模的基础上确保高效率的和对研究者的有效训练[②]。"布鲁姆所说的正是结构化培养模式（structural doctoral training model），这是美国研究生教育在建立伊始便已形成的制度结构，诸如研究生院、结构化的培养程序以及委员会制度。

---

① 沈文钦、王东芳：《从欧洲模式到美国模式：欧洲博士生培养模式的改革趋势》，《外国教育研究》2010 年第 8 期。

② Lapidus, Jules B., Graduate Education and Research, In Altbach, Philip ed., *In Defense of American Higher Education*, Baltimore: The Johns Hopkins University Press, 2001, pp. 249 – 276.

一　研究生院

1876 年，研究生院这一组织形式首创于约翰·霍普金斯大学并得以制度化，这标志着美国博士生教育结构的正式形成。研究生院在结构和形式上作为美国高等教育的第二层次与本科生教育正式分开，使大学在组织上形成两层结构：既保留了四年制本科生教育阶段，又发展了正规的研究生教育阶段，形成了院系和研究生院的紧密联姻。建立伊始，研究生院具有双重目的：第一，从事学术研究；第二，培养学生掌握科研方法，以期培养学生成为知识创造者和培养后备力量的教师。[①] 美国大学的研究生院是一种核心的管理体系，负责监管硕士生、博士生以及博士后训练。具体而言，在宏观上负责研究生教育的政策制定、议程、财政支持和质量保障机制，涉及学生发展、学位授予、毕业论文和学位点审批等事务。但在具体的政策实施中，研究生院缺乏权力和权威，因为教师的首要忠诚是在特定的系。[②]

R 大学研究生院建立于 1908 年，这标志着该校有组织的博士生教育的正式开始。在一百多年的发展历程中，如同美国研究生院结构和功能的整体变迁一样，R 大学研究生院的组织结构也在发生变化。到今天，R 大学对研究生院的定位更多是作为代理机构，主要功能在于沟通国家、州与学校关于研究生教育方面的事务和政策，并协助各系处理研究生教育的具体事务。[③] 结合研究生院与研发部门一百多年来的分合历史，会发现组织上分与合变迁的背后是资源与权力的兴衰。当研发部与研究生院合二为一时，也是美国联邦政策大力支持与投入教育尤其是研究生教育的时期，研究生院在

---

① Ryan, W. C., *Studies in Early Graduate Education*, New York: the Carnegie Foundation for the Advancement of Teaching, 1939, p. 132.

② Grigg, Charles M., *Graduate Education*, New York: The Center for Applied Research in Education, Inc., 1965, p. 26.

③ 这段陈述是笔者根据 R 大学的历史档案进行的总结和分析。需要注意的是，文件原文用了"assist"一词。

博士生教育中的权力相应扩大；当研究生院与研发部分开时，与研发相关的资源和利益相应地被带走，研究生教育尤其是博士生教育的资源不再由研究生院掌控，其权力相应会下降，而学院，尤其是系在研究生教育中的权力会上升。

需要说明的是，在 R 大学，不仅有校研究生院（University Graduate School），各学院也设置了研究生事务办公室（Office of Graduate Studies），当然在系层面也有专门负责研究生事务的部门和人员。R 大学的组织结构如图 3—1 所示：

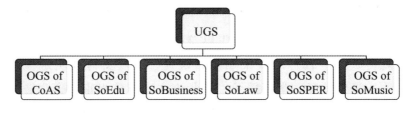

图 3—1　R 大学研究生院组织结构图

注：UGS，University Graduate School，校研究生院；OGS of CoAS，文理学院研究生事务办公室；OGS of SoEdu，教育学院研究生事务办公室；OGS of SoBusiness，商学院研究生事务办公室；OGS of SoLaw，法学院研究生事务办公室；OGS of SoSPER，公共事务与政策学院研究生事务办公室；OGS of SoMusic 音乐学院研究生事务办公室。

就 R 大学研究生院与系科的关系而言，校层面的研究生院颁布正式政策，更多是行政事务的管理，其在研究生教育中的作用是总体性的监管（oversee）。但实际上，在访谈中，受访者指出用"oversee"这个词并不准确，因为研究生院仅仅是颁布正式政策，并非实际执行政策的主体。研究生培养的执行主体是在系的层面，各个系有系主任和研究生事务主任①专门管理研究生事务，具体负责研究生的录取、资助、资格考试等。各个学系往往根据本系学科的实际情况制定研究生教育的政策和研究生手册，并有权在需要之时予以修订，当然需要将其提交给学校研究生院。

---

① 系主任和研究生事务主任是由系里的教师轮流任职，是对系的服务（service）。

　　尽管研究生院制度有助于构建研究生教育与本科生教育的区别，但是博士生培养的场域是各个系科，呈现出"底部厚重"的特点。对 R 大学研究生院负责人的访谈发现，博士生培养的相关政策、规章制度的制定是"自下而上"的过程，即由各系甚至博士点制定具体细则（当然必须要满足学校的总体性规定），然后提交给校研究生院，校研究生院和院系根据这一手册审核博士生的培养过程。美国高等教育专家伯顿·克拉克认为：研究生项目的结构和规范基础是落在学系，其特点是教师权威的地方分化。[①] 同样，乔治·沃克（G. Walker）更明确强调：真正的权力是在各系和教师手里，受到所在学科规范的启发和影响。[②]

　　著名学者本·戴维（Ben-David）指出，研究生院制度是美国高等教育最伟大的发明之一，它的成功逐渐成为其他国家模仿和学习的理想类型。20 世纪 80 年代，欧洲各国开始将研究生院制度的建立纳入政策议程，法国、英国、德国、荷兰的博士生教育改革都是围绕一个核心模式——美国研究生院——而进行的，只不过各国根据自身实践进行了一些变异。这些改革是围绕一些新的名词和概念而进行的，如法国的 Ecoles Doctorales，英国的 Graduate schools，荷兰的 Onderzoeksschoolen，德国的 Graduiertenkolleges，尽管名称不完全一致，但都多少反映了美国的影响。[③]

　　因此，历史地看，美国博士生教育的一大贡献在于研究生院制度的建立，这一制度所形成的结构化培养方式超越了德国作坊式、个体教授的讲座制，它的成功逐渐成为其他国家模仿和学习的理想类型。

---

　　① Clark, B., *The Research Foundations of Graduate Education*, Berkeley, Los Angeles, Oxford: University of California Press, 1993, p. 225.

　　② George, W., "Doctoral education in the United States of America", *Higher Education in Europe*, Vol. 33, No. 1, 2008, pp. 35 – 43.

　　③ Neave, G., "The Business of University Research", *Higher Education Policy*, Vol. 17, No. 1, 2004, p. 124. 转引自沈文钦、王东芳《从欧洲模式到美国模式：欧洲博士生培养模式的改革趋势》，《外国教育研究》2010 年第 8 期。

二　结构化的培养程序

美国对博士生的培养过程，包括专门的课程体系、严格的资格考试以及论文研究等环节，在其中形成了习明纳（seminar）、团队会面（group meeting）和以导师为主的委员会制度。这体现出博士生培养结构化、规范化与多元化的特点，是一种全方位立体式的培养。这种形成于研究生教育建立伊始的非正式、非制度化的结构，不断扩散并被其他大学所模仿，延续到今日，实际上已经成为博士生培养制度中的正式结构。布罗迪（William R. Brody）校长在霍普金斯大学建校 125 周年的纪念演讲中，将霍普金斯大学的成功归功于这种颇具特色的培养方式。其中，课程指导委员会和论文指导委员会制度是美国博士生培养最具特色的制度，博士生除了获得主要导师的指导之外，还会得到委员会其他教师成员的指导。

美国大学非常重视博士生的课程学习，一般情况下博士生至少需要花两年时间完成规定的课程学习，具体课程不仅包括学科基础课程，也包括方法论和理论课程，这为博士生后期的研究工作打下了一定的学科知识基础。值得关注的是，大部分大学要求博士生必须要选一个辅修（minor）专业。辅修专业在一定程度上拓展了博士生知识的广度和深度。

完成课程学习后，博士生必须参加并通过资格考试（Qualify Exam）后方可成为博士候选人（Ph. D. Candidate）。资格考试因其重要性被称为博士生教育的里程碑（milestone）。[①] 尽管通过资格考试标志着博士生成为博士候选人，但受访教师普遍将其作为博士生成长与发展的过程，是对博士生前两年课程学习的总结，同时也是研究工作的良好开端。不同的学科、系别和大学对博士生资格考试的要求各不相同，形式一般为笔试或口试或两者相结合。博士生通过资格考试后，指导委员会的教师提交学生的材料并提名博士生正

---

① 资格考试被称为 milestone 的说法源于 R 大学的政策文本、管理人员和教师的访谈中。

式成为博士候选人，就成为所谓的"只差博士论文"（ABD, all but dissertation）的博士生。

取得博士候选人资格后，博士生开始专注于博士论文的研究工作。多数大学规定：博士生开题报告得到批准后才能着手开展研究工作。博士论文应具有原创性，并对所在学科有一定的贡献。当然，不同学科对博士论文的要求和评价标准呈现差异。在自然科学领域，博士论文选题通常与导师的研究项目相关，可能就是团队课题的一部分。在社会科学领域，博士论文通常是个体性的选题，反映了研究者的兴趣。[①] 在博士论文研究过程中，导师在论文选题与具体研究过程中提供主要指导，论文指导委员会的规定性职责是阅读博士论文，同时在博士生需要之时提供指导。博士论文完成后，博士生要提交给委员会老师们一份全稿。委员会教师应该在答辩前阅读博士论文，学生的责任是给教师预留足够的时间看论文。等教师阅过论文后，委员会主席和成员间应该有直接的交流（口头或者书面的），以决定博士生是否具备答辩的资格。

在结构化的培养过程中，参与博士生培养的教师实际上并不限于导师。因此，美国博士生教育培养的意涵不仅包括导师指导，也包括课程指导委员会和论文指导委员会的教师以及研究生事务主任的指导。在正式的规定中，有如下教师参与博士生的培养：

（1）研究生事务主任（Director of Graduate Studies）。这一职务通常是由系里的教授轮流担任。研究生事务主任需精通所在系各个博士点的规则和程序，其职责通常是向博士生提供博士点的信息和要求，诸如申请助教或助研岗位，与学院和研究生院沟通合作以确保博士生的学业安排符合学校、院系博士学位授予的要求。在实践过程中，研究生事务主任在博士生入学伊始，尤其是资格考试前的指导更多，因为这时候博士生需要了解系里的相关规定以及课程、

---

① ［美］阿特巴赫：《美国博士教育的现状与问题》，别敦荣、陈丽译，《教育研究》2004年第6期。

导师、指导委员会的选定。随着博士生的学业进展，导师在其中的角色越来越重要。

（2）在博士生教育的不同阶段，有课程指导委员会（advisory committee）和论文指导委员会（research committee）指导博士生。通常规定，博士生要在入学一年内形成课程指导委员会并选定导师，课程指导委员的职责是：在资格考试通过之前指导博士生的课程研修。而论文指导委员会是在博士生通过资格考试后指导博士生的论文研究。

（3）导师（advisor），也叫 The director of the thesis/the chair of dissertation，是博士生培养过程中最关键的人，具体责任包括：就学生的口头问题或者写作（文章或者博士论文的初稿）给予及时的反馈与跟进指导。根据美国研究生院委员会（Council of Graduate Schools）的定义，导师是指导者（advisor），拥有专业经验并乐于分享其所拥有的知识；导师是支持者（supporter），向学生提供情感和道德的鼓励；导师是辅导教师（tutor），就学生的成果给予具体的反馈；导师是师傅（master），像师傅一样带领学生；导师是赞助者（sponsor），提供各种信息并帮助学生获取信息；导师是博士生身份认同的模范（model）。这里的导师指导包括对研究生的支持和栽培，这种支持性的专业关系随着学生的学术成长而不断生长和改变。总之，导师帮助学生融入学科的学术和专业文化。

三　以导师为主的论文指导委员会制度

美国博士生培养一般实行以导师为主的委员会制度，博士生除了获得主要导师的指导之外，还会得到论文指导委员会其他教师的指导，这与欧洲的传统形成鲜明的对比。尤其在德国，博士生很少从导师之外的教师那里获得指导。然而，很多欧洲学者越来越认识到，在高等教育大众化背景下，传统的一对一的"导师—学生"的指导方式已经无法胜任博士生的培养，并纷纷启动机制实施新的指导制度。

目前各国实施的超越单一导师制的制度结构主要有两种，一种是指导小组制，其制度结构与美国的委员会基本一致；另一种是双导师制或多导师制。英国的经济与社会论文指导委员会（ESRC）于 2009 年发布的《博士生训练与发展准则》鼓励双导师制或导师小组制，尤其是从事跨学科研究的博士生，导师可以是跨系或跨部门的联合，而新导师或经验不丰富的导师也应该有一个经验丰富的联合导师。澳大利亚于 2008 年发布的《澳大利亚博士生教育最佳实践框架》（Framework for Best Practices in Doctoral Education）建议，在主导师之外，还应该给博士生配备副导师，或成立导师指导小组。辛德·博克（Sid Bourke）对 8 所澳大利亚大学的 804 位博士学位论文评阅意见的分析发现，21% 的博士生只有一个导师，4% 的博士生有 4 个导师，而拥有两个导师的比例高达 49%。① 由此可见，双导师制在澳大利亚已经非常盛行。

但是，不同指导制度的效果如何？库勒（D. Cullen）等人②对澳大利亚国立大学 350 名博士生的实证调研对比了单一导师、团队指导（group supervision model，类似于美国的委员会制度）和联合指导（Joint panel supervision，几位导师联合执导）③ 这三种制度下博士生的满意率。结果显示，博士生对团队指导的满意率最高。其他学者的研究也普遍证实指导委员会制度是培养博士生更为有效的制度。④

---

① Bourke, S., "Ph. D. Thesis Quality: the View of Examiners", *South African Journal of Higher Education*, Vol. 21, No. 8, 2007, pp. 1042–1053.

② Cullen, D., Pearson, M., Saha, L. & Spear, R., *Establishing Effective Ph. D. Supervision*, Higher Education Division, Evaluation and Investigation Program, Australian Government Publishing Services, Canberra, 1994.

③ group supervision model 是指团队指导小组与单一导师的结合，实际形式与美国的论文指导委员会类似，Joint panel supervision 是几个导师联合指导博士生。

④ Buttery, E., Richter, E. & Filho, W., "An Overview of the Elements that Influence Efficiency in Postgraduate Supervisory Practice Arrangements", *The International Journal of Educational Management*, Vol. 19, No. 1, 2005, pp. 7–26.

(一) 论文指导委员会的基本结构

以 R 大学为例，在博士生教育的不同阶段均有相关教师组成的委员会（committee）参与博士生的培养。以资格考试为分界线，在此之前主要由课程指导委员会和研究生事务主任负责博士生的课程计划、资格考试等。课程指导委员会的成员通常包括导师、主修专业教师和辅修专业教师。

通过资格考试后，博士生成为博士候选人，开始进入正式的论文研究阶段，需组成以导师为主的论文指导委员会指导博士生的论文研究和答辩等。论文指导委员会的成员通常与课程指导委员会相同，但博士生也可根据自己的实际情况进行调整。从论文指导委员会的结构看，通常由一位导师（即论文指导委员会主席）、两个或以上主修专业的教师及一位辅修专业的教师组成。论文指导委员会成员的选择是在博士生和导师协商讨论下形成的，其依据是博士生论文研究的需要和研究兴趣。师生共同确定论文指导委员会成员的基本名单后，由博士生自己联系教师，如同意则正式成为论文指导委员会成员。一位受访教师叙述了所在学科（英语）博士生选择论文指导委员会教师的过程：

> 第三年，博士生和导师开始认真思考博士论文了。要研究什么题目？博士论文的相关研究计划是什么？博士生和导师会讨论可能的论文指导委员会成员，并就选择论文指导委员会的合适教师人选达成一致意见，然后博士生挨个找老师看他们是否愿意。如果这些老师同意，那么就搞定。当然，这也是双方沟通对话的过程，是由博士生主动去找老师询问。

也就是说，博士生在选择自己的论文指导委员会成员中处于主动和主导的地位，往往会更多考虑所选择的委员会成员是否能为论文研究提供一定的指导或某方面专长，而不是由研究生事务主任或导师单方面安排。

（二）论文指导委员会之辅修专业教师

R 大学研究生院和各院系的相关政策明确规定：论文指导委员会须有一位成员来自博士生的辅修专业。那么，为何要求辅修专业的教师成为论文指导委员会成员？从制度上看，研究生院的研究生手册明确规定：博士生必须要选择一门辅修专业，且要修够一定学分。辅修专业是与博士生的主修专业或研究兴趣紧密相关的知识领域。

辅修专业的教师成为博士生论文指导委员会的成员，是从制度上保证博士生的研究能获得其他学科教授的有效指导，以满足博士论文研究对跨学科知识的需求。如天文学研究对物理学知识有较高的需求，因此，博士生通常会选择物理作为辅修专业；此外，博士生也会根据研究需要选择化学、数学、计算机等专业。当然，博士生之间会就辅修专业的选择进行讨论，通常他们会选择对天文学有所了解的教师，而且这些教师经常担任天文学博士生的论文指导委员会的成员。一位受访天文学教授说：

> 博士生必须要修辅修专业。博士生必须从辅修系选择一位教师担任论文指导委员会的成员，通常是他们上过的某门课程的任课教师。天文学博士生的辅修专业大多是物理，也有博士生选修化学、数学、计算机科学与信息学。前几年还有一个博士生选择地质学，也可以选统计学，总之选择很多。大部分情况下，博士生们会互相交流，选化学作为辅修的博士生很有可能会找同一个老师做委员会成员，因为这位老师知道、了解天文学系。所以，我们在这几个系都有固定的老师，他们具有担任天文学博士生论文指导委员会成员的经验。当然，博士生有选择其他老师的自由。

辅修专业的教师成为论文指导委员会的成员的益处在于，一方面博士生从事研究所需要的跨学科知识获得了制度上的有效保障；

另一方面，其他学科的学者常常会带着批判的眼光评价博士生的研究，能提供一种新的视角促进博士生的思考并带来新的启发。如一位教授指出：

> 我想，之所以有辅修专业的老师做委员会成员，最首要的原因是保证学位的严格性，一个系不能将学位授给没有能力的博士生。有外部成员可以批判性地思考博士生的工作……他在我们不擅长的领域给博士生提一些问题或者建议。他们会提供我们想不到的不同的或者更具拓展性的思想，这能帮助博士生深入论文研究。

（三）论文指导委员会的功能

导师和论文指导委员会成员在博士生培养中的责任和规定性义务是不同的。导师在博士生培养中起着主要作用，而论文指导委员会成员是参考、协助、支持的作用。

作为论文指导委员会成员，规定性的职责是阅读博士生的论文章节并提出改进建议，参与博士论文答辩并投票。在实践中，教师普遍认为论文指导委员会成员的职责除了参与博士生的论文阅读和答辩等制度性规定外，还有更丰富的界定，如在博士生需要之时提供指导、给博士生写就业推荐信或在导师与博士生间出现矛盾时作为调解者（moderator），因此是支持性的指导（supportive advising）。论文指导委员会的主席，也就是博士生的导师，在博士生培养中起着主要作用，负责博士生论文研究、申请资助、论文发表、写作及学术报告等多方面指导。导师需要参与博士生整个学术成长过程，提供全方位、精细化、有深度的指导。一位化学系的教授这样陈述导师与论文指导委员会成员之间的区别：

> 作为主要导师，我负责拉资金并通过联邦机构发钱给学生。我会负责帮助博士生选择科研项目并对其研究进行引导，

以及与研究项目相关的其他事情。帮助解决任何问题，包括：帮助达成论文发表，帮助学生成为优秀的演讲者、具备良好的写作能力，以及成为成功的科学家。作为主要导师，我会一周见我的博士生好多次，会到实验室与他们讨论研究项目，有时候也会与他们一起做实验，有时候我们坐在一起写文章。因此，博士生与导师之间是一种非常紧密的交流氛围和密切的合作。

作为论文指导委员会的成员，我只在学生找我的时候与其见面。因此，主要导师做所有的事情，我所做的事情是支持性的。我只在他们需要某方面帮助而我正好擅长这方面知识时与博士生见面。或者在他们找工作的时候，或者如果他们与主要导师或者其他老师有矛盾的时候我会介入。

尽管导师在博士生培养和学业发展中起着最主要的作用，且不同学科论文指导委员会的功能呈现差异，但不可否认，论文指导委员会的制度结构为博士生培养提供了多元化的支持：

第一，论文指导委员会教师发挥各自专长指导博士生，为博士生的学术发展提供了多元化的知识支持，有利于拓展博士生的知识面。随着博士生的研究越来越需要多方面的知识，论文指导委员会教师对于博士生的发展也日趋重要。一位数学系的教授指出，之所以需要论文指导委员会，是因为博士生的论文研究需要不同教师在必要之时的指点："到你真正开始做你的研究时，显然导师一个人也还是不够的，自然而然地就会有许多问题，你的问题甚至导师也是不清楚的，你必须问其他的教师。"论文指导委员会提供了制度性的保障。

第二，论文指导委员会教师可以向博士生提供职业指导与推荐。例如，有受访者提到由于自己比较年轻，资历较浅，而系里的其他教师与学界内外已经建立了很好的联系。因此，通过正式的论文指导委员会制度，一定程度上可以使博士生就业之时获得导师之外教师的推荐。

第三，论文指导委员会制度作为博士生与导师的调节器（moderator），必要之时可以平衡师生关系。一方面，在师生出现矛盾时予以调解和解决问题，提供支持或发出不同的声音，"如果导师对博士生的研究提出批评或者不满，有时候学生会认为这是导师对其私人性的惩罚，但如果整个论文指导委员会都这么说，也就是说有多个不同的声音和视角支持导师，就会避免这样的问题"。另一方面，论文指导委员会成员的作用也体现在对博士生的帮助与保护上。例如，如果论文指导委员会成员认为导师没有传授给博士生足够的专业知识和技能，他们会与导师沟通并提出建议。有受访教师指出：

> 如果只是学生与导师的一对一指导，师生关系太有压力了，有论文指导委员会的好处是减轻对学生的剥削——这并不是说我计划剥削学生。但是有委员会能定期检查、平衡师生关系，如果出现问题需要他人解决的话，能有其他的委员会知道博士生的进度会更方便简单得多。如果只有导师和博士生，没有委员会，没有局外人，即使他人发现指导关系中存在问题，但没有足够的信息。如果学生与论文指导委员会每年见一次面，其他教师知道博士生的学业进度或研究进展太慢——可以给导师和博士生提供反馈，如果导师说博士生不够用功，学生或许不认可，但是在有论文指导委员会的情况下，其他三位老师也支持导师的看法。反之亦然，如果学生认为自己被老师催得太辛苦，也会有其他老师说"我们来看看对博士论文的期望是什么。你试图让一项需要 20 年完成的工作在 3 年内做完"。诸如此类的平衡是很重要的。

也就是说，论文指导委员会的存在起到了平衡师生关系的作用，可以作为第三方对博士生培养中的问题做出相对客观的评价与建议。

　　第四，论文指导委员会是博士生毕业论文的"把关者"。中国、英国等国家的博士论文评审通常都有外审环节，通过校外同行评议来判断博士论文是否符合标准。而在美国，博士论文是否获得通过是由学生的论文指导委员会决定的，这是一种内部把关的制度。一般来说，评价博士生能否毕业的标准是看博士论文是否有重要的新结论和发现，当然这种标准有时比较模糊。从程序上讲，一般先由导师做出判断，再由论文指导委员会成员进行评价。

第 四 章

以导师实验室为基础的结构化
培养方式：化学

    本章以化学学科作为硬—应用学科的案例，分析其学科文化和博士生培养理念、指导方式以及师生互动结构等。硬—应用学科知识发展目的性强，注重实用性，一般通过硬性知识获得实际技能；判断知识的标准具有目的性和功能性。[①] 化学学科是以实验为基础的学科，相对比较注重研究的实用性，形成了团队合作的研究文化。

第一节　化学的学科文化

    化学是一门在分子和原子水平上研究物质的性质、组成、结构、变化、制备及其应用，以及物质间相互作用关系的科学。[②] 化学学科的实用性很强，被称为是至今所有实验科学中最实用的学科。化学的研究涉及存在于自然界中形形色色的物质，大到太阳、星星、地球，小到分子、原子、离子等。我们的衣食住行，国民经济的方方面面，社会发展的各种需要都与化学息息相关，可以说我

---

    ① ［英］托尼·比彻、保罗·特罗勒尔：《学术部落及其领地》，唐跃勤、蒲茂华、陈洪捷译，北京大学出版社 2008 年版，第 39 页。

    ② 中国科学技术协会主编、中国化学会编著：《2008—2009 化学学科发展报告》，中国科学技术出版社 2009 年版，第 3 页。

们就生活在化学世界中。① 一位受访教授也指出"化学研究可以应用至各行各业和生活的各个角落，从人们用的计算机芯片到地毯"。化学学科与工业界紧密合作，而且学科知识可以应用于诸如地质、生物和医药等领域，从这个角度看，化学学科的科研具有实用取向的特点，如受访教授说："我认为，在全美，甚至全世界的化学工业的触角都能伸向所有能源部门，在你所能想到的制造业都涉及化学知识。"美国化学学会也指出化学在寻求能源生产、环境保护、食品安全、医疗健康等社会挑战方面的解决之道起着重要作用。② 美国化学家布里斯洛（R. Breslow）③ 总结道："化学是一门中心的、实用的和创造性的科学。"

从化学学科的研究方式看，是以实验为基础的科学。纵观化学史，化学的形成和发展是与实验密切相关的。无论是化学理论的建立、化学定律的导出，还是物质组成与物质结构性质的确定，都要以实验为基础，并通过实验来验证。虽然现代科技已高度发展，人们已能借助各种精密仪器测定物质的组成和结构，并设计出新物质，但这种新物质究竟能否合成出来还要根据化学实验的结构来确定。④ 化学学科以"实验"为主导的研究方式是波义耳（R. Boyle）⑤ 提出的，他认为，"没有实验，任何新的东西都不能深知"，"空谈无济于事，实验决定一切"。因此，他希望通过实验把化学这门学科建立起来。经过几百年的发展，化学学科形成了以实验为主导的研究方法。

实验室是化学家工作的主要场域，所有的科研活动都在实验室进行。知识是在以实验室为场域的团队成员的合作中产生的。实验室是生产知识的最集中、最典型的场所，科学家在建构科学事实的

---

① 廖元锡、毕和平：《自然科学概论》，华中师范大学出版社 2009 年版，第 77 页。

② 2011 年 1 月 15 日，美国化学学会（http：//portal. acs. org/portal/acs/corg/content）。

③ 布里斯洛（R. Breslow, 1931— ），美国化学家。哥伦比亚大学教授。

④ 廖元锡、毕和平：《自然科学概论》，华中师范大学出版社 2009 年版，第 81 页。

⑤ 波义耳（R. Boyle, 1627—1691），英国化学家、物理学家。波义耳对于化学、物理学等方面均有卓越贡献，是实验方法的先驱。

同时也建构出了他们赖以生产知识的制度。[①] R 大学的实验室全部以导师的姓氏命名，称之为"某某团队"（例如 Smith Group），实验室团队成员以研究生为主力，同时还有博士后和本科生。在 R 大学化学系，每位教授，不管是正教授、副教授，还是讲师都拥有自己独立的实验室和研究团队。[②] 学校和学院会在制度与经费层面上支持教授建立自己的实验室。但是，实验室正式成立后，作为实验室主管的教授要申请科研项目和经费以保证实验室的正常运行。师生学术活动对实验室实体空间及其资源具有强依赖，博士生从入学第一年起就进入实验室工作并参与导师的科研课题，而且博士生往往只与自己的导师有密切的合作交流。

以实验为基础的化学学科，在学术共同体内部形成了"实验室文化"。实验室是一个具有活力的、整合的有机体，实验活动所需要的设备、资源、人际关系、操作规程，以及成为研究传统的缄默知识都在实验室中得到了系统整合。实验室"空间"的意涵超越了有形的地理实体，还形成了相应的规则、规范和理念。[③] 一位受访教授向笔者展示了她所领导的实验室的《团队指南》，长达 18 页，所涉内容既有理念层面，又有制度规定、活动方式，甚至具体到技术操作和实验过程等细节。第一部分是引言，包括：为何从事学术职业？ × × 团队的理念、科学研究的伦理。第二部分是组会（group meeting），清楚地列出了组会的时间、地点和形式等。第三

----

① ［法］拉图尔：《实验室生活：科学事实的建构过程》，张伯霖、刁小英译，东方出版社2004 年版。

② 这里需要提及的是，我们也注意到不同国家化学学科的实验室结构存在差异。本书的一位受访者在博士毕业后曾赴日本从事了一年的博士后研究。他在访谈中提及了美国和日本实验室团队结构的不同："我认为在日本是一种等级制结构（hierarchical structure），而我在 30 岁到 R 大学工作时，学校给了我一笔经费来建立我自己的实验室。"我非常庆幸我是在美国而不是在日本。因为如果在日本，我得等到 50 岁才能建立自己的实验室。受访者还提到他在日本的实验室团队，是一个 60 多岁的老师管理几个 40 岁左右的副教授，然后副教授再管理博士后。

③ 此处受到这一观点的启发：学校"空间"的周围不仅是有形的围墙，还有很多无形的规则所筑就的心理上的"围墙"。刘云杉：《学校生活社会学》，南京师范大学出版社 2000 年版，第 181 页。

部分是暑期阅读，列出了一年级到五年级的博士生要做的事情和未来的目标。第四部分是其他有用指南，包括研究小组的电脑使用规则、日程安排、化学仪器的库存、研究备忘录、礼节和安全问题。教师在指南中甚至明确提出团队工作的理念，诸如"尊重（respect）是实验室最重要的理念"，"以你希望自己如何受待之方式对待他人"（treat others the way you would like to be treated），而且这一理念不仅指对导师和周围的实验室同伴，也延伸至如何对待科学本身、仪器设备、公共区域、系科、大学和职员。

第二节　实验科学的培养理念与师生关系

受访教师在访谈中将化学学科称为"bench science"（实验科学），该词形象地比喻了以实验研究为主的学科，如化学、生物等学科的研究特点以及师生的紧密合作。在实验学科，师生一起在实验室从事研究工作，在推进实验研究的过程中导师向博士生传授相关研究技能与知识。

一　培养理念

当问及"您认为化学学科博士生培养的理念是什么"时，受访教授普遍宣称是培养独立的科学家。那么，化学学科教师注重培养博士生具备哪些能力与素质？

在化学学科，对独立科学家的素质要求既包括学术研究与筹划的能力，也包括沟通和交流的能力。具体是指：独立的科学家应该能提出研究问题、理解研究问题，并找到解决问题的路径，同时应该具备沟通能力、做报告的能力、独立思考和写作的能力，毕业后具有就实验室事务做出决策与计划的能力。一位受访教授如是说："我希望博士生毕业之时，有能力独立发表文章，独立思考问题，能做出不错的会议报告，擅长口头交流，会写文章，具有相关的技能技巧。"对此，卡内基博士教育创新计划指出，当前化学学科的博士生应该具备如下十方面的专业能力：人际交流、写作和学术报告能力、团队工作能力、技术领域新技能的运用、道德伦理与公共关怀、了解企业策略和技术转移、接触其他领域以拓展知识广度、国际视野、了解工业界的机会、了解经济驱动对私企成功的重要性。①

在全球化时代，专业能力的内涵不断地扩大、延展，而且自然学科的语言与文化更具有国际性。因此，如何培养博士生的国际视野和开阔思维也越来越被化学学科的教师所看重，"现在博士生需要与来自不同文化的人联系和交流，而我是个博士生的时候这一切不敢想象。这令人激动。跨学科已经不是一个合适的词汇了，现在做学问是一种全球的方式。现在的科学也与以往大相径庭"。不同时代人的思想、思维开阔程度大大不同，从过去城市的概念，到国家再到全球化的概念，地理界限的无限扩大甚至消弭实际上表明全球化的趋势对作为无形学院的"学科共同体"的影响真真切切地存在于当下对博士生的培养中。因此，教师也愈加重视培养博士生的全球化视野与思维。

导师是如何培养化学学科的博士生具备上述能力呢？

导师除了提供资源和好想法（big idea）、给予指导和传授实验经验外，还教给博士生有关化学研究的基础知识、研究策略，并创造良好的科研氛围。一位化学教授陈述他作为导师的任务是"教给博士生化学基本知识并习得研究过程，向博士生传授如何批判性并带有好奇心地观察科学世界的工具，希望博士生具有解决问题的策略和有效沟通的技能；我很高兴能创造一个有利于研究、学习和将博士生培养成为独立科学家的氛围"。博士生要做的事情是做实验，主动从事研究并在需要之时寻求导师的指导。博士生在此过程中获得解决问题的能力、自主推进研究项目的经历以及相应的专业

---

① Golde, C. M., Walker, G. E. & Associates, eds., *Envisioning the Future of Doctoral Education: Preparing Stewards of the Discipline*, San Francisco: Jossey-Bass, 2006, p. 144.

能力。

化学学科的导师指出主要通过指导博士生参加学术会议、与同行交流的方式获得沟通、报告、表达和展现的能力。下面是一段受访者的原话：

> 我们教博士生如何沟通，包括口头沟通能力和阅读写作沟通能力。科学家喜欢讨论某一话题的研究进展，因此我们也喜欢参加专业学术会议，做 20 分钟的报告。我们的确花不少时间培养博士生如何做报告，如何画精致的图形，如何清楚地表达，如何机智地回答与会学者的问题。我们指导博士生如何有逻辑性地、清楚地组织报告，报告开始要讲清楚目的，报告结尾要讲清楚结论。我会告诉博士生会议报告的 PPT 不要超过 50 张，因为内容太多了，听报告的人无法消化……我们不仅通过带博士生参加会议锻炼他们与人沟通的能力，也鼓励博士生与来系里的访问教授交流……

从以上分析可以看出，化学学科不仅注重培养博士生的学术研究能力，而且更看重博士生掌握可迁移的专业技能，以培养博士生成为独立的科学家。因为劳动力市场看重的是化学学科博士学位获得者作为科学家管理和指导研究团队的能力，而不仅仅是从事基本分析的能力。大部分博士生在毕业后会从事两年左右的博士后研究工作，然后再选择到学界、工业界或者政府部门就业，越来越多的化学博士在公司或国家实验室工作，或自己开公司，这部分博士占了将近三分之二的比例。[1] 同样，导师对博士生的培养并不局限于在学术界工作的科学家，也考虑学术界之外的劳动力市场的需求，如一位资深化学教授所说，"劳动力市场给我的触动是我们需要培

---

[1] Golde, C. M., Walker, G. E. & Associates, eds., *Envisioning the Future of Doctoral Education: Preparing Stewards of the Discipline*. San Francisco: Jossey – Bass, 2006, p. 143.

养更多的化学家。我们国家，甚至是整个世界，都需要更多的科学家"。因此，化学学科越来越需要培养服务于社会各种技术需求的科学家。而对博士生可迁移性技能的培养，使化学学科的博士生获得了在学界内外就业的基本素质。

二 实验室空间中的师生关系

美国教育社会学家吉鲁（Giroux）说：空间绝非仅是客观的存在——透明的、独立的、表浅的存在，而是为不同的权力所建构的，植根于具体的社会、文化与历史脉络中。[①] 有形的空间与根植于其背后的理念，塑造了人与人的关系。对实体空间具有强依赖的实验科学，由于从事学术研究所需要的资金、器材、设备等由作为项目主管的"导师"提供和管理，博士生的论文选题嵌入实验室研究团队的大项目并为完成导师的课题服务。因此，导师指导活动与师生互动发生在实验室，并且师生几乎每天都要见面。学术训练只有在空间中才能够得以实现并不断发展，这种空间的可见性导致指导过程中教师是"看者"，博士生是"被看者"，师生双方的关系界限是呈现在公共空间中。

作为项目主管（PI）的导师与作为科研项目主力军的博士生之间有几层关系，一层是导师与被指导者（mentor - protégé）的关系，另一层是老板和雇员的关系，第三层是师傅与徒弟的关系，正如有受访者将实验科学的博士生培养比喻为木工或电工的学徒过程，是逐渐熟悉专业技能并独立的过程。这位受访教授认为：

> 在美国，理工科博士生的培养过程类似于学徒。如果我想学习如何建房子，我会跟着一个师傅边干边学，或者说想学电工，会找一个师傅跟着干。师傅给我付几年低工资，或许我干得越来越好，他会给我涨工资。最终我离开了师傅，我自己另

---

① 刘云杉：《教学空间的塑造》，《教育科学研究》2004 年第 6 期。

立门户创业，届时我的收入优厚，因为我成为了受认可（was recognized）的木匠或电工。这是学徒制。

"木匠""电工"，从学习技能到逐渐独立，形象地比喻了化学学科对博士生的学徒式培养过程——博士生是从学习如何解决化学问题到毕业之时具备独立从事科研能力的科学家。在这个过程中，博士生在导师的指导下将那些一般性的技术规则变为他自己熟练的科研"经验"和"习惯"，并根据实际科研任务补充许多难以用语言描述的具有个人风格的新技术规则。[1] "受认可"标志着博士生成功完成了学术社会化并获得了身份认同，外显性的评价标准是获得博士学位，内在的判断标准是掌握学科知识，习得从事学术研究的相关技能，内化学科文化。因此，博士学位这一符号蕴含着相应的资质。

化学学科教师的工作时间与空间是开放的。导师常常待在实验室或办公室，甚至有关导师的工作日程也是开放化、可见的，博士生可在需要之时寻求导师的帮助与指导。我们来看几段受访导师的描述：

> "我的办公室就在实验室隔壁。有时候我会将办公地点挪到实验室好可以整日待在里面。一般情况下，如果有我关心的实验，我会投入大部分时间在实验室。"

> "我们实验室有一个公开化的日程表，我会将我每天的活动都写在日程上，任何实验室成员都可以看到我每日的事项，例如，我连今天接受你的访谈也是写在上面的，尽管学生不知道东芳是谁，但他们知道我此刻在星巴克接受访谈。而且，我几乎从早到晚都待在实验室，我的办公室就在实验室里，门全

---

① 石中英：《波兰尼的知识理论及其教育意义》，《华东师范大学学报》（教育科学版）2001 年第 2 期。

天候打开，我可以看见博士生，博士生也可以随时来找我。"

"我会观看（watch）大部分的实验过程，对实验提出建议。如果是一个很有意思的实验，有时候又很难预计结果，我通常会在实验初步阶段帮助博士生。当然是学生具体负责实验操作。通常情况是，博士生做他们的实验，如果他们有不明白的地方会将资料拿给我，告诉我他们已经做的工作，然后我们会一起思考并设计另外一个实验以测试他们没搞清楚的问题。有时候我有确定会有结果的实验设计，也会问博士生是否愿意做这个实验，因为博士生常常拼命寻找可行的实验。"

其言外之意是，博士生从事具体的实验操作，导师主要从宏观上进行指导与把关。

尽管化学学科的导师一再宣称师生是平等的工作关系，但是，"看"与"被看"本身就意味着一种权力关系，它是空间的差异和不对称所包含的力量关系。福柯（Foucault）的一段话精辟地阐述了空间中的权力和关系："纪律权力通过其不可见性被实施；同时它强加给那些从属于它的人一种强迫的可见性原则。在训练的过程中，从属者们必须被看见。他们的可见性确保了施加于他们的权力对他们的控制。正是始终被看见和在任何时候都能够看见这一事实，确保了被训练的个体处于从属的地位。"① 关于博士生与导师的关系，这里有几个关键词：导师是"观看（watch）""建议（suggest）"，博士生是"做实验（do）""负责具体实验（in charge of）"。借用福柯的话说，师生双方是"看者"与"被看者"的关系。导师是提供平台（实验室）、物质资本（设备、资金）和研究思想的人，导师是把关者，博士生是动手做实验的人（dirty their hands）。

---

① Foucault, M., *Discipline and Punish: the Birth of the Prison*, Trans. by Alan Sheridan, New York: Random House Inc., 1977, p. 187.

师生互动的权力实践有以下重要途径：其一是规范化，或齐常化；其二是可视性，而可视性得以落实的机制为考试与评估；其三是惩戒与奖励。可视性是教师权力实践的一个重要途径。为了培养学生驯服的身体与驯服的思想，微观的权力技术布满学校（实验室）的空间与时间。借用边沁（Jeremy Bentham）"圆形监狱"（Panopticon）的隐喻可以形象地说明，圆形监狱的设计突出监视的持续性、全域性与单向性，"被看"但不知何时被看，因此被监视者只能选择将规范内化，变成一种自我技术，学校与课堂就是这一权力实践最经典的场地之一。学校空间的严格设计、时间的精确控制、成文的学生行为规范、隐秘的校园文化，或者日常的考试、期末的鉴定、毕业的档案等，教师运用权力将学生被迫拉入"可视"的界限之内，以便于管理控制。①

接受访谈的一位教授带笔者参观了他的工作环境——实验室与办公室。实验室呈长方形，一眼望去，给了笔者一种酷似工厂的冲击感。正对门的是走廊，侧旁是排得整整齐齐的实验台，粗略数了一下有 10 来张实验台，每张实验台上都摆着各种各样的用品，实验台旁边是低头忙碌于实验的穿着"白色大褂"的未来科学家——博士生、博士后。导师，即实验室主管的办公室就在实验室的隔壁。

恰好在访谈期间，他的一位博士生敲响了办公室的门，师生双方进行了简短的交流，不到 5 分钟，感觉有点类似企业的老板与雇员，导师更多是吩咐工作和任务，而博士生听从与点头。该教授说这是他与博士生的典型互动情境，并复述了刚才讨论的问题："这次互动是有关她昨晚发给我的一个 PPT，我们之前讨论过 PPT 的内容，但是她发给我的并不是我们讨论的全部。所以呢，我们刚才是澄清我们之前讨论过的内容，因为我发现她在 PPT 里少了一部分内容，我要求她补充这一部分内容。稍后我们会再讨论。"而在访谈

---

① 刘云杉：《师生互动中的权力关系》，《湖南师范大学教育科学学报》2008 年第 2 期。

接近尾声之时——也就是按照导师规定的一个小时后，该博士生又敲响了办公室的门，准备汇报刚才的工作。

在严厉而绵密的可视性权力下，教育场域（实验室空间）中的个体（博士生），不得不自我审视，用自己的意识持续地对自我进行监控，不仅是可见的行为与言论，更包括不可见的思想，所谓灵魂的拷问。在对人的心智的持续监控下，自我技术所关注的不是惩戒不轨而是明辨正误，将外在的规则内化为内心的原则，按照所倡导的规则，时时处处检讨自己，一个成功者（更精确地说是"安全者"或"可靠者"）诞生于现代考试（考核）所塑造的微观权力空间中。①

也有受访者认为导师管理实验室就像经营杂货店，希望自己与博士生投入更多的时间在实验室工作，甚至规定研究生每周至少在实验室工作 40 小时：

> 从事学术研究就像开一家杂货店的生意人，你要花费很多的时间才能有更大的成功，这很危险，你会变成工作狂。就开杂货店而言，我的店 24 小时开张，那我就能 24 小时赢利，一旦关店就毫无利润可言。教授也一样：你很容易就成为工作狂，学术职业填满了你的全部生活。我希望我的研究生一周工作 40 小时以上，我希望他们晚上在家也要思考明天要做的实验，我希望他们知道如何计划。

另一位受访教授在《实验室章程》中也明确规定博士生每周最低工作时间不能少于 40 小时，"作为博士生，至少要朝九晚五，每周工作 40 小时。你必须要尽你所能投入更多的时间。如果你工作效率很高，又有很好的实验技能，那一周工作 40 个小时可能够了。但对此我非常怀疑。也就是说，作为成年人——你可以安排你自己

---

① 刘云杉：《师生互动中的权力关系》，《湖南师范大学教育科学学报》2008 年第 2 期。

的时间，但是我要求你一周至少有 5 天的工作时间保持在朝九晚五，要保证这样一个最低的时间与我一起工作。如果研究进展不顺利，不要犯减少你的努力这样的错误！继续努力工作并向他人求教研究和压力管理之道。在化学学科博士生平均修业年限为 5 年，尽管你在更短的时间内研究有了比较好的结论能毕业我也同意。我也意识到，宽容的环境会导致你延长修业年限，但是你又不希望念 10 年博士吧"。甚至连学校规定休假也需向导师告知，并在《实验室章程》中写明规则：根据学校规定，一年能休 3 周假。你出去休假不需要获得导师的允许，但是如果你要出去 5 天以上务请提前一周通知导师（越早越好）。

　　导师作为实验室的主管，需要写申请书竞争科研基金，向博士生提供资助经费。一位受访教授在访谈中几次将研究生称为"研究生工人（graduate worker）"。他们为何会被称为"工人（worker）"？这里可以看出师生之间的另一层纽带在于经费。作为实验室主管的导师负责申请与寻找研究经费，同时也面临着外部的压力，包括资助机构的课题任务和学术同行的竞争。而课题研究需要研究生从事具体的实验工作才能得以完成，因此外在的压力迫使导师对博士生的指导、对实验室的管理呈现出老板与雇员般的形象。经费作为师生关系的纽带之一，在一定程度上塑造了师生的紧密互动以及导师对博士生高频度的指导。内在的纽带是博士生所从事的科研项目以及科研论文的发表，也会对导师的学术职业有所影响，博士生的学术成长与导师的学术声望是荣辱与共的过程。

　　从以上分析可以看出，在师生关系中，导师不仅是指导者，也是项目主管、经费提供者，是规则制定者、督促者，是任务分派者。在化学学科，权力从深层次上塑造着师生关系。在公共实验室空间中的师生关系是正式的，具有各自明确的责任。总之，实验室空间下所形成的学科文化传统对师生互动关系产生了重要影响，与科研文化紧密相连的是资源需求。因此，化学学科对物理空间和资源的强依赖在一定程度上构建了师生关系的结构。

　　然而，在实验学科，甚至出现了这样一种流行的说法：博士生是导师的廉价劳动力（cheap labor）①。那么，导师是如何看待这一说法的呢？

三　导师如何看待"廉价劳动力"一说

　　化学、生物等实验学科的博士生常常被称作实验室的廉价劳动力（cheap labor），当笔者就这一问题询问化学系研究生事务秘书时，她坚决予以否定，认为博士生每月收入至少2000美元，可以养家糊口。而且提到化学系为研究生提供了非常好的环境："考虑到研究生晚上需要熬夜做实验，我们在实验室配了淋浴间，你会发现我们的大楼经常连晚上都灯火通明。"当然，这仅仅是行政人员的一面之词。我们需要探讨社会行动中当事人的认知、态度和观点。

　　一位年轻教授从导师与博士生的立场对此问题进行了详细、周密的分析：

　　　　我认为，化学学科的研究生有一种总体的感受，就是他们在学期间的报酬过低，他们觉得自己所做的工作是为了导师的利益。我不喜欢这种想法，我真心希望我的学生没有这样的感受，但是我知道这样的模式的确存在。我也多次思考过这样的教师，他们不考虑研究生的职业发展。我认为这种观点正在转变，越来越多的教师的确是真正关心研究生的，而不仅仅是提供资源，不仅仅是需要博士生在实验室做研究，也提供博士生参加学术发展活动等方面的机会，帮助研究生顺利适应并达致独立从事学术职业的能力。但是这一条说辞显然不够。大部分学生本科毕业就到工业界赚钱，研究生是在研究生院学习、做

----

　　① 美国卡内基博士教育创新计划的系列研究调研也指出，化学学科的博士生被称为廉价劳动力，在中国也有类似的说法。但是已有研究很少对此进行分析，而且多是学生视角的观点的阐释。本书揭示教师的"话语"，会看到不一样的观点。这或许有助于促进博士生教育中当事人的沟通与理解。

研究，对比之下造成一种感觉：研究生比他们工业界的朋友工作时间长，但是薪水所得只有朋友的一半，这样就会造成廉价劳动力的感觉。但是我必须要说的是，研究生最终应该意识到，他们在给自己投资，在攻读博士学位的过程中所获得的"资源"远远超过在业界的收获，因为这种"资源"将对他们今后的独立执业增值。当然，坦白地说，我在读博的时候也没有把这些事情看得很明白，没明白我导师为我所做的一切是帮助我从研究生到独立科学家的转型，帮助我为独立从事学术职业做准备。等我毕业几年后，我逐渐认识到他为我所做的事情远远超过我当时看到的，所以我希望研究生在今后、哪怕是毕业 10 年后能明白这些道理。

尽管在实验科学中，从表面上看，导师提供资源，博士生从事具体的实验研究，但是导师提供的不仅仅是有形的物质支持，还包括研究项目的思想并支持博士生的专业发展，同时博士生在实验过程中实现学术社会化并获得独立从事学术研究的能力。这是无形支持与有形支持的较量，导师所提供的无形支持不仅难以衡量，而且难以被他人觉察，因此局外人甚至博士生主要以可见的、有形的投入进行评判。此外，虽然博士在读期间所获得的直接薪水低于已就业多年的本科生，但是攻读博士学位本身是一种无形的投资，博士生在学术社会化过程中所获得的是布迪厄（Bourdieu）所说的文化资本，而不仅仅是经济资本，文化资本包括思维、知识、技能、智慧、经验等，而且具有增值效应。文化资本并非可以量化的绝对价值，它仅仅在交换中拥有价值，而交换是一种社会较量，如同文化价值判断的较量一样。[1] 导师在博士生培养过程中所投入的文化资本的价值与经济资本相比辐射效应更广、更深、更长久。

---

① ［英］罗宾斯：《布迪厄"文化资本"观念的本源、早期发展与现状》，李中泽译，《国外社会科学》2006 年第 3 期。

一位受访教授《实验室章程》中的一句话令人印象深刻："研究生应该多努力地工作？你博士毕业后立马能找到的工作在很大程度上取决于你博士期间的研究成果。作为博士生你要意识到：你不是为我工作，而是与我共同工作（you are not working for me，but with me），读研究生是你对自己未来的投资。"在导师眼里，师生是互惠互利的关系，如另一位受访者所说，"在化学学科，通常认为研究生是为导师工作（working for），但是我认为是博士生与导师一起为更大的目标工作（working with）。研究生帮助导师推动学术职业，同时导师也在帮助研究生发展技能，我认为这是一种互惠互利的关系，互相帮助"。话语的细微差别所表达的意义却大相径庭，work with 是平等的互惠互利合作关系，而 work for 是等级化的雇佣关系。导师话语背后的意义是希望博士生在研究过程中自我平等意识的觉醒，然而师生关系的微妙之处在于——社会互动是行动者在文化潜移默化下的结果。

然而，为何会在化学学科形成这样的师生关系、指导方式以及理念？学科文化与传统是首要原因。实验科学、实验室空间下所形成的学科文化传统，对博士生培养理念与师生关系产生重要影响。与学科研究文化紧密相连的是资源需求，如受访教师说："作为主要导师，我负责拉资金并通过联邦机构发钱给学生"，"我们导师给博士生付薪金（stipend），他们的学费是免除的。因此，博士生可以依靠薪金生活、从事科研。我们付钱给学生来工作，当然是一小笔薪水。[①] 另外，我作为导师也付费购买器材，我提供实验室——一会儿访谈完了我会带你参观一下我们这么多年建立起来的实验室器材。博士生有权使用这些工具进行研究和检测"。显而易见，化学学科对物理空间和资源的强依赖在一定程度上构建了师生指导实践，导师提供博士生从事研究所需要的实验室、设备和器材。

博士生需要依附于导师的科研课题：

---

① 受访者的英文原话是：We pay for them to work，salary，sort of small salary。

学生不可能完全跟随自己的思想做一些小规模的研究实验，也就是说，即使他们提出了一个独立于导师的有意思的思想，他们自己也很难找到资助从事该研究……从根本上看，实验室资源是与导师绑定的，所以，如果学生提出了一个非常创新的思想，他们必须要跟导师谈这个思想，由导师来申请课题，或者等到他们拥有自己独立的学术职业之时再实施。

第三节　实验室团队中的师生互动结构

一位化学教授对人文学科博士生的培养感到非常不可思议：

当我第一次听说法国文学专业的博士生必须要自己找博士论文题目时，我惊呆了。他们必须要自己发现研究问题，然后再找到教授说"请您做我的导师，可以吗？（please，please，would you be my mentor?）"（该教授以一种近似恳求的语气模仿文科学生找导师的情形）。

而在化学学科，博士生选择导师是通过实验室轮转（rotation）制度得以实现的。实验室轮转是指，在研究生入学伊始，可选定几个与自己研究相近或心仪的实验室轮转从事科研，在此过程中，研究生选定自己的导师，同时教师也可借此过程了解该学生是否适合实验室的研究工作。当然具体实施方式在不同学校存在细微差异，以 R 大学化学系为例，在研究生入学的第二周开始，系里会组织一个教师研讨会系列活动。具体时间是每周一到周四下午 5：45—6：45，要求所有研究生都要参加这些报告。其形式是，每位教师要准备一个 20 分钟的研究报告，向学生介绍自己的研究领域、兴趣和项目等。目的是帮助新生熟悉系里的教师及其研究，促使学生主动了解教师的研究领域并早日进入研究阶段。教师的系列研讨会报告结束后，鼓励学生与感兴趣的教师会面，并确定实验室轮转时间和临时导师。经过一段时间的沟通与合作后，师生双方同意则确立正式指导关系。

一位英语学科教授眼中的化学学科博士生培养是这样的：

> 我听说，一些理科，比如说化学专业的教师要求学生每周要在实验室待上五六十小时或者七十小时，连节假日和周末也不例外。这种情况下，教师不仅仅是学者，而且是财政总管·····（financial manager）。

从以上两个学科教授群体对彼此工作方式的惊讶与不可思议——而这些在各自学科内部已达成共识、形成惯习——可以得出一点结论，即学科文化在博士生培养中的影响力是不容忽视的。这不仅体现在导师选择环节，也形成了师生互动的结构。化学学科师生关系紧密，师生互动更为结构化和固化；英语学科师生关系松散，师生互动频率较低。

一 以课题为依托：导师在实验室团队中的角色与功能

作为实验室主管，化学学科导师的身份具有多重头衔，拉图尔描绘了一位实验室主管的旅行路线：他在全世界飞来飞去，与政府官员交谈，以争取更多的投资；与杂志编辑交谈，以说服他们开辟一个新专栏；与各种公司交谈，以使公司改进它们的仪器，从而使其实验室里进行的研究更有效率。在"科学"的通常意义上，这位实验室主管是在从事科学吗？当然不是。但是，当实验室里的研究者们使用额外得来的资金，购买新的、已经改进了的仪器设备，从而产生一些为一篇将在某杂志的新栏目上发表的论文所必需的结果时，显而易见，这位主管此时对于科学来说是必不可少的。[①] 由于学科知识与研究属性所致，导师被赋予了多重的角色与功能，不仅仅是传统的传道授业解惑者，还是项目老板、财政主管。那么，如何定义导师在师生互动中的角色与功能呢？从化学学科博士生的论文选题看，博士生的研究源于导师的科研课题并服务于实验室团队的研究项目，进而组成一个密切结合的"有机体"。一位受访教授明确指出：

> 通常情况是博士生在进实验室之前已对我的研究有所了解，而且对我的研究感兴趣。我会和博士生有一个谈话，讨论他们的兴趣，并试图将两者的兴趣匹配，通常，他们想尝试他们自己的思想，如果博士生想做的研究的思想也正好是我的兴趣点，那我们会从事该研究，这样是最佳匹配。那么他们的思想也与我们已有的资助相关。我们刚谈的这些都是在博士生进入实验室之前我们会反复讨论的。……因此，我们共同工作，而且所做的项目正好与受资助的课题契合。

导师在这里提到了师生双方的"兴趣"、"思想"（idea）、"资助"、"项目"之间是"匹配"的。不可忽视的是，实验室轮转制度在师生相互选择与了解中起了重要作用。博士生在定组之前有机会在不同的实验室工作，以选择最适合自己的实验室；同时，导师也在考察博士生，最终的选择是双方互相匹配的结果。也就是说，从实验室轮转到博士生选定导师的过程是师生双方互相了解的过程，在此过程中博士生与导师达成研究兴趣与价值的匹配。而且，化学学科博士生的研究课题需要相应的仪器、材料和设备，如果与导师的项目完全不一致，很难有从事实验研究所需的平台，也很难

---

① ［法］拉图尔：《科学在行动：怎样在社会中跟随科学家和工程师》，刘文旋、郑开译，东方出版社 2005 年版，第 9—10 页。

获得学术共同体的支持。而师生双方研究一致，有利于博士生培养和研究项目的执行。

在偏向于团队作战的学科中，尽管导师也重视博士生的兴趣和自由探索精神，但实际研究活动中的"自由探索"是有条件的。一位教授指出："学生的研究课题至少要与团队项目匹配"，也就是说，博士生的兴趣发挥与研究自由的前提是研究问题要与导师的科研项目相一致。接受访谈的两位中国博士后学者对此种做法予以肯定，因为"导师是过来人，他能帮你在学术上有一个整体的把握，如果让学生自己找问题，他刚涉入研究，没有经验，怎么能找到有价值的问题"。导师从宏观上对博士生的研究方向和课题进行引导，有利于后期实验的顺利进展。

以导师为中心的研究团队，博士生的研究课题和实验嵌入实验室大的研究项目，"每位研究生都有一个独立的研究课题……但是他们的研究课题在某种程度上是相关联的。例如我们有一个项目是试图搞清楚与癌症相关的特定分子……有两个学生研究分子的不同方面的课题，还有一些课题是制造新的分光计来检测分子……除此之外，还有学生是研究分子的结构……"。化学学科的团队实际上是一个分工明确、紧密结合的"有机体"，博士生在导师大的科研项目下有各自划分有序的田地，彼此之间有区别又有关联。"有机体"是在导师思想和项目引导下由博士生从事具体实验活动的组织。

那么，如何定义导师在"有机体"中的功能和角色呢？根据受访者的陈述，笔者将导师在化学学科研究团队中的角色与功能总结如下：

- 提供好思想；
- 提供研究平台，包括实验室、设备、仪器和资金等；
- 管理研究项目，负责实验室运行，具体包括申请研究课题、与资助机构打交道等；
- 在博士生需要之时提供指导与帮助。

导师在"有机体"中的角色与功能是申请和管理研究项目，提供好想法，勾画研究大图景（big picture）。下面提供受访者的原话作为证据：

"我将自己看作是有好思想的人，他们有问题自然会来找我讨论，他们其实把我当作资源而不是导师。因此，我喜欢他们有问题的时候来找我，把我看作是比他们经历更丰富的人。我们的培养目标是他们（指博士生）获得解决问题的经历，推动研究项目。"

"导师是提供好思想的人，是提供资源的人，大学不提供资源。资源源于申请到的研究课题。研究课题的申请竞争激烈，教授需要努力地工作，写 15 页的申请书陈述研究课题的思想，申请书必须有足够的说服力，让该领域的 5 位评审人一致认为这是一个重要的问题，解决问题的思想不错，所以推荐予以资助。……可以是来自私人基金会的资助，或者政府经费。"

在外部资助机构评审课题的压力之下，导师所思考的问题不仅是科学研究兴趣，还包括研究课题的策划与推进。一位受访者将教授的工作比作军事战略的规划者，"教授已向资助机构（funding agency）承诺，我们能完成该项目，我们能解决该问题。所以每天清晨起床教授都要自问'我们接近问题的答案了么'，如果没有，需要有所改变。教授做的事有点像军事战略，你必须要有战略，你甚至需要每天都要调整你的策略，毫无疑问，这也是为何教授每天都要与研究生沟通讨论，因为博士生的实验需要有所进展，需要有研究结果出来"。导师会督促博士生尽快推进研究与实验进程。

导师在博士生的实验阶段，除了提供思想、实验室设备和资源外，还在博士生需要之时进行智识性的引导与帮助，同时对实验的设计与计划进行把关。一位受访导师指出，"我自己不做任何实验，我的时间主要用来解决他们的问题。有时候博士生提的问题我找不到解决路径之时，我会与其他科学家交流，或者是本系的或者其他学校的，听听他们的建议……所以呢，我尝试解决路径。同时，我也会思考研究课题的发展方向，下一步的实验，例如博士生接下来2周的研究计划。我会提前想好相关研究项目的思想，等博士生来找我谈的时候，我至少有自信，某个研究课题是值得做的，或者某个课题好但很难有结果，比较难操作"。如果博士生碰到难以解决的问题，导师将自己看作是更为成熟、更有经验的科学家，帮助博士生解决难题、予以适当指导。所以说，导师对博士生的指导风格是紧跟型，虽然不直接参与整个实验进程，但却在实验室观察博士生的研究状态，以在需要之时提供指导。

在中国博士后学者眼里，这种指导方式让学生感觉不是一个人在"孤军奋战"，虽然实际研究工作还是要博士生独立完成，但"心理压力没有那么大""胆子会大一些"，"如果实验出现问题，或者没什么进展，导师会和博士生一起反思，一起分析，一起论证：问题究竟出现在哪里？这个项目能否做下去？继续下去有没有意义？"导师督促博士生的过程也是提供支持的一种方式。

显而易见，化学学科的科研工作方式构建了导师在实验室团队中的角色与功能。导师作为实验室主管，负责实验室的有序运行，不仅要提供好思想，负责课题申请与资金，还要对外与资助机构打交道，并维护实验室声誉。这些都为博士生的学术训练与研究提供了智识和物质资源方面的支持。

二　学术指导方式：组会内外的"紧跟型"

用一位受访博士后的话，化学学科对博士生的培养"不仅是点的交流，也有面的交流"。无论是科研的交流，还是博士生的指导，实际上都融入到了组会（group meeting）之中。

组会是在实验室空间下形成的学术指导方式，已成为化学学科普遍的工作方式。每个实验室的组会不仅规定了固定时间和地点以及特定的组织形式和内容，而且形成了组会互动的风格与理念。尽管具体到不同导师的实验室团队组会呈现出不同形式，但参加者均为实验室的所有成员，包括导师、研究生、博士后和本科生；组会内容一般为研究生汇报研究进展、文献阅读与讨论等。

以一位受访教授为例，她所领导的组会有三种形式：

- 圆桌讨论（Subgroup or Roundtable Discussions）：由博士生报告自己过去几周的研究进展。组内成员可以对汇报者的研究发问，或大家共同讨论研究难点。当然，即使研究没有实质性的结论或进展也鼓励学生汇报，以集群体力量提出解决之道。

- 文献导读（Literature Talks/Tutorial）：其目的希望团队成员紧跟本领域的研究前沿，并给予新成员机会以锻炼做报告的能力。

- 研究报告（Research Talks）：要求组内成员采用 PPT 的形式总结并报告研究进展。

总之，组会的目的并不是评价博士生学术研究的优劣，而是希望借组会的形式，一方面督促博士生的研究进展；更重要的是希望集团队智慧帮助博士生推动研究进展或突破研究难点。因此，导师希望博士生应该注重研究的进展，而不是展示完美的研究结论，因为"研究和实验并不是完美的，会有失望与不如意，也没有必要让所有事情都很完美"，导师的工作是"帮助学生解决难点，解决问题，从他们的实验观察中寻找可能的结论，并根据情况改进实验，以使研究课题更为清晰和结论性更强"。同时，导师也希望通过组会活动创造一种氛围，使参加者明白报告人的研究是进行之中的研究，训练组内博士生为他人研究提供建设性建议的能力。

当然，化学学科的导师也会在组会之外与博士生单独交流，根据博士生的汇报及时提供建议与反馈，评价报告的格局并给予改进的建议。而且，化学学科的教授通常都在实验室或办公室，博士生有问题可随时找导师请教。师生双方可以一对一地讨论诸如研究进展、职业规划等问题。

在组会的格局中，不仅通过集群体智慧促进了博士生的研究课题，而且导师对博士生的课题研究状况与素养也会有更深刻的了解，导师也得以随时跟进博士生的研究进展。此外，化学学科也注重让高年级博士生指导低年级博士生或本科生。实施同辈指导不仅能促进不同阶段博士生的互相交流和激发思想，也在一定程度上训练了博士生的教学技能，发展了博士生的专业技能和团队工作的能力。

尽管导师不直接参与实验进程，但实际上化学学科的实验研究具有相对统一的程序和技巧，这些本属于缄默知识范畴的研究技能却以显性知识的形式表现出来。一位受访教授在《实验室章程》中清晰地列出了"研究的技巧"，如图4—1所示。例如关于时间管理，建议博士生要列出每天、每周的目标，并分别给了一个"好模板"。此外，还指出博士生在实验中要勇于尝试，保持各项工作处于井井有条的状态，要建立所有笔记和材料的目录。总之，科学发现不仅是外在的、理性的、机械的反映过程，更是一种内在的、存在的和积极主动的参与过程。比起外在的反映过程而言，这种内在参与过程才真正诠释了科学活动的真谛。①

三 课题研究成果的形式：论文发表

导师与博士生合作发表学术论文在化学学科相当普遍。实验室是化学家工作的主要场域，所有的科研活动都在实验室进行。在实验室团队的工作模式下，实验室所有的研究工作都基于导师的研究课题和实验室平台，因此，实验室成员发表的学术论文须署上导师的姓名。但就署名顺序而言，作为化学实验具体执行者的博士生通常是第一作者，作为资源与思想提供者的导师是通讯作者，如果还有其他研究者的话则根据各自在研究中的贡献进行排名。这形成了

---

① 石中英：《波兰尼的知识理论及其教育意义》，《华东师范大学学报》（教育科学版）2001年第2期。

Tips to Research

— **Always know why you are doing something and be able to tell people why!**
— Get started. In year one: read, get trained on instruments, set up your hood, and begin experiments.
— Hard work and time well spent cannot be overstated; sometimes you just have to get your hands dirty!
— Time management—make a list of your daily/weekly goals. It's ok to not always reach them, but it's amazing how much time you can waste if you don't have a plan. Here is an example of a good day:

    (1) Prepare solutions for preplanned experiment and begin heating furnace for experiment
    (2) Have coffee and look through *ASAP* and *RSS* feeds for manuscripts
    (3) Check furnace temperature… good, start experiment(s) and begin to work up experiment from previous night
    (4) Read *ASAP* and *RSS* articles and monitor experiment(s) progress
    (5) Lunch
    (6) Stop experiment and work up experiment/prepare for second experiment(s)
    (7) Start second experiment/finish work up on first experiment
    (8) Seminar/read/service activities
    (9) Check on second experiment
    (10) To the gym and then dinner
    (11) Analyze experiment from previous day and this morning (e.g., imaging by SEM)
    (12) Stop evening experiment and make list for next day (including experimental details)
    (13) Relax/go out with friends and always sleep

Here is an example of weekly goals (keep flexible because results typically direct research plans)

    (1) Run experiments with precursor concentrations of X, Y, and Z at temperatures A, B, and C
    (2) Repeat with precursor B
    (3) Repeat with precursor C
    (4) Image and analyze results from (1-3) and devise experiments for later in the week.
    (5) Do later week experiments
    (6) Read papers on X from the Y group
    (7) Find good book on interpreting electron diffraction patterns and begin to read (exam prep)
    (8) Attend two weekly seminars
    (9) Sign up for training on the XRD
    (10) Organize data for group meeting and make plan for following week

— Make good and adequate observations; many of sciences' great accomplishments occur by accident and are only known because of good observations (e.g., carbon nanotubes).
— Develop ways to run multiple experiments and work up experiments simultaneously.
— Read, read, and read some more! Keep a notebook from your readings.
— Attend talks and discuss problems. Keep a notebook and jot down your ideas… no matter how crazy!
— Try the extremes… Rather than sticking to *typical* reaction concentrations, try something out of the norm. Don't be afraid to test your ideas… worst-case scenario, you lost a day… best-case scenario, you have a thesis chapter and a manuscript. Regardless, you will have learned something about your system!
— Don't be afraid to ask for help from me, your lab mates, your friends, other professors, and staff.
— Stay organized. I highly recommend keeping a good table of contents.
— Don't change too many parameters between experiments; otherwise, you won't know what factor influenced the outcome.
— When trying to make comparisons between samples, obtain electron micrographs at the same magnification. Doing so will make for much nicer figures and easier interpretation of data.
— Browse catalogues to see what is available (it can be more exciting than holiday shopping-- I swear!).
— Read about analytical techniques and what information they can provide.

In the End, Just Do It (and Have Fun)!

图4—1　化学学科《实验室章程》之"研究技巧"

化学学科师生合作发表论文的"潜规则"，而且已成为学术共同体普遍认可的文化规范。一位受访导师坚定地指出，"博士生永远是第一作者，而我从来都不是第一作者"。

化学学科所发表的研究成果通常简短精悍。一位教授在《实验室章程》中明确提醒学生，要写短小精悍的论文，一般为4—5页，因为"太长的论文，不仅让我生厌，也会让评审人读起来反感"。比彻的研究也指出：化学家的文章相对简短，4000字的文章便属长篇。①

师生合作发表学术论文，一方面有益于博士生职业生涯的发展，直接表现在博士论文常常是几篇已发表文章的松散组合，因为在化学学科对研究成果的评价依据是论文发表，间接表现是博士生通过与导师合作发表论文能借助导师的声誉建立学术网络。另一方面，导师也能从指导博士生中获益。博士生在帮助导师完成实验室课题的过程中不断积累资本，在此过程中，博士生被训练成为高效、独立的科学家，学习并掌握了从事研究的相关技能，而博士生所取得的成就与导师的荣誉也是紧密相连的。

---

① ［英］托尼·比彻、保罗·特罗勒尔：《学术部落及其领地》，唐跃勤、蒲茂华、陈洪捷译，北京大学出版社2008年版，第120页。

第 五 章

以公共观测台为基础的引导式
培养方式：天文学

本章主要分析天文学的学科文化、博士生培养理念与指导方式以及师生互动结构。需要指出的是，与化学、生物等"实验学科"不同，天文学是观测学科，而且研究更多是智识取向的思考与探索。本书将天文学定位为硬—纯学科，即知识发展具有累积性和线性特征，研究倾向于采用量化方法；研究结果强调客观性，成果表现为某种发现或解释。①

第一节　天文学的学科文化

天文学是一门认识宇宙的古老学科。在柏拉图的分类里，天文学属于高级科目，② 在中世纪大学，天文学为七艺之一。天文学是研究天体、宇宙的结构和发展的科学，包括天体的构造、性质和运行规律等。③

天文学的研究对象是辽阔空间中的天体，诸如太阳系、银河

---

① ［英］托尼·比彻、保罗·特罗勒尔：《学术部落及其领地》，唐跃勤、蒲茂华、陈洪捷译，北京大学出版社 2008 年版，第 39 页。

② 古希腊哲学家柏拉图按照"以体操锻炼身体，以音乐陶冶心灵"的原则，把学科区分为初级和高级两类。初级科目的体育包括游戏和若干项运动；初级科目的音乐除狭义的音乐和舞蹈外，还包括读、写、算等文化学科。高级科目主要有算术、几何学、音乐理论和天文学。

③ 靳萍：《科学的发展与大学科普》，科学出版社 2011 年版，第 86 页。

系、河外星系和物理宇宙，研究对象不会发生变化。一位资深天文学家说："你今天研究某个对象，明天是这个样子，后天还是这样子。研究对象是不变的。研究对象本身具有的连续性的好处是，不管我哪天去观测都是一样的。研究对象不会发生变化，即使变化也需要上百万年。"而且，研究对象和情境是研究者无法控制与操作的，具有"不可抗力"的特点。

天文学与其他自然科学的不同之处在于，天文学获取数据的方法是观测，即通过观测来收集天体的各种信息。它不像化学等实验学科，通过实地考察或实验室获取可以触摸到的数据，或者可以把材料放到实验室，主动地影响所研究的对象。天文学只能"被动"地去观测。我们来看一位天文学家的描述：

> 在天文学很难做实验。我们不能做个行星，我们不能做个银河。在化学系的实验室里，你可以混合化学药品，再观察反应，但是在天文学我们不可能这样。所以在天文学，我们通常不是做实验，而是进行观测。我们用望远镜观测宇宙，获取信息，进行解释。

天文学家与数据打交道的方式与其他学科存在明显差异。用受访者的话说，天文学是"观测研究对象（observe sth.）"，化学是"处理化学试剂、生产新分子（make sth./treat sth.）"。天文学不可能借用实验室里所采用的实验方法，因为天文学研究既不能移植太阳，也无法解剖星星，甚至不可能触摸到研究对象。天文学家通过观测太阳、月球和星星等天象，测量它们的位置，计算它们的轨道，研究它们的诞生、演化和衰亡，探讨它们的能源机制及对各种天体的辐射。[①]

天文学研究需要相应的技术设备作为观测工具，而且天文观测

---

① 靳萍：《科学的发展与大学科普》，科学出版社 2011 年版，第 87 页。

平台对自然环境的要求比较高。首先，天文学研究所需要的数据，很难仅仅通过肉眼观察获得。1610 年，伽利略（Galileo）[①] 第一次使用望远镜进行天文观测。时至今日，天文学发展的最显著特点是观测手段的迅速发展和全波段研究的开拓。国内学者在总结国外天文学研究的发展趋势和前沿时，将如何完善天文观测设备和平台作为核心：追求更高的空间、时间和光谱分辨率；追求更大的集光本领和更大的现场，以进行更深的宇宙探测；实现全波段的探测和研究；建立资料更完善、使用更方便的资料库，例如美国国家航空航天局（NASA）正在建立和完善的空间科学资料系统（SSDS）就是这方面的一个最新的努力。[②] 为了获得精确的数据，天文观测台需要建在山顶，如受访教授说："天文学家要远离城市在山上收集资料，因为观测需要在天黑的时候进行，只有几座山顶的环境很好，有非常稳定的气象环境。"

其次，天文观测对自然环境有着特殊的依赖，需要特定的观测平台。在美国，天文观测台分为大学天文观测台、大学联盟天文观测台和国家天文观测台。大学天文观测台是指某所大学在学校附近区域建立的观测台并拥有基本的设备。大学联盟观测台是几所大学联合在观测地理环境相对好的地方设立的天文观测台，共享仪器与平台。本书的案例大学与威斯康辛大学、耶鲁大学联合成立了大学联盟天文观测台。一位教授介绍说："我们最好的望远镜设备是在亚利桑那（Arizona），那里是一片沙漠和清晰的天空。望远镜要花费上万美元，这对一所大学来说太昂贵，所以我们与其他几所大学共享望远镜设备，我们是与威斯康辛大学、耶鲁大学合作。其他大学也有他们自己的联盟，我们把这种共享仪器设备的策略叫作联

---

① 伽利略（Galileo Galilei, 1564—1642），意大利天文学家、物理学家。被誉为"近代科学之父"。1610 年伽利略在帕多瓦设计制造了一架简单的折射式望远镜，他是第一个创造性使用望远镜的人。

② 国家自然科学基金委员会数学物理科学部：《天文学科、数学学科发展研究报告》，科学出版社 2008 年版，第 5 页。

盟。通常大型的、昂贵的望远镜，我们都是几所大学共享的。"国家天文观测台是由国家层面的组织或机构建立的，通常是在观测环境和质量比较好的地方，例如亚利桑那或者夏威夷山，甚至还与他国签订协议，诸如美国在智利（Chile）建立了天文观测台。

与化学依赖于实验室主管的实验室平台从事研究完全不同，天文学通过公共观测台获取数据。天文观测台对所有研究者开放，但研究者需要提交申请书并获批准后方可获得观测机会，尤其是环境好、仪器配置高的天文观测台竞争会更激烈。受访者提到：

> 如果想去一些比较好的天文观测台搜集资料，需要提交申请书，整个申请过程的竞争会很激烈。通常最大最好的天文观测台的竞争会更激烈。有时候可能只有四分之一的申请能获得成功。

此外，天文学数据的公开化程度较高。研究者除了亲自到天文观测台搜集数据外，也可利用公共天文观测台对外公开的数据。例如，有些研究者在对公共天文观测台收集到的数据进行分析并发表文章后，可能会将数据公开化，后来感兴趣的研究者可以利用此数据继续推动研究。这与化学学科处理数据的方式是不同的，化学学科的实验数据通常不会公开，实验室之外的成员不可使用。

> 天文学获取数据的方法很多，也许与其他自然学科不同。至少我知道在化学学科，他们是不会公开数据的。你有你的实验室，你做你的实验，你发表你认为有价值的结果。但是，在天文学，很多数据是公开的，当然是来自公共天文观测台的数据。

之所以将天文学界定为纯粹学科，一方面是因为天文学的研究问题是旨在理解宇宙的各种现状和原因。诸如："宇宙如何形成现在的状态？星星是如何形成的？大爆炸发生的原因是什么……我们的任务是理解这一切得以发生的背后的物理原理。"另一方面，从研究文化看，天文学注重智识型的思考。一位受访天文学教授明确指出：

> 我们所做的一切研究都是智识型的，没有任何实际直接的结果……天文学可以让你的思考超越自身，直到宇宙……而不仅仅是某个行星。这是一种智识上的好奇心、自我实现感和超脱性的时刻……这对人类智识和人类精神非常重要。

天文学所呈现出的独特学科文化，诸如研究方式和方法、对环境和资源的需求以及知识本身的特性会对博士生培养产生影响。

第二节　培养理念与指导方式

如前所述，天文学的科研活动依赖于公共观测台以获得数据，公共观测台具有开放性、竞争性的特点，而且天文学的数据日趋公开化并建立了数据档案和网络数据库。因此，博士生从事学术研究所需要的数据资源并非如化学学科那样依赖于导师的实验室，而是可以通过申请天文观测台的机会获得数据。科研数据获得的独特性与工作方式影响了天文学博士生培养的文化。

一　培养理念

在天文学科，独立研究者是博士生教育的首要培养目标。教师赋予独立研究者哪些具体内涵呢？作为独立研究者的天文学博士生应该具备哪些能力与素质呢？

首先，博士生毕业之时应有独立从事研究的能力。对博士生"独立性"的考量包括：建立自己的合作者；具备学术研究的能力，即独立提出研究问题和解决问题的能力。根据笔者对访谈资料的词频统计，独立性（Independent）是天文学教师提及的高频词，三位受访教授提及的次数分别为：10、21、11，远远高于化学学科，略低于数学学科。一位天文学教师如是说："博士生刚读博士的时候，大部分学生不知道如何做研究。但是，我们希望，等他们毕业的时候，要离开的时候，能自问他们是否能找到自己的研究问题，知道如何提出研究问题，知道如何从事研究。也就是说，成为独立研究者。"由于天文学科研数据获得的独特性，导师认为博士生要具有作为首席研究员（PI）独立申请天文观测机会并到观测台收集数据的经历。

其次，博士生应该具备天文学的专业素养。具体包括：独立写论文、发表文章；参加学术会议并做报告，习得学术会议交流的语言、行为举止和隐性规则。因此，博士生参与学术会议并与学界交流也是导师指导博士生的重要一部分。受访者指出：

> 我们的博士生也要学习如何做报告。当他们具备了一定的能力，我们会带博士生参加会议并报告研究结果，有时候我们也会提前带博士生参会，这样他们可以观察并了解会议。他们可以看看学术会议的流程是如何安排的，学术报告是如何展示的，研究者之间是如何交流的，与会者是如何行动以及具有什么样的行为举止。这样他们可以借参会机会习得学界交往的隐性规则。等他们准备好报告论文之时，他们可以直接就去报告论文……这是非常重要的。

教师希望博士生通过参加学术会议，一方面习得学科交流与交往的潜在规则，诸如学科共同体的行话、行为举止与交流方式以及报告技能等方面的缄默知识，另一方面参会本身也是博士生专业社会化过程中的重要经历。

最后，从事天文学研究的博士生应该掌握研究所需的跨学科知识，一些教授称其为"技术性的技能"或者"工具性知识"。从事天文学研究需要物理、统计、化学、计算机科学等方面的知识，如受访者所说，"为了从微弱的光中提取信息，需要使用物理、化学的知识。举例说，原子物理学，我得了解电子方面的知识，以知道如何使用相关工具；统计学的知识帮助我指导数据的可信度，如何抽取结论、对不确定的测量做推断；计算机科学的知识教给我如何编程"。总之，天文学的研究是将其他学科知识运用于天文学研究问题的解决与数据分析，但这些跨学科知识是天文学的工具性知识。一位天文学家将天文学研究概括为要求很多技术性技能的智识性活动。①

因此，天文学教师培养博士生的理念是尽可能创造良好的研究环境，为博士生提供成长所需的智识引导，帮助博士生成为独立的研究者。在教师看来，天文学博士生应该具备独立从事研究之能力、具有学术交往和会议报告的经历、掌握研究所需的跨学科知识。

二　指导方式：从体验研究到博士论文的独立研究

与化学学科不同，天文学并没有形成强烈的团队研究文化。博士生通过天文观测台或数据库获得从事科研所需数据，没有对导师研究平台的强烈依赖。因此，博士生与导师的关系并非如化学学科那样受到实验室空间的限制。导师对博士生的指导是以博士生独立性的成长为中心，是从"手把手"到"放手"的过程，即从"手把手"地指导到逐渐地"放手"让博士生独立从事研究项目、负责研究进程。

博士生做的第一个研究课题通常是基于导师手头的现成数据，做出科学的结论。接下来的研究课题，往往是导师帮助学

---

① 受访教授的英文原话为：It is fundamentally an intellectual activity but it requires a lot of technical skill development。

生一起申请天文观测时间，博士生要独立搜集新的数据，这样博士生在这个课题中更具有"所有权"，要负更大的责任。等第二个研究课题完成，通常博士生就准备好承担更为独立的课题，很有可能就是博士论文的研究，博士生会继续受到导师的指导，但更为独立并且与导师的课题有所区别。

导师强调博士生在博士论文研究之前要有一个"体验研究"的阶段，鼓励博士生尽早参加科研课题。也就是说，对博士生的培养是从刚开始依赖导师的数据，到后来博士生自己申请观测时间、搜集数据进而逐渐独立研究的过程。

在早期的体验研究阶段，博士生不需要到实地从事数据搜集工作。通常是由导师根据双方的兴趣和现有资源提供现成数据给博士生。导师对博士生的指导是一种"手把手"的方式，尤其在双方研究兴趣和领域非常一致的情况下，导师会与博士生一起分析和解释数据、进行论文写作。诸如，在解释数据阶段，导师会向博士生发问："这些数据如何验证理论？数据是否验证了我们所期望的东西？如果是的话，告诉了我们什么？理论是否能进行一个好的预测？"在试研究阶段，导师的首要目标是希望博士生学习并体验科研过程，同时掌握所需技能与知识。一位受访者说：

> 我的目标有好几个。部分目标是科研，对吧？说实话，我并不给学生分配没有科学意义的研究课题，但对于年轻学生，从事科研课题一方面是为了习得研究技能、获得学术训练，经历科研过程并学习所需的研究技术，所以我会挑选特定的有科学意义的课题……

导师希望通过循序渐进的方式、手把手地教博士生如何推进研究，希望博士生能越来越精于研究。经历过手把手指导的研究过程后，博士生开始独立的研究阶段，也就是博士论文的研究，具体涉及：选定博士论文的研究领域、独立撰写申请书并到天文观测台搜集数据、独立分析资料、写作论文。天文学博士生的论文选题相对比较自由，导师倾向于鼓励博士生自主选题和搜集数据。博士生如何获得天文观测台搜集数据的机会呢？尽管有校级层面的天文观测台，但远不能满足研究需要，因为"最大、最好的望远镜通常在公共观测台"。因此，博士生需要写申请书竞争天文观测时间，在申请书里，"你必须要说清楚你的研究问题，以及你想解决什么样的理论问题，你必须想方设法说服评审人能给你安排使用望远镜的时间"。尽管博士生作为研究课题的首席研究者需要独立申请和负责研究，但博士生往往还没有建立学术网络，因此，导师在其中的作用是推荐博士生，诸如会说"我有个学生的研究课题的思想很好，他可以独立承担观测工作，或者我可以协助他进行观测工作"。教师通过写推荐信的方式为博士生提供了一种隐性的资源。

天文学教师对博士生的培养过程，体现了注重博士生独立性的培养理念。独立性一方面体现在导师对博士生的指导程度上；另一方面，也可从博士生的科研项目对导师的依赖性中窥见。天文学博士生的科研课题主要依赖于公共资源，而不是导师的私人资源或平台，博士生可以通过独立申请天文观测台获得一定的研究经费。因此，师生之间并不存在严格的课题纽带，而导师也"不需要上百万美元来运行实验室"。一位受访导师举例说，"国家天文观测台也提供一些经费，支付获得在国家观测台研究机会的博士生的差旅费。如果我的博士生正在做博士论文项目，需要去智利观测台，那么国家观测台会支付差旅费"。

从博士生的资助方式看，天文学科的导师即使没有科研课题，也可以指导博士生。因为天文学博士生拥有独立于导师课题的资助来源，包括诸如美国国家航空航天局的奖学金、研究助理和教学助理。根据 R 大学天文学系的数据，博士生获得全奖资助的比例为33%，获得教学助理资助的比例为43%，获得研究助理资助的比例为38%。与此形成鲜明对比的是，在 R 大学化学学科，至少90%

以上的博士生都依赖于导师的课题资助，而导师能否指导博士生在很大程度上取决于其所获得的课题经费，因为导师需要提供博士生在学期间的研究经费。总之，在天文学科，博士生的研究课题不受导师科研项目限制，因此研究空间和自由度相对大一些，而导师也鼓励博士生在读期间具有独立申请天文观测台并进行独立研究的经历。

从以上分析可以得出，不同学科数据获得与搜集方式决定了学科的研究文化，进而影响了博士生的指导方式。天文学科教师对博士生的指导，是从手把手教博士生如何对现成数据进行研究，在此过程中习得相关知识与技能，再到博士生逐渐独立申请天文观测台观测机会并搜集一手数据、独立开展博士论文的研究。导师在其中的角色是引导，在博士生需要帮助之时给予适当的点拨和帮助，以培养博士生成为独立研究者。

第三节　师生互动结构

天文学师生互动的结构与功能呈现阶段差异性。合作关系是共同从事某项研究课题，而且多是双方兴趣的自然匹配。合作目的旨在培养博士生的独立学术研究能力，促进博士生的学术成长。根据博士生的发展阶段，形成了不同的合作关系，受访教授提出从"家长—孩子关系"到"同事关系"的隐喻，形象地描绘了导师指导博士生逐渐独立的特点。如受访者所说：

> 根据博士生的研究进度，我会与学生在合适的时候开始非常紧密的指导关系，我们会一起在办公室，比较频繁的会面，一起处理数据，这个阶段就像是父母手把手地教孩子。等他们技能越来越熟练，经验愈加丰富的时候，我们的关系就更加像同事，他们进行研究、他们有所发现，然后来我办公室给我演示一下结果，我们再一起讨论结果。

笔者对 R 大学的考察发现，天文学并没有形成以导师为核心的研究团队。师生之间的互动更多是导师与博士生一对一的交流，但在研究生群体中形成了同辈指导（peer - mentoring）的团队结构。之所以很难组成以导师为核心的团队，主要是因为天文学的学科文化重视研究者的个体兴趣与智识探索，而不是团队合作的工作方式。本节将主要聚焦于博士生论文研究阶段的师生互动结构。

一　导师在学生博士论文研究中的角色与功能

数据公共化对师生互动的影响是，博士生获取数据的来源呈现多元化，因此，师生关系不是资源纽带，而更多是研究兴趣与互动合作的旨趣。博士生在论文研究中的自主性与独立性较强。从研究过程看，博士生论文研究所需的天文观测台、望远镜等资源、设备和空间并不依赖于导师，而是需要独立撰写申请书以申请天文观测时间。在数据搜集阶段，导师着重培养博士生的研究兴趣与感觉。博士论文的选题与具体研究往往由博士生独立完成。导师在博士生论文研究中的角色是提供引导、支持。

（一）鼓励博士生独立选择博士论文研究课题

天文学的教师鼓励博士生独立选择博士论文的研究课题，而不是必须参与导师的课题研究。也就是说，博士生的论文研究与导师的课题之间没有必然的关系。即使博士生与导师有合作，也是师生双方的研究兴趣恰好吻合，是双方自然而然、互惠互利的合作关系，并非如化学学科那样具有清晰的层级分工。一位导师提到：

> 我所有的学生都在做我们自然而然构思的课题，那么我如何帮助博士生设计论文呢？他们通常会先从我手头的数据做起，但是如果他们愿意的话也可以发挥自己的潜力。我们来看一个具体的例子，凯特（Kate），就是刚才来我办公室的学生。她的论文研究项目的资料是我们几年前搜集的，关于螺旋星云

（spiral nebula）。而关于螺旋星云，我当时也了解粒子结构的信息，我们手头正好有星星的活动信息……当时我就想总会有学生对这些感兴趣，但是同时要有天文观测设备，我想我们需要继续推动这个研究课题。这个时候，凯特来了，她说："我想做什么什么的研究。"我说，"哇，看，我有这些数据"。她开始研究这些数据，她在我的指导下独立申请天文观测时间……我们一起推动研究，学习需要的技能。

（二）培养博士生的天文学"兴趣"与"感觉"

从导师对博士生论文选题的指导方式可以看出，天文学教师更注重博士生对天文学的兴趣与感觉。在教师看来，实地观测是培养博士生天文兴趣与激情的重要手段，因为只有通过实地观测才能让博士生感受到学科归属感并建立学科身份认同。此外，实地观测并收集资料的过程也是博士生获得天文学的体验、兴趣与感觉的重要方式：

> 几年前我带着一个博士生到位于智利的 Cerro Tololo 观测台，这个观测台在安德斯（Anders）山上。超级美的地方！我们很幸运地赶上了月亮渐渐下山的时候，晚上我们出去观测天空。南部的天空美极了。可以看见云彩、银河！天空中有上百万颗明亮的星星，绝对美得令人陶醉。我的博士生看到这一幕很兴奋，她说"谢谢你带我来这里，这是我见过的最美的地方"。天空、无边无际的山脉、海洋，所有围绕在观测台周边的景色都是如此的美。这是一种经历，这很重要。

与应用学科注重研究的实际价值不同，之所以将天文学定位为纯粹学科，是因为师生在实地观测中对自然界各种"美"的欣赏被看作是学科成员的一种重要经历。因此，导师非常注重培养博士生对天文学的兴趣与感觉。

（三）培养博士生从事研究所需的技能与知识

导师在博士生的论文研究中，注重培养博士生从事天文学研究所需的技能与方法。导师的角色与功能是提供引导，是博士生需要之时的帮助者，鼓励博士生自主探究。如一位导师所说：

> 我通常会和博士生一起坐在电脑前，告诉学生程序如何运行，数据如何处理，然后博士生将我教给他们的这些知识应用于特定的数据处理中。在这个阶段，导师和学生的互动较多，博士生将其所学用于研究工作中……导师与博士生会一起讨论可能的解决路径。导师给予一些引导，然后博士生研究一段时间再来找导师。这是一个互动的过程。

但是，导师很少督促博士生的研究进展或规定博士生论文研究课题的截止日期，这与天文学研究的特点，尤其是对公共资源与空间的依赖有关。天文学观测有其自然截止日期（natural deadline），"博士生必须有效使用天文观测台，也就是说，在天文观测台规定的观测时间结束的时候，博士生必须得结束数据搜集"。因此，导师对博士生的指导更多注重博士生的自我安排，是"引导型"的风格。

二　合作研究的署名规则

天文学科的研究者就论文发表形成的共识是：第一作者是论文的责任人，要对论文负责。同样，导师与博士生的合作研究也遵循学科文化的潜规则：根据贡献决定发表论文的署名顺序，但第一作者通常是论文的负责人。天文学对博士生独立性的强调也体现在合作研究成果的发表中，导师鼓励博士生以第一作者身份发表论文，将其看作是评价博士生独立性的标准。

第一，根据双方在研究项目和论文中的贡献决定。"谁做了大部分工作，谁就将是论文的第一作者"，也就是说，按照研究者的贡献定第一作者的署名。一位受访教师举例说"例如，在刚开始的项目，导师提出思想，预定天文观测时间，收集数据，导师提供具体的数据和对博士生的指导。可能的结果是，博士生报告一篇会议论文，但导师是第一作者。我去观测台的时候会带着研究生，因为研究生需要学习如何使用望远镜，学生也参与数据采集，我会和学生共同署名发文。尽管这是我的项目，我做所有的工作，学生参与大部分工作就可以共同署名，但学生不是第一作者。如果博士生从事共同研究项目中的一个新课题，我们会一起申请观测时间，一起去天文观测台观测，博士生会做大部分工作，采集并分析资料，在这种情况下博士生是第一作者"。总之，判断的标准是看导师与博士生何者在研究项目中起主导作用。

第二，在不太明晰或双方贡献相对难以评价的情况下，师生双方通过沟通决定论文署名规则。例如，"博士生所做的研究项目也许是一个大项目中的一小部分，如果要研究六个星系，博士生研究两个，导师研究四个也可能三个，他们会讨论署名的问题。通常要等研究做到一定程度，再评估研究者在其中所做工作的贡献程度才能搞清楚署名。然后师生双方会有一次谈话，决定署名"。

从发表论文的署名规则也可以看出师生合作理念。以物理学作为对比，一篇论文的作者甚至会达到百人，笔者在访谈某物理学教授时，他展示了一篇物理学的期刊论文，论文总共5页，前两页是作者与单位，也就是说课题组的所有成员都在发表的论文中署名，在这种情况下，博士生很少会是第一作者。而在生物学科，第一作者多为博士生，而导师很少是第一作者，因为生物学科的教师希望借发表论文帮助博士生建立学术声誉。分析R大学几位天文学教授的论文发表清单，会发现博士生作为第一作者的文章比例高于导师，例如：一位天文学教授在2005年至2009年间共发表13篇文章，全部都是博士生作为第一作者；另一位受访教授从2004年到2009年共发表15篇文章，其中只有1篇文章是导师为第一作者，其余14篇均是博士生作为第一作者。

第三，天文学教师鼓励博士生以第一作者身份发表论文，反映了导师指导博士生的理念——作为独立研究者的博士生应该学会如何做第一作者，学会对论文负责，如受访者说"如果是博士生的工作，他们应该是第一作者。这也是训练的一部分"。导师希望通过带着博士生一起发表论文引导学生感受、体验科研，最终成为独立研究者。

> 博士生会对研究有所贡献，他们在学的过程中贡献，他们也到观测台，参与数据收集。我们希望博士生最终成为独立的研究者，我希望他们参与一个完整的研究项目，这也包括署名发表论文。所以我的博士生和我一起到观测台，我们一起收集数据，学生成为项目组成员，我也希望博士生参与论文写作。我也许会自己写文章，但我会把论文给博士生让他们评价提建议。我希望博士生对研究项目的不同阶段都有一点小小的贡献，这样他们就有相应的经历。这样，下次我们一起做项目的时候他们就有能力做一些工作。论文署名是激励博士生的很好方式，这也是培养博士生的方式之一。他们发表了第一篇论文，可以给父母看，可以用在以后的简历上。这成为对外宣传的一种方式，表明博士生做出了很大的贡献。

总之，从师生合作研究及其署名规则可以看出，导师非常注重培养博士生作为研究者所应具备的独立性，从体验研究到博士论文的独立研究，从独立申请天文观测台到发表论文，均是培养博士生成为独立研究者理念的体现。

三　团队结构：同辈指导与合作

（一）同辈指导的结构与功能

在 R 大学的天文学系，同一领域的博士生会根据研究兴趣进行合作，并组成非正式的团队结构，定期见面。团队会面的内容通常是：或阅读研究领域的相关文献，或由博士生报告各自的研究，他人提供建议与批评，以互相推动博士论文研究。

> 学生们组建了一个团队，每周见一次面，是所有研究天文物理的博士生，不仅包括我的学生，也包括 X 教授的学生和 Y 教授的学生。他们每周四下午会面，这是一种团队活动……他们会讨论他们认为有必要的任何话题，报告各自的研究，从同伴那里获得反馈，也会邀请教师参加。当然教师不怎么去，因为这是一群学生自发组成的属于他们自己的团队活动。

之所以会形成这样的团队，是因为"一些学生认为他们需要探究一些共同的知识领域，他们可以在团队中互相学习如何处理数据，共同学习一些计算命令。通过将有共同兴趣的学生聚集起来的方式，他们能共享信息，获得同伴的反馈"。

这实际上是同辈指导（peer mentoring）。有学者指出，在同辈指导中，高年级的博士生负责起一部分指导低年级博士生的任务。这种指导方式不仅可以帮助低年级的博士生更好地选定研究课题、提高学术水平，而且对于参与这一制度的高年级博士生也很有帮助。大部分的博士生都是未来的高校教师，通过指导低年级的博士生，可以提高他们的教学技巧。[1] 本书发现，同辈指导的功能不仅仅限定于高年级博士生对低年级博士生的指导，更是一种全新的理念，旨在发挥博士生同辈群体的智慧和力量，共同探讨研究领域的话题，阅读学科领域的经典前沿文献，推动彼此的研究，共同增进研究技能。在博士生自发组织的同辈指导的团队结构中，博士生的自主性以及对研究的热情往往会比较高，而且有利于团队成员之间的合作。

---

[1] Walker, George E. , *The Formation of Scholars：Rethinking Doctoral Education for the Twenty - first Century*, San Francisco, CA：Jossey - Bass, 2008, p. 106.

　　博士生同辈之间的合作关系甚至形成了博士生学术生涯中的合作研究者。对此，一位受访教授举了一个博士生同辈之间合作研究的生动事例，B博士已经毕业，但由于在读期间与C博士生建立了良好的合作关系，在B博士毕业离开R大学后双方仍旧保持联系并合作研究。她说："B学生做计算研究，C学生进行科研思考，C叫B做一些计算，然后B将结果返给C，我在其中就像裁判（referee）。我猜想学生之间的这种团队合作超越了物理空间的限制。这也是一种指导过程，但更多是学生对自己的研究负责。"总之，博士生在同辈群体组成的团队结构中的地位更为平等。而导师不会参与同辈团队结构，在学生合作研究中的作用如同"裁判"。同辈指导作为一种团队结构，是对博士生培养中师生合作与互动的补充。

　　（二）形成同辈指导的原因

　　但是为何会形成同辈指导的团队结构？主要原因在于天文学学科文化的如下特点：

　　第一，注重个体独立探索与研究兴趣的学科文化，而不是团队研究或大规模研究。与物理学大规模的科研团队以及化学以导师实验室形成的团队结构不同，天文学的研究团队规模甚小，如受访者所说"天文学的科研项目比较小，一个项目的参加成员至多三五人"，这是由于天文学注重个体独立探索的学科文化所致。博士生的论文选题可以根据自己的研究兴趣决定，不需要嵌入导师的科研课题。但是，从事独立探索的博士生也需要相应的团队结构支持学术成长与知识更新，同一研究领域的学者需要彼此沟通与交流，因此，博士生群体根据各自的兴趣和专长合作研究，形成了同辈指导的团队结构。

　　第二，每位导师所指导的博士生的数量并不足以形成以导师为主导的团队所需要的临界规模（critical mass）。[①] 在博士生教育中，

----

　　① 临界规模（Critical Mass）源自物理学的概念，是指维持核子连锁反应所需的裂变材料质量，因此在物理学里更贴切地翻译为"临界质量"。

临界规模是指形成研究文化所需要的最少博士生数量。尽管已有对博士教育的研究均关注系的规模或研究生院的结构对博士生教育的影响，但是受访天文学教授指出导师指导学生数的临界规模，"在天文学，通常情况下每位教师指导 2—3 名学生，超过这个数目则学术产出会下降，2—3 位学生是一个最优数目"。这在一定程度上提醒我们，博士生教育的临界规模不仅存在于院系层面，也存在导师指导层面。显然，如果在化学学科，2—3 人是很难形成实验室团队规模的，这说明博士教育中的临界规模也存在学科差异。

从 R 大学天文学系近十年的数据看（见表 5—1），研究生规模较小，在读研究生人数和当年入学人数均保持在一个比较稳定的规模。2010 年在读研究生人数是 20 人，共有教师 12 人，每位教师指导的研究生的数量在 2 人左右。

表 5—1　　　　　R 大学天文学系研究生规模（2001—2011）

年份	在读研究生人数	当年入学人数
2010—2011	20	2
2009—2010	21	3
2008—2009	19	4
2007—2008	19	4
2006—2007	19	5
2005—2006	15	3
2004—2005	15	1
2003—2004	15	7
2002—2003	14	4
2001—2002	11	1

众所周知，在自然学科往往会形成以导师为主的研究团队。而在天文学为何没有形成呢？天文学博士生论文研究对资源的依赖并不是在教师，而更多是天文观测台。在诸如化学、天文学等自然学科领域，其研究活动是"都市型"，尤其是涉及资源和空间依赖的

学科，如果每位教师指导的研究生数量足够多，可以组成研究团队；但是如果临界规模没有达到，则单个教师为中心的团队很难形成。因为资源的使用以及比彻所说的都市型的研究领域对课题的竞争导致往往很难有几位教师之间合作的团队形成。在资源与都市型研究模式的双重限定下，本案例大学的天文学科形成了同辈指导以支持博士生的研究，是一种独特的"智识共同体"。

第 六 章

以智识讨论为基础的启发式
培养方式：数学

本章主要分析数学学科的案例，具体内容涉及学科文化、博士生培养理念与指导方式以及师生互动结构。数学学科是硬—纯学科的代表，具有高度的抽象性、严谨的逻辑性和精确性；推理和结论在学科内部容易达成一致性和强烈的认同。[①] 学科文化形成了既重视个体独立思考，又鼓励与他人交流的研究文化；既重视精深钻研，又强调研究者的领悟理解与天赋，形成了融数学之美与纯粹的智识探究为一体的特质。

第一节　数学的学科文化

数学，如果正确地看它，不但拥有真理，而且也具有至高无上的美，正像雕刻的美，是一种冷而严肃的美，这种美不是投合我们天性的微弱的方面，这种美没有绘画或音乐的那些华丽的装饰，它可以纯净到崇高的地步，能够达到严格的只有最伟大的艺术才能显示的那种完满的境地。一种真实的喜悦的精

---

① ［英］托尼·比彻、保罗·特罗勒尔：《学术部落及其领地》，唐跃勤、蒲茂华、陈洪捷译，北京大学出版社 2008 年版，第 39 页。

神，一种精神上的亢奋，一种觉得高于人的意识（这些是至善的标准）能够在诗里得到也能够在数学里得到。

罗素①，这位抽象数学思想大师将数学学科的文化特质揭示得淋漓尽致：纯粹、抽象，以及对美的追求。数学是世界上最基本、最通用、最深奥的一门学科。② 培根说，数学是打开科学大门的钥匙；伽利略说，自然界这部伟大的书是用数学语言写成的。

数学是纯粹学科，具有高度的抽象性和严谨的逻辑性。尽管任何科学思维都具有抽象化的特点，然而数学的抽象是一种高度的抽象，它只保留事物量的关系或空间形式而舍弃其他一切特性，即暂时撇开客观对象的其他一切特征，而只对事物的量或空间形式经过高度抽象，在"纯粹"状态下进行研究。同时，它的推导和演算又都是用符号形式（包括图形、图表）来表示的。③ 因此，数学文化强调的是一套有关数的特定观念的内在逻辑和一致性。

数学是硬学科，它的推理和结论是无可争辩、毋庸置疑的，具有高度的精确性。"数学是一个对错分明的学科"④，一位受访者如是说，这体现在数学学科逻辑的严密性和结论的确定性上。这一学科特质决定数学学科的研究者容易达成共识。与其他学科相比，数学研究比较容易做出评价，例如常常会听到数学研究者说"A 比 B 好，或者说某个研究比另外一个研究好"。之所以容易做出评价是因为数学推理过程的严格和可靠性，这一推理更多是从公理⑤中而不是观察中获得。数学都是以逻辑推理的形式表达量的关系或空间

---

① 罗素（Earl Russell，1872—1970），英国哲学家、数学家和逻辑学家，同时也是活跃的政治活动家，并致力于哲学的大众化、普及化。1950 年，罗素获得诺贝尔文学奖。

② 靳萍：《科学的发展与大学科普》，科学出版社 2011 年版，第 47 页。

③ 叶立军：《数学与科学进步》，浙江大学出版社 2011 年版，第 7 页。

④ 这是一位受访数学教授的原话：Mathematics is more caught and drought than other disci-plines。

⑤ 公理（axiom），是指在许多科学分支中所共有的一个不证自明的假设。公理是不能由演绎原则来推导的，也不能经由数学证明来决定对错，只因为它们是起点；公理无法由任何其他地方推导而来。来自维基百科。

形式的，数学的一切结论只需由也必须由严格的逻辑推理来得出。因此，一切数学结论都具有逻辑上的必然性和量的确定性，[①] 可以将数学学科的基本风格概括为优雅和精确相结合。[②]

正因上述认识论维度的学科文化特质，一位数学教授指出，"从事数学研究是一个不一样的故事"。不一样的故事反映了什么样的研究文化？

> 从事数学研究，并不是说你学到一定阶段就自然而然地能从事数学研究。就学习而言，每个人只要足够努力、投入足够多的时间就能学习。但是，从事数学研究是一个不一样的故事。你基于现有知识创造出一些新的东西，但经历这个过程是因为你不清楚，因为你不知道答案，探寻答案是孤独的、智识上的探索过程。

数学研究重视理解和缜密思考，而不是记忆；研究是思考、推理和论证的过程。柏拉图说：几何学使灵魂趋向于真理，进而创造出哲学精神；算数迫使大脑去对抽象的数进行推理，不让那些可见的和可接触的对象进入论证之中。[③] 从事数学研究不仅仅需要研究者的努力和投入，更注重理解力、创造力，甚至天赋。与其他学科的受访者相比，数学学科的几位教授在访谈中频繁地提及伟大数学家的名字，尤其赞叹其天赋与智慧。

数学形成了个体独立探索的学科文化。一位数学教授说，"我的博士生很少，有时候我只有三个学生，他们之间的交流也不多。也许我不擅长组织团队，但是数学研究在很大程度上是独立的事情，这很大程度上是学科本身造成的"。总之，数学学科的文化强

---

① 叶立军：《数学与科学进步》，浙江大学出版社 2011 年版，第 8 页。

② ［美］克拉克：《高等教育系统》，王承绪、徐辉译，杭州大学出版社 1994 年版，第 88 页。

③ ［美］克莱因：《西方文化中的数学》，复旦大学出版社 2004 年版，第 464 页。

调个体独立探索与智识思考。

第二节　博士生培养的理念与导师指导方式

以往对博士生培养的研究往往将数学与其他自然学科归为一种类型。[①] 但是，从学科文化看，数学学科注重智识探索、纯粹思考等文化特质。在此种学科文化影响下的博士生培养也呈现出有别于化学等自然学科不同的文化特点。

一　培养理念

本书的受访者指出，如何培养博士生成为独立有潜质的研究者是数学学科博士生教育的核心理念。借用卡内基博士教育项目的定义，数学学科的目标是培养生产、积累和转化学科知识的研究者。[②] 据统计，学术界是数学学科博士生最主要的就业市场，占 2/3 以上。[③] 学术就业市场对数学人才的挑选注重博士生的研究工作及其所展现的研究潜质。数学学科评价博士生的标准是学术论文所体现出的研究水平——博士生要生产出具有创新性的、有结果的学术论文，并以此证明自己是有"研究潜力""出类拔萃"的研究者。

　　学生研究做得比较好的、出类拔萃的，自然容易找到工作。对老师来讲，希望学生找到好工作的话，就要让学生做出好的成果来，对于学生来说就是希望写出好的论文。但是具体做什么样的题目，关系不是太大。例如说，数学系在招人的

----

① 如英国学者德拉蒙特（S. Delamont）指出，在自然学科，导师和博士生都有固定、清晰的身份认同，导师是管理者的角色，而博士生是接受者的角色，称之为技术理性指导模式。Delamont, S., P. Atkinson & O. Parry, *The Doctoral Experience: Success and Failure in Graduate School*, London: Falmer Press, 2000.

② Golde, C. M., Walker, G. E. & Associates, eds., *Envisioning the Future of Doctoral Education: Preparing Stewards of the Discipline*, San Francisco: Jossey - Bass, 2006, p. 122.

③ Ibid., p. 99.

话，不管你做什么东西，只要做得好就可以，这说明你有研究
潜力。

同样，数学学科教师评价博士论文的质量标准也是研究结果的
创新性。当然，从形式上看，博士论文"有的是多年以来研究的汇
总，有的论文是一个突出的成果、一个别人没有解决的问题"。

尽管大部分博士生毕业后从事学术之职，但就"培养什么样的
博士生是成功的"而言，数学学科的教师并非将博士生毕业后是否
从事学术职业作为衡量标准，而是更看重博士生在读期间的智识探
索经历，诸如博士生是否具有自我激发（self – motivated）的能力，
以及能否创造出有价值的研究。一位受访教师说：

> 如果学生获得博士学位后，没有进入学术界，没有成为教
> 授，而是成为保险精算师，为公司工作。我认为这也是成功
> 的。因为博士生拥有了这段智识探索的经历，将使其终身受
> 益。所以，我希望他们在读期间有一个很好的智识探索的经
> 历，并创造出一些有价值的研究。

因此，可以将数学学科博士生教育的理念概括为：在智识探索
的过程中培养博士生的创新和自我激发的能力。

此外，对博士生教学能力的培养也是导师提及的博士生应该具
备的素质之一。数学学科博士生的资助主要靠教学和奖学金。教学
是数学学科博士生的重要任务之一，甚至成为 R 大学资格考试的考
核与评价标准之一。这与英语学科很像："博士生基本上是靠教课
获得资助的，有很多教课的机会，因为我们有很多学生要教。在数
学领域，我们的教学任务远远多于其他系，英语也是。"总体上看，
博士生有两项任务：研究与教学。但是，如何平衡教学与科研的关
系是数学学科博士生面临的难题。正如受访导师所分析的：一方
面，博士生需要花大量时间用于教学以获得资助，但不可否认的是

过多的教学实际上挤占了从事研究的时间与精力。因此，"博士生仍旧需要平衡教学和研究之间的关系。有些博士生被教学分心过多，以至于他们不能做科研了"。另一方面，无论是从获取博士学位的要求，还是劳动力市场的选才标准看，研究的重要性远远大于教学，"研究更大程度上影响了他们的生活，因为研究影响了他们的博士论文和就业"。

二　导师在博士生论文选题中的指导方式

如前所述，从事数学研究注重天赋、兴趣等先赋性因素。数学学科的几位受访者均直接或间接地表达了这一观点：越有天赋、越具有自我激发潜质的学生，越少需要导师的指导，"就像陈省身①所说，如果一个博士生连导师的面都没有见过，但是做出了好成果，这是最出类拔萃的学生。像一些好的数学家，一些有名的数学家，他们（的学术成就）都远远超越了他们的导师、比他们的导师要好得多"。数学学科文化对博士生培养的影响不仅体现在培养理念上，也潜移默化于导师对博士生的指导方式之中。

就博士论文选题而言，导师认为博士生的研究问题应该来源于博士生自己的思考和兴趣使然。博士生应该有自己独立的研究课题，而导师很难给博士生指定研究问题。受访教师解释如下：第一，数学研究是一项注重个体智识独立探索的活动，从事数学研究是个体化的思考过程；第二，对数学研究来说，兴趣高于一切，博士生要从事自己感兴趣的问题，要有自己发现问题的能力；第三，学科领域内总的研究问题是相对有限的，而数学研究问题的提出需要一定学科知识的积累，导师指定的研究问题并非是博士生可以驾

①　陈省身（1911—2004），美籍华人，籍贯浙江嘉兴，国际数学大师，20 世纪世界级的几何学家。他在整体微分几何上的卓越贡献，影响了整个数学的发展，被杨振宁誉为继欧几里得、高斯、黎曼、嘉当之后又一里程碑式的人物。曾先后主持、创办了三大数学研究所，即"中央研究院"数学研究所、美国国家数学研究所、南开大学数学研究所。他也造就了一批世界知名的数学家。笔者在对数学系三位受访教授的访谈中，陈省身的名字均被频繁提及。

驭的。因此，导师强调博士生的论文选题应该是博士生自我兴趣引导、不断探索与寻找的过程。一位数学学科的教授说，"博士生在看了一定程度的文献后，自然而然就会产生一些问题，一些问题对你感兴趣的话，你就在这个问题上做下去，一般如果你幸运的话，只要你做出来一些东西，你就写出一个好的论文，但是这个题目不一定就是你的导师给你的"。

导师的指导方式是给博士生指引一个研究领域，而不是指定一个明确的问题，例如一位数学教授说，"我不会给学生指定一个问题让他开始做研究"。当然，在博士生寻找问题的过程中，导师会与博士生讨论，根据博士生的研究兴趣提供参考资料或前人研究进展，评估博士生研究问题的适切性。但论文具体题目的选定是博士生自己的事情，如受访教授所言：

> 导师在很大程度上并不会强加学生做一个什么问题，通常是一个互动形式。开始是大家在一起学一些东西，看一些书，学生在看的过程中会自发性地提一些问题，当然另一方面，学生在提问题的时候可能是一些不太成熟的想法，或者是他们自己没有意识到有些问题的答案实际上已经有了。所以需要导师帮他们做一些校正。与此同时，导师也在慢慢跟学生的接触中对学生开始有了解，这个学生在什么地方比较强，哪方面的问题比较适合这个学生。导师会提一些诸如此类的建议。……但是具体到做什么样的题目，做到什么样的程度，是博士生自己的事情。

但是，师生互动和讨论实际上也要求教师自己必须要从事该领域的研究，用受访教授的话说："教师自己必须要思考该领域的问题，自己要卷入研究。"

与其他自然学科不同，数学学科是一个积累性很强的学科。德国数学家汉克尔（H. Hankel）[①] 形象地描述了数学学科的积累性特征：在大多数学科里，一代人的建筑往往被下一代人所摧毁，一个人的创造被另一个人所破坏；唯独数学，每一代人都在古老的大厦上添加一层楼。[②] 学术研究重视知识积累的特征对博士生培养的影响在于，博士生需要在逐渐积累学科知识的基础上找到自己的研究问题，这是博士生个体的智识探索过程。当然学科文化本身的其他特质，诸如认识论上的抽象性、注重个体独立探究的风格，也促成了博士生独立从事科研的文化的形成。

第三节　师生互动结构

数学是无贷治学的学科，并不需要实验室等有贷资本的支持从事研究。无贷治学的学科更强调研究者内在的激情与对学科纯粹知识探究的欲望，体现在博士生指导实践中是师生各自研究问题的独立性，导师对博士生的研究问题提供的更多是旁敲侧击式的探讨与启发。从导师的研究课题与项目来看，并不需要团队集体作战。就外显性的资助而言，博士生的研究课题也不需要导师提供物质性的支持，博士生的奖学金通常独立于导师的课题。

一　师生互动的特点

（一）师生互动方式

数学学科的师生互动形式也与其他自然学科存在差异。数学学科的科研活动并不依赖于实验室等物质资源，而更强调研究者的内在激情与智识探究。因此，从知识生产的社会条件看，数学学科博士生的研究课题不需要导师提供物质资源的支持；同样，导师的科

[①] Hermann Hankel（1839—1873），德国数学家，生于萨克森安哈特洲哈雷市。汉克尔的著名贡献包括他提出的贝塞尔方程的一类特殊函数解（称为"第三类贝索函数"或汉克尔函数），和线性代数中的汉克尔矩阵。

[②] 靳萍：《科学的发展与大学科普》，科学出版社 2011 年版，第 49 页。

研课题也不需要团队集体作战，博士生几乎不参与导师的科研课题。从博士生是否对导师的研究有帮助的角度看，在化学学科，博士生参与导师的课题主要承担"做"（do）实验的任务，这对导师有直接帮助，这种贡献是有形和直接的；但在数学学科，师生双方的互动以讨论为主要形式，更多是谈话取向的，而不是做事取向的，师生互动的意义更多体现在思想、思维上的启发（stimulating），而非课题任务的完成。如受访教授所说：

> 在不少理科，会有大的实验室，博士生对教授是有帮助的（helpful）、有用的（useful）。但是数学系的博士生永远都不会对导师有什么帮助（helpful），他们于导师的意义更多是通过讨论获得启发，等等，但是学生从来不会帮我做研究。当然，这样说有些夸张，也许博士生会对教授有些许帮助，但基本来说是没有帮助的。因为是我在教（teach）博士生，这种"教"更多是口头的指导。

因此，就数学学科师生互动的形式看，以互相启发与讨论为主。博士生很少会直接贡献于导师课题的具体实施。

调查发现数学学科与英语学科有些相似：博士生学位论文与导师科研并不一定交叉重合，博士生很少对导师的课题做出贡献。一位数学教授在访谈中提及："数学学科博士生的指导方式有些类似于英语学科。因为在数学学科，博士生对教授的研究没什么帮助，这在英语学科和数学学科都是如此，的确没什么帮助。"

在数学学科，师生互动往往以讨论博士生的研究为主，并没有明确的课题项目，因此更多是一种纯粹学术问题与知识本身的探讨，没有明确的技术和技能知识培养的诉求。具体互动内容往往是博士生汇报研究进展、导师提问并给予建议。有意思的是，几位受访者都表示喜欢与博士生讨论时向学生发问，如：

通常学生说得比我多，我做的事情是问很多问题。

他（博士生）向我谈谈一星期以来有哪些进度，我根据他跟我讲的情况给他提些问题、建议。

探寻教育理论渊源，"发问"是启发式教学的核心内容，是一种师生互动的方式。苏格拉底是西方启发式教学的创立者。他倡导在与学生的沟通中使用"产婆术"的教学法，提出教育者只能如助产士帮助产妇生子那样去启发和引导学生发现真理与获得知识。[1] "产婆术"的规则是：使自以为知者知其不知，再使自以为不知者知其所知，它的运用从教育者不自以为知出发。[2] 数学学科的师生互动体现了产婆术教学法的精髓，即导师通过不断地发问，不断地刺激和启发博士生，以达到开发博士生研究潜能的目的。

赞赏个体独立探索、鼓励博士生自己寻找问题的数学学科，其师生互动频率相比化学等理科较低。受访导师指出自己与博士生的会面频率大概是一周一次，一次见面为一个小时左右。而这种定期会面制度是希望博士生能不断推进研究。一位受访者回忆自己30年前的被指导经历时指出："我与我当时的导师大概一周见一次面，当然如果我有需要的话可以随时去找他。"

（二）师生关系

与化学学科通过实验室轮转制度确定师生关系的形式不同，数学学科师生关系的建立较晚。通常情况下，资格考试的通过标志着师生关系的正式确立。受访教师如是说：

资格考试实际上并不是考的几个题目，实际上是对这两年来大家在一起合作、学习的一个检验……如果导师让你通过了

---

① 杜永红：《试论苏格拉底"产婆术"教学法及其实践价值》，《现代教育科学》2005年第5期。

② 陈桂生：《孔子"启发"艺术与苏格拉底"产婆术"比较》，《华东师范大学学报》（教育科学版）2001年第3期。

资格考试第三层级（Tier3）的考试，对于导师来说，就像签下来一个合约一样，表示正式宣布：我愿意收你作为我的学生，那么导师就开始指导博士论文。如果一个导师不让你通过资格考试第三层次考试的话，在某种形式上导师就是表示：对不起，我不能接收你。

导师与博士生建立和评价师生关系甚至会以对方的"兴趣"或者"对数学的热情"为标准。一位受访者回忆了 20 年前自己与导师的关系，尽管他的导师常常用负面的语言与他交谈，甚至使他感到害怕，但是他认为导师对数学的激情与着迷对他的影响至深，而这是他最为看重的。他说：

> 我的导师是一个很极端的人，他很难相处，他会说一些让你觉得不舒服、恶意的话，这让人不太好受。但是他超爱数学。这对我来说是非常非常重要的。他永远都对数学充满了热情。

支持以上观点的另外一个例子，是一位受访数学教授与他的一位博士生的故事。该受访教授提到，他曾经指导过的一位博士生不知道如何做研究，博士期间已经换过导师，后来又找到他担任导师，但是研究进展仍旧极其缓慢，后来他建议该博士生应该考虑是不是真的对数学感兴趣，并且说了一些负面的话，后来师生关系终止。这里一方面可以看出数学学科对个体兴趣的强调，同时，如果博士生自己没有兴趣，导师也很难帮助博士生。也就是说，博士生与导师对数学的兴趣、热情在很大程度上决定了师生关系的走向。

二　导师的角色与功能：点拨者

数学学科的导师在博士生学术成长中的作用可以概括为：关键时刻的"点拨者""引路人"或"指引者"。导师如能起到学术领路人或者点拨者的角色，实际上要求导师自身也要投入学术研究。也就是说，导师对学术研究的投入在一定程度上会影响博士生的培养与成长。因为只有教师投入研究才能了解学术领域的前沿与发展，才能对整个领域有一个整体的把握，才能对博士生的论文题目进行把关。

从制度规定看，导师的角色是：资格考试、论文答辩中的主要把关人，论文审阅中起主要作用的人。同时，教师也会与博士生就教学等实际问题进行间接指导，或者向学生传授教学方法。

此外，本书的几位受访教授均在不同程度上提出了这一观点，即博士生的真实能力/天赋与导师的作用成反比。数学学科强调研究者的先赋因素，诸如兴趣、天赋。因此，受访者认为真正好的学生成功与否不在于与导师的互动时间多少，甚至不需要导师付出太多。一位教授说，"如果看一个学生毕业了，导师起了80%的作用的话，在某种意义上就说明这个学生的实际质量不是那么高"。

三　师生合作研究

比彻在《学术部落及其领地》一书中指出，在数学领域，合著的文章数量始终适中。表面上看似单独工作的数学家却非常重视与同事讨论研究问题。产生这一反常现象的原因是，尽管数学研究领域的结构不如物理学、生物化学的主要研究领域那么紧凑，但仍然受控于研究环境的强烈影响，如果研究者对自己的研究感到棘手，与他人交谈是有帮助的。此外，许多数学问题具有整体的特性，而不是分裂的；它们不能被划分成毫无关联的部分，而必须作为一个复杂整体来理解，需要独立、精深的专注。因此，正式的合作通常只存在于两个人之间，其基础是共同任务和分解任务，而不是划分任务。①

本书的受访者指出，数学学科合作论文的数量与三四十年前相

---

① ［英］托尼·比彻、保罗·特罗勒尔：《学术部落及其领地》，唐跃勤、蒲茂华、陈洪捷译，北京大学出版社2008年版，第133页。

比呈现增加趋势。一位受访教授（男）认为，原因之一大概是女性群体的增多,[①] 而数学在传统上往往是男性主导的学科。学科内部成员性别结构的变化对学科文化也产生了微妙的影响，诸如愈加注重沟通的品质，而且认可与他人的交流有益于解决难题。他说，"我想40 年前，绝大多数的数学文章是单独作者发表的。而现在可能越来越多的文章是两个或三个作者合作研究的。研究生之间也会互相讨论。我想，交流是很重要的。我猜想，与 40 年前相比，数学专业的女性越来越多，这也在某种程度上改变了学科文化，因为女性喜欢谈话、沟通。相应地，如果数学学科想吸引女性，也要在其研究活动中涉及更多的沟通和交流。所以说呢，也不完全是孤独的，与他人的交流也很重要"。尽管特定学科学者群体的性别结构是否或在多大程度上改变学科文化这一猜想有待考证——当然这也不是本书关心的问题，但是，至少我们能看到数学鼓励沟通交流的文化已经出现。

奇妙的数学文化——既重视个人独立思考又鼓励适当与他人交流；既重视精深钻研又强调数学的整体性，这促成了数学学科领域内也会有适当的合作，但这一合作完全基于双方的研究兴趣以及在研究中的实际贡献。

同样，博士教育中师生双方的合作研究也遵守如上学科文化的规则与规范。因为"研究活动过于独立，博士生会产生研究动机不足的问题"。在数学领域，师生合作呈现递增趋势，是一种"自然而然"的合作过程，博士生与导师之间的合作研究也逐渐增加。

但是，如何衡量师生双方在合作研究中的贡献呢？与化学学科导师肯定会在文章中署名的规则不同，数学学科指导与合作的边界是清晰存在的。受访者指出，尽管导师会在学生的博士论文研究中

---

① 关于理工科中的女性学者和博士生群体的研究，是另外一个值得探索的研究课题。例如：Etzkowitz, H., Kemelgor, C., Neuschatz, M., Uzzi, B. & Alonzo, J., "Gender Implosion: The Paradox of 'Critical Mass' for Women in Science", in Nerad, M., June, R. & Miller, D., *Graduate Education in the United States*, New York: Garland Publishing, Inc., 1997, pp. 291 – 316.

给予启发式的指导，但基于博士学位论文发表的期刊文章，通常不会出现导师署名的现象，因为在导师看来，博士学位论文往往是博士生自己的"想法"（idea），导师在其中是"指导者""点拨者"。导师必须真正投入研究、贡献想法才能达成师生合作发表论文的基础。数学学科师生是否合作发表论文的判断标准是：双方有没有在论文中贡献"思想"。这是数学学科的文化传统。

师生双方是一种隐性、潜在的合作。尽管导师在博士生的论文研究中给予了指导或讨论，但是发表的论文并不会把导师列为署名作者，而是以致谢的形式表达对导师的感谢。一位数学学科的教授这样陈述道：

通常导师的确对论文有所贡献，但学科传统是你需要写博士论文然后将其中的一些内容发表，也许是发表一篇或者两篇、三篇。博士生通常只在致谢部分感谢导师并说这篇文章是源自我的博士论文。除此之外，无须言它。而且传统上博士生也不会说我导师给了我这个思想……只简单地说，"感谢某某教授的指导"。

但是，导师更倾向于博士生毕业后的合作发表，

我在博士生毕业后与他们合作发表论文，一般是毕业后一年或者两年。我还没有与在读博士生合作发表过论文，即使我在他们的论文中贡献了一些观点，但这是学生自己的工作，这是我们学科的传统。

第 七 章

以技能培养为主的团队互动
培养方式：经济学

本章主要分析经济学科的案例。软—应用学科强调知识的功能性、功利性，通过软性知识获得技能；关注职业实践，大量使用案例研究和案例法则。[①] 经济学科强调实用性与效率以及团队合作的学科文化特质，这对博士生的培养理念、指导方式以及师生互动产生了重要影响。

第一节　经济学的学科文化

"给我一个只有'一只手'的经济学家！"已故美国前总统杜鲁门（H. Truman）曾非常幽默地说，"所有经济学家都是两方面分析琢磨，没有人敢说哪一方绝对正确"。[②]

杜鲁门之所以这么说，是因为经济学家常常使用"一方面"与"另一方面"这种模棱两可的词语，而杜鲁门希望他们能够给他一个确定的答案。这实际上反映了经济学知识的"软"特征，

---

① ［英］托尼·比彻、保罗·特罗勒尔：《学术部落及其领地》，唐跃勤、蒲茂华、陈洪捷译，北京大学出版社 2008 年版，第 39 页。

② 哈利·S. 杜鲁门（Harry S. Truman，1884 年 5 月 8 日—1972 年 12 月 26 日），美国第三十四任副总统（1945），随后接替因病逝世的富兰克林·D. 罗斯福总统，成为了第三十三任美国总统（1945—1953）。此处引文英文原文为：Give me a one – handed economist! All my economists say，on the one hand on the other。

研究的结论并非具有物理、数学等硬学科的统一性和确定性。

但是，学界已有一些研究对经济学学科属性的划分存在不妥或模糊之处。有研究者将其划分为硬学科的范畴。① 这种认知实际上是被经济学科因数学知识的广泛应用而统一的表面假象所蒙蔽。笔者通过分析诺贝尔经济学奖、查阅经济学相关著作，并访谈学科内部成员，认为经济学属于软学科。② 当然，不可否认，经济学的学科属性在学科内部与外部历来就是一个颇有争议的话题。尽管经济学科试图并努力向硬学科发展，但实际情况是硬学科并不认同经济学的知识特性是硬；也有受访经济学家提出，比起英语等人文学科以及教育、管理等社会学科，经济学科的知识特征更硬，但与数学、化学等学科相比则其知识特性更软。稍追溯诺贝尔经济学奖的缘起与历史便可窥见这一纷争。

诺贝尔经济学奖是世界经济学领域最权威的奖项，它在很大程度上反映了经济学的发展进程以及经济学研究的最高水平。诺贝尔经济学奖的全称是"纪念阿尔弗雷德·诺贝尔瑞典银行经济学奖"（The Bank of Sweden Prize in Economic Science in Memory of Alfred Noble），它是在 1968 年为纪念瑞典中央银行成立 300 周年而设立的。按照诺贝尔③先生的遗嘱，诺贝尔奖最初只设立了物理学、化学、生理学和医学、文学以及和平奖 5 个奖项。除了和平奖和文学奖，其他奖项均颁给硬学科。诺贝尔奖设立 1 个世纪以来，曾经有许多

---

① 澳大利亚就业、教育与培训部的一个关于博士生教育的报告将应用经济学看作硬/应用学科。Cullen, D., Pearson, M., Saha, L. & Spear, R., *Establishing Effective Ph. D. Supervision*, Higher Education Division, Evaluation and Investigation Program, Australian Government Publishing Services, Canberra, 1994.

② 经济学属于社会科学。联合国教科文组织及美、英、德、俄罗斯、韩国、日本等国均将经济学科划分为社会科学的门类。参见叶继元《国内外人文社会科学学科体系比较研究》，《学术界》2008 年第 5 期。

③ 阿尔弗雷德·伯纳德·诺贝尔（Alfred Bernhard Nobel，1833 年 10 月 21 日—1896 年 12 月 10 日）是瑞典化学家、工程师、发明家、军工装备制造商和炸药的发明者。他曾拥有 Bofors 军工厂，主要生产军火；还曾拥有一座钢铁厂。在他的遗嘱中，他利用他的巨大财富创立了诺贝尔奖，各种诺贝尔奖项均以他的名字命名。人造元素锘（Nobelium）就是以"诺贝尔"命名的。

在诺贝尔先生遗嘱中没有提到的学科试图成为诺贝尔奖家族的新成员，以分享这项荣誉，但只有经济学成功达到了这个目的。不少经济学家认为"这无疑反映了经济学在整个人类科学体系中的重要地位以及经济学的科学性"。实际上，在瑞典中央银行正式与诺贝尔基金会和瑞典皇家科学院讨论这项建议之时，曾经发生过关于经济学是硬学科还是软学科的争论与分歧：

> 一些自然科学家不愿让经济学与物理学等"硬学科"处于平等的地位，担心经济学奖的"科学性"。一些皇家科学院的经济学院士，尤其是缪尔达尔①力陈设立经济学奖的重要意义和经济学的科学性，最终使皇家科学院接受了这个建议。②

但是，诺贝尔经济学奖的颁奖条件和规则与物理等硬学科有所不同。首先其全称是"纪念阿尔弗雷德·诺贝尔瑞典银行经济学奖"。其次，资金的提供者实际上是瑞典中央银行，每年提供一笔与其他诺贝尔奖资金相同的经费。诺贝尔经济学奖成立之初的争议，在一定程度上实际上是学科内外部成员对学科属性的分歧。

再看历届诺贝尔经济学奖的获奖内容，我们会发现，尽管其方法也就是技术手段越来越重视实证分析，而且这一趋势近年来愈加明显，但从研究问题、对象和结果看具有软学科的特点。参照诺贝

---

① 1968年，瑞典中央银行为纪念该行成立300周年，提议设立诺贝尔经济学奖。缪尔达尔当时为瑞典中央银行的经济顾问。缪尔达尔（Karl Gunnar Myrdal，1898—1987），瑞典人，是瑞典学派和新制度学派以及发展经济学的主要代表人物。他由于在货币和经济波动理论方面的开创性贡献以及对经济社会和制度现象的内在依赖性进行的精辟分析，于1974年和哈耶克（Freidrich Aughst von Hayek）一起荣获诺贝尔经济学家。

② 王文举：《诺贝尔经济学奖获得者学术思想举要》，首都经济贸易大学出版社2011年版。

尔经济学奖评选委员会前任主席阿瑟·林德贝克（Assar Lind-beck）[1] 的分析，可将经济学科分为一般均衡理论、微观经济理论、宏观经济理论、经济分析新方法和交叉经济科学五大类。统计表明，64 位获奖者的研究领域大致是：经济分析新方法 17 人、宏观经济理论 15 人、微观经济理论 14 人、交叉经济科学 13 人、一般均衡理论 5 人。从这一统计可反映出经济学发展的微观化趋势；经济分析新方法获奖人数最多，说明诺贝尔经济学奖十分看重经济分析方法的改进和突破。[2] 现代经济学的研究广泛运用数理方法进行经济分析，从某种程度看是提高了经济理论的严密性、精确性、逻辑性和可操作性。而采用数学方法与逻辑作为经济学的主要理论分析工具，是在新古典经济学兴起之后才得以充分应用的，"在代数方程式中阐述和在几何图形中解释的严密的形式论据将经济学引到了一个全新的、更加精确的专业讨论模式下"[3]。关于经济学与数学的关系，学界普遍的看法是"经济直觉是本，数学工具是末"，林毅夫[4]如是说。一个经济学家在研究问题时，是先对这个现象背后的原因有了直觉的判断，然后根据这个判断，再用比较严谨的逻辑来表达对这个问题的看法。数学模型是逻辑表示的一种方式，但并不是唯一的方式。[5]

---

[1] 阿瑟·林德贝克（Assar Lindbeck），生于 1930 年，瑞典斯德哥尔摩大学国际经济研究院教授，著名经济学家。1980—1994 年担任诺贝尔经济学奖委员会主席。曾获得多项殊荣，包括：瑞典皇家工程学院院士，瑞典皇家科学院院士，芬兰科学院院士，丹麦科学院院士，挪威科学院院士，美国经济学学会资深会员，伦敦大学经济学名誉博士等。2001 年曾获瑞典皇家工程学院金质奖章。他长期为瑞典政府、世界银行、国际货币基金组织、经合组织等担任经济顾问。

[2] 上海财经大学高等教育研究所编：《诺贝尔经济学奖之路》，上海财经大学出版社 2010 年版，第 9 页。

[3] ［美］富斯菲尔德：《经济学——历史的解析》，尚玉卿、杨倩倩译，人民邮电出版社 2011 年版，第 88 页。

[4] 林毅夫，美国芝加哥大学经济系博士，北京大学中国经济研究中心主任，教授，2005 年获选第三世界科学院院士，2008 年 2 月被任命为世界银行首席经济学家兼负责发展经济学的高级副行长。

[5] 王小卫、宋澄宇：《经济学方法——十一位经济学家的观点》，复旦大学出版社 2006 年版，第 30 页。

追溯历史，在 250 多年前，还没有经济学，经济理论只是道德哲学的一个分支，当时的经济学被称为"政治经济学"。后来经济学成为一门社会科学、软学科，之所以提出这一观点是从学科的研究问题、研究结论以及理论体系本身的知识属性进行的分析。这里引用美国学者富斯菲尔德（D. Fusfeld）比对经济学与物理等自然学科的精辟阐述：

> 经济学是一门社会科学，历史事件和意识形态的争论对它的发展有着重要的影响。这里存在着很大的矛盾：经济学中有些重大的发展是对社会政策进行政治争论的结果。经济学就像所有其他社会科学一样，与物理学和生物学有很大的不同，后者是从事实中逐步产生并通过实践研究最终形成理论，对理论进行进一步实验即形成一般性理论。社会科学和自然学科的发展有一些共同的模式，比如都使用"体系"来解释其原理的相关部分。在自然科学中，理论主要来自事实和证据的整理；在经济学中，理论的来源常常是政治和哲学争论。每一种意识形态体系都有相应的事实、假设和理论体系支持，这些对经济学而言都是极有价值的。[①]

从研究对象看，经济学是对社会现象的研究，"经济学总是在意识形态的斗争中产生的，无论它的代表人物如何维护它的'纯粹'和'科学'，但它从诞生就带上了'情绪'的烙印"[②]，而且研究是针对社会问题的解决并具有实用取向。关于经济学有许多玩笑，比如每 4 个经济学家就有 5 种不同的观点，老教授每年的考题都一样但答案都不同，这实际上反映了其研究结果具有不确定性与较强的时效性。林毅夫也指出：经济学没有放之四海而皆准的

---

① ［美］富斯菲尔德：《经济学——历史的解析》，尚玉卿、杨倩倩译，人民邮电出版社 2011 年版，第 2 页。

② 同上书，第 3 页。

理论。

综上所述，本书将经济学划为比彻所说的"软—应用"学科类别。

第二节　培养理念

与其他学科相比，经济学教授在访谈中更强调博士生的就业能力与专业技能的培养。经济学博士学位获得者既有到学术界从事学术职业的，也有到工业界、联邦机构或投行从事研究或实务工作的。经济学博士生培养具有灵活性与多样化的特点，而不单是对"学科看护者"的培养。

一　以博士生就业意向作为参考

当笔者询问经济学科的受访教授："您在指导博士生时的首要目标是什么？"受访教授均指出他们的首要目标是培养博士生具备就业能力并顺利谋得职业。经济学科教授对职业一词的理解不仅包括学术职业，也涵盖非学术职业。经济学专业的博士生有各种各样的职业选择和发展路径，一条路是学术职业，即进入高校从事学术研究或教学之职；另一条路是非学术职业，这是经济学博士生的重要就业途径。非学术职业包括两类：一类是非营利机构，如国际经济组织（像世界银行、国际货币基金组织）、美国政府机构（像美联储、财政部）、智囊团（像兰德公司）；另一类是商业机构，诸如投资银行、其他金融机构、咨询公司。[①]

灵活多样的就业去向实际上也要求导师对博士生的培养要具有灵活性，教师通常倾向于结合不同学生的职业定位培养博士生。受访者明确提出对经济学博士的指导并非只有一种模式，不同职业对

[①]　王小卫、宋澄宇：《经济学方法——十一位经济学家的观点》，复旦大学出版社 2006 年版，第 67 页。

博士生的素质与能力的要求会有差异。学术职业要求博士生具有创新力、独立的思想以及原创性的研究；对于拟到教学型大学教书的博士生，则更注重培养博士生的教学能力，相应的博士生也要投入更多的时间和精力用于教学；如果博士生的就业目标是国际货币基金组织（IMF）等非学术部门，则博士生要擅长与人沟通、具备写作以及可迁移性技能。一位教授的陈述体现出经济学科博士生培养的灵活性以及对博士生就业意向的重视：

> 对不同学生的定位不一样。我的标准根据博士生的就业期待不同而有所不同。例如，很多韩国学生想以后毕业回国，他们想在研究所工作。那么这个标准是很不一样的，对吧？如果你打算在美国的研究型大学谋得一职位，这与去韩国研究所工作的标准是不一样的。所以，根据工作的特质以及我对学生的期待，标准有所不同。如果你想从事学术职业，也就是从事学术研究，你得有创新能力，得有思想、有原创性的思想。如果你要回韩国的研究所工作就不是这样的标准，因为韩国研究所大多数研究工作是解决实际问题的，需要的不是原创性的思想，而是要看你有没有实用性的技能……

博士生的培养目标与博士生的就业目标息息相关，这在经济学科表现得非常显著。不同博士生的职业定位存在差异，导师甚至会根据其意向调整培养方式、内容以及学业要求。这相应地对导师的学识与经历提出了较高的要求——也就是说，教师对学术界、工业界或投资部门等所要求的人才素质与评价标准要有清晰的认识，而且要培养具备经济学的学科基础、理论与应用思维。

二 注重专业相关技能的培养

既然导师指导博士生的首要目标是培养博士生获得就业能力，那么博士生应该掌握哪些核心技能或具备什么样的能力？通过对访谈资料提取高频词，发现"技能（skill）"[①] 一词在经济学科受访教师的话语体系中频繁出现，例如一位受访教授提及 18 次，在另一位受访教授的访谈中出现了 13 次。受访者提到的技能（skill）主要包括：研究技能（research skill）、教学技能（teaching skill）、沟通技能（communication skill）、实用技能（empirical skill）、计算技能（numerical skills）、英语技能（English skill）、计算机技能（computer skill）、技术性技能（technical skills）、理论技能（theoretical skills）、计量经济学技能（econometric skills）以及整套技能（set of skills/combination of skills）、所有各种各样的技能（all these different skills that you need）。从以上所列各种技能，可以看出经济学科教授的话语体系里对"技能"的宽泛界定，以及学科本身鲜明的实用取向的文化特征。可以将受访者提到的博士生应该掌握的技能分为四大类：

- 专业技能（professional skills）。包括研究技能以及诸如理论技能、计量经济学等方面的专业知识技能。
- 技术性技能（technical skills）。诸如计算技能、计算机技能等实用技术方面的技能。
- 教学技能（teaching skill）。
- 软技能（soft skill）。这里的软技能是指沟通能力、英语表达能力。

专业技能是经济学博士生必须掌握的核心知识，是指经济学科本身的知识。在政策文本中以主修专业和辅修专业的形式规定。

但是，随着经济学学科的发展，导师越来越重视培养博士生的技术性技能，也就是政策文本中所要求的工具性技能。经济学教授普遍指出，现在对博士生的培养开始重视技术化的知识和技能，诸如数学、统计和计算机方面的技能。拥有数学、计算机等学科知识

---

① 关于 Skill 一词，牛津大辞典将其译为技能、技艺、技巧。根据受访者的表达，笔者选择技能这一译法。

背景的学生在博士项目的录取中越来越受到青睐。一位受访者向我们讲述了一位博士生的例子，他最好的学生之一——带着工科背景读 R 大学的经济学博士，尽管他对经济学一无所知，但是利用自己所拥有的计算机知识，也能把经济学做得很好，因为"现在计算机更为强大，你必须知道怎么使用计算机。而且，你需要知道什么样的问题是一个好的经济学问题，然后你借助计算机来解决提出的问题"。

拥有跨学科知识也是导师培养博士生技术性技能的一方面。做一名出色的经济学家，不仅仅意味着精通经济学的思维方式。数学和统计学的知识是必备的，当然，任何一位像样的经济学家必须会说专业语言。但是一名更出色的经济学家应该意识到与其他学科专家交流思想是有利可图的。经济学思维方式的专家通过与哲学家、政治理论家、社会学家、艺术史学家、文化人类学家等研究人类状况的专家交换思想，能够使自己充实。[①] 总之，博士生应该掌握整套的技能或各种各样的技能，"如果博士生想找到一个好工作的话，必须具备各种工具性技能，这是必须的，我也希望他们不仅要具有理论技能，也要拥有计量经济学和实用技能……我认为与过去相比，今天获得这些整套技能、学习各种各样的技能更为重要"。

对博士生技术性技能培养的重视显然受到经济学科实用性和关注实际问题的文化观念的影响。这一理念实际上已经渗透至 R 大学经济学系博士生培养的制度规定中。经济学系要求博士生在主修专业之外，选择两个支持性专业领域（supporting fields），也就是辅修专业。此外，政策文本要求博士生在第三年要完成工具性技能的相关课程学习。工具性技能是指主修专业、支持性专业领域之外的课程学习。尽管工具性技能的课程是必修，但并不记作学分。

----

① ［美］海恩、勃特克：《经济学的思维方式》，马昕、陈宇译，世界图书出版公司 2008 年版，第 83 页。

教学技能主要是通过鼓励博士生参与本科生的教学以锻炼其教学能力、增进相关经验。

经济学科之所以重视沟通、报告等软技能，源于就业市场对经济学博士学位获得者的素质要求。每年 1 月初，美国经济学会召开年会。其职能之一是提供一个全美国的经济学家就业市场运作的场所。会议一般召开 3 天，全世界几千名经济学家和即将取得博士学位的学生们聚集在一起。学术和非学术的招聘单位在会场外面试候选人，众多的供求双方在同一时间、同一地点见面交谈。面试通常持续半个小时。面试的人包括 3—5 名招聘委员会的成员，和某些同被面试人相同研究领域的教授。面试的人通常会问三个问题：论文要点是什么？有什么其他研究计划？能教什么课？为了回答第一个问题，被面试人要用 5—10 分钟概述其论文要点（这被称为 spiel）。[1] Spiel 尤指辞藻华丽，口齿伶俐，滔滔不绝的演讲或谈话。总之，经济学的就业市场对博士生的要求是具有经济学所需要的专业技能，而如何在短时间内简洁、清楚，同时丰富而有效地"展示"这些专业技能，则需要很强的展现能力和沟通能力。因此，教师也非常注重提供各种平台培养博士生的展现能力。

三　导师眼中的"成功学生"

与数学学科反复强调"天赋"对于从事数学研究的重要性不同，经济学科的导师强调诸如专注、踏实、努力等品质，受访者提到的关键词有埋头做事（put his head down）、努力工作（work hard）、专注做事（stay focused/ concentrate on）。如一位导师提到自己最优秀的一位学生，曾经在经济学顶尖期刊上发表了两篇文章：

---

[1]　王小卫、宋澄宇：《经济学方法——十一位经济学家的观点》，复旦大学出版社 2006 年版，第 63 页。

他不是天才。他所擅长的事情是埋头做事，专注做事，因此他能做出好论文。这与是不是天才无关。

另外一位博士生，有天赋，但最后的博士论文并不令人满意：

我的另外一位学生，可以算得上天才，但是我很难指导他。因为他是那种追求事事完美的人。但实际上不可能万事完美，最终他完成了博士论文，但论文不是很好，甚至没法投稿。所以说，最好的学生不一定是天才……在经济学我们要努力工作，写出论文（produce papers），所以核心不是看博士生的天赋。重要的是博士生要专注、努力工作，一阶段一阶段地推进学业。这是博士生应该明白的。博士生能否成功是他们可以掌控的，也许他们拿不到诺贝尔奖，这不是他们掌控范围的事。但是成功完成博士学业并发表论文是他们可以通过努力获得的，所以与是不是有天赋毫无关系。

从以上叙述可以看出，一方面导师看重博士生努力、专注工作的品质，另一方面，评价博士生成功的标准是发表论文并顺利毕业。

第三节　博士生培养的结构化与团队化

一　从课程到博士论文：结构化的培养过程

从外显性的制度看，美国经济学科博士生培养的结构化体现在课程、资格考试以及研究训练等博士生培养的全过程，且具有清晰的流程。经济学科的博士生在第一学年基本上都修习相同的课程，包括宏观经济学、微观经济学和计量经济学，并参加资格考试。①
从二年级开始，博士生开始选修相关领域的课程。到三年级，要经
历一个更大的飞跃，博士生开始思考自己的研究课题，并完成第三
年论文，完成从"修课者"到"研究者"的转换。在第四学年，
博士生需要提交开题报告，集中求职论文和博士学位论文的研究。
撰写第三年论文和求职论文并将其作为博士学位论文的章节已成为
全美经济学的传统（具体流程见表7—1②）。

表7—1 R大学经济系博士生培养流程

时间	学业进度	指导者
第一年	完成必修课（核心理论课程）；通过宏观和微观核心理论考试。非英语国家学生，需在第一学年一月份之前通过语言考试。	研究生事务主任和两位教师组成的研究生事务委员会（Graduate Studies Committee）负责博士生成为博士候选人之前的指导工作。主要职责：a. 制定、实施和评价研究生项目以及经济学系的政策；b. 规定经济学系研究生的录取申请工作；c. 评估博士候选人的进度；d. 制定研究生申请资助的相关规定。
第二年	完成高级计量经济学课程；完成两个支持专业领域（supporting fields）的课程；参加工作坊。	研究生事务主任；工作坊课程的教师。

---

① 资格考试在不同学校的名称各异，如 qualify exams，core exams，prelim exams。R大学的政策文本称之为 core theory exam，但教师在访谈中普遍用 qualify exam。在R大学，博士生只有通过宏观经济学、微观经济学这两门核心理论课程的考核才能继续攻读博士学位。博士生可以有两次机会，第一次是第一年末的5月份，第二次机会会是在8月份，如果两次都不及格就会自动丧失继续攻读博士的资格。资格考试的目的是为了保证博士生具有从事研究的能力和完成博士论文的基本知识。

② 该流程表是笔者根据R大学经济系的政策文本并结合一位经济学教授在访谈中画的流程图形成的。

续表

时间	学业进度	指导者
第三年	注册工作坊课程；形成初步指导委员会（秋季学期）；完成所有领域的课程；通过主修专业领域的资格考试；完成工具性技能要求的课程；完成第三年论文。	导师；指导委员会成员；研究生事务主任。在选择论文指导委员会的老师时要注意：导师是对你的研究问题感兴趣并且了解你的人，选择指导委员会成员时要确保：a. 委员会的成员能帮助你论文的某些方面；b. 在你毕业后仍旧能提供建议；c. 能与你以及导师和谐相处。
第四年	提交论文开题报告（秋季学期）；在经济学年会开始前至少完成论文的一章。	导师；论文指导委员会成员。如师生双方同意，则指导委员会成员自动成为论文指导委员会成员。
第五年及之后	博士论文研究；论文答辩。	导师；论文指导委员会成员。

（一）课程体系与资格考试

课程体系的结构化是美国经济学博士生培养结构化的重要特点之一。根据 R 大学研究生院的手册规定，博士生必须要修够 90 学分（credit hours）的课程。经济学系在此基础上对博士点的课程结构制定了更为明确与细致的规定，要求博士生必须修满 60 学分的必修课程，其中 57 个学分必须是经济学领域的课程，并列出了必修课的选课时间与具体名称。必修课程主要包括两部分：理论系列课程和计量经济学—统计系列课程，前者包括宏观经济理论、经济分析中的最优化理论、定价理论与市场等 5 门课程；计量经济学—统计系列课程包括统计学基础、回归和时间序列以及非线性和数据模拟 3 门课程。在第一学年标准化课程学习结束后，系里会举行统一的核心理论考试，教师普遍称之为资格考试，从内容上看，是对经济学基本专业知识也就是第一学年所学课程的考核，这是美国博士生教育淘汰环节的重要一关。受访者普遍指出，经济学科博士生第一年的课程（宏观经济学、微观经济学、计量经济学）与资格考试不仅是 R 大学经济学系博士生手册中的"规定性文本"，而且已然成为全美经济学的传统。[①]

博士一年级通过核心理论考试后，二年级开始专业化的训练，也就是说博士生需选择自己感兴趣的专业领域，并聚焦研究方向，同时研究生手册要求博士生必须参加经济学系的工作坊（workshop）。实际上，研究生手册对博士生高深知识的学习也有硬性规定，即要求博士候选人必须要选定一个主修领域（primary field），两个支持性专业领域。当然，博士生也可以攻读两个领域作为主修专业，再修一个支持领域。无论选择上述哪种方案，其中一个支持领域必须选择非经济学系的专业，这从制度上为博士生掌握跨学科知识提供了保障。在经济学科，大部分博士生会选择数学作为支持性专业领域。

与其他社会科学相比，为何经济学科博士生前两年的课程体系会有如此统一和详细的规定？尽管经济学科很难有放之四海而皆准的理论（结论），但是在 20 世纪 60 年代，数理经济学击败了其他方法，其胜出已经让各个主要机构的基础课程变得同质化，这进一

[①]　美国的博士生教育已形成一套独特的、逐渐向全世界流传的模式。从课程设置、考试筛选，到论文指导，美国的博士生教育模式的成功使得美国在经济学教育上在全世界占有绝对优势，这已是不争的事实。近年来，欧洲的不少大学在试图改革，向美国模式靠拢。特别引人瞩目的是欧洲大陆两个地方由从美国回去的经济学家办起了"特区"。它们的共同特点是打破传统方式，师资主要招聘美国毕业的博士，用英语教学，移植美国的考试、淘汰方式培养经济学博士。欧洲的其他大学中尽管也有归国的留美学生，但由于每一个地方的人数不够多，还谈不上在整体上推行美国的经济学教学模式。一个是位于法国南部的图卢兹（Toulouse，欧洲空中客车集团总部所在城市）。拉丰（Jean - Jacques Laffont）教授在 20 世纪 70 年代末从哈佛大学取得博士后回法国。先是在巴黎大学，试图推行改革，但阻力太大。后回到家乡图卢兹，在图卢兹社会科学大学内办起一个"特区"，后来发展成为研究所。90 年代中，梯若（Jean Tirole）教授辞去 MIT 的教职加盟拉丰的研究所，大大壮大了其实力。目前它们已有一二十名国际知名的教授，它们培养的博士可以角逐美国的经济学学术职位。它已成为一个受到国际承认的经济学教学研究机构。另一个是位于西班牙巴塞罗那市的 Pompeu Fabra 大学。这所大学 1990 年才建立，几乎与香港科技大同时建立。马斯可莱尔（Andreu Mas - Colell）教授 90 年代中辞去哈佛大学的教职后回到故乡主办它的经济系。这个系虽然起步晚，但是起点高，学生来自欧洲和拉美各国，用英语教学。这是继图卢兹之后又一个按照美国经济学博士教育模式办学，并逐渐受到国际经济学界承认的教学研究机构。钱颖一：《经济学科在美国》，《经济社会体制比较》2001 年第 6 期。

步巩固了它的地位。① 经济学科博士项目基础课程的同质化，反映了学科内部对专业化知识的共识，甚至是学科强有力的认识论霸权的形成。

（二）第三年论文、求职论文与博士论文

第三年论文（Third Year Paper），顾名思义是指博士生三年级撰写的论文。R 大学经济学系研究生手册规定，博士候选人应在第三学年完成一篇学术论文。通常，第三年论文是在导师和指导委员会的共同指导下完成的。导师是指导委员会的主席（chair），对博士生的论文写作起主要指导作用；指导委员会教师的选定依据是博士生的支持性专业领域，也就是结合博士生的主修专业和支持性专业领域选择来自不同系科的教师，为博士生的论文研究提供具有不同学科知识与方法的教师，进而为博士生论文研究提供多元化的帮助。第三年论文对博士生培养的重要意义在于，引导博士生体验研究，熟悉研究路径。同时，对于导师来说，也将第三年论文研究作为判断博士生性格、研究水平以及工作方式的途径，以便后期更有针对性地指导博士生。

此外，经济学科还要求博士生准备求职论文，这已成为全美经济学科的通则。求职论文是博士生在找工作时递交给应聘单位的学术论文。钱颖一对求职论文的阐述非常细致：即将毕业的经济学博士要想找到一份学术工作，如大学教授职位，最重要的是准备一篇求职论文，这篇论文通常是博士论文中最有分量的一部分。求职论文的最低要求是通顺流畅，有意思，有新意。论文大致有两类：一类是理论的（theoretical），另一类是实证的（empirical）。如果是以理论为主的论文，应有新模型、新结果；如果是以实证为主的论文，应有新方法（或新数据）、新发现。通常在一篇论文中，经济

---

① Breslau, Daniel & Yuval Yonay, "Beyond Metaphors: Mathematical Models in Economics as Empirical Research", *Science in Context*, Vol. 12, No. 2, 1999, pp. 317 – 332. 转引自［美］拉蒙特《教授们怎么想——在神秘的学术批判体系内》，孟凡礼、唐磊译，高等教育出版社 2011 年版，第 66 页。

想法是最重要的，数学和计量方法是为了体现和执行经济想法。①
求职论文的作用有两方面：一方面是用于求职，这也是最重要的目标；另一方面，求职论文也是博士论文的一部分。一位受访教授如是说：

> 求职论文在经济学科非常重要，是毕业论文的一部分或其中一章。求职论文应该精炼，并且是一个非常完善的研究。
>
> 求职论文是博士论文的部分章节，通常是最好的章节。等你找工作的时候，没有必要把整个博士论文都发给应聘单位，只需要发一篇文章，也就是求职论文，在这个基础上他们决定是不是要给你面试机会。

经济学科的博士学位论文通常是几篇学术论文的松散结合体，包括第三年论文、求职论文或其他学术论文。一位经济学教授对比了经济学与其他学科博士学位论文的区别："在文科，博士生花大量的时间写一本书，这是他们的博士论文，是一个连贯的体系。在理工科，博士生在实验室里工作，他们的产出是多篇学术论文。在经济学，现在很少写一本书作为博士论文，当然过去会写一本书作为博士论文，但现在不是了。因此，大部分情况下，经济学博士生将三篇学术论文松散地结合在一起，其中最好的一篇作为求职论文。"从受访者的这段话我们发现，实际上经济学博士生培养的要求已经发生了很大变化，这背后深层次的变化是学科知识以及研究取向发生的变化。因此，现代经济学发展到目前这个阶段，对博士论文的要求是几篇学术论文的整合而不是著作。即便是教授的学术贡献也主要看论文而不是著作。这是经济学科与其他一些社会学科

① Breslau, Daniel & Yuval Yonay, "Beyond Metaphors: Mathematical Models in Economics as Empirical Research", *Science in Context*, Vol. 12, No. 2, 1999, pp. 317 - 332. 转引自［美］拉蒙特《教授们怎么想——在神秘的学术批判体系内》，孟凡礼、唐磊译，高等教育出版社 2011 年版，第 66 页。

的不同之处。比如，政治学里相当多领域的博士论文要写成书，经济学里几乎没有将博士论文写成书出版的。经济学发展到今天的程度，有大家共知的概念和框架，不需要铺垫，可以直接上来就论述自己的贡献。[①]

总之，在结构化的培养过程中，经济学科形成了包括资格考试、第三年论文和博士论文开题等一环扣一环的严格的淘汰体制。

二　置于团队中的博士生培养：工作坊和午餐会

经济学科博士生培养的结构化不仅体现在课程、资格考试和论文开题等培养环节，工作坊和午餐会等团队活动也使得博士生培养更为结构化。工作坊与午餐会是导师培养博士生的团队互动平台，借此训练博士生的研究能力、报告能力和展现能力。置于团队结构中的博士生培养提高了师生互动和指导效率。

（一）工作坊

经济学科非常注重工作坊这种团队互动结构在博士生学术社会化中的作用。R 大学经济学系每年都开设一系列的工作坊，而且在政策文本中明确规定：博士生通过资格考试后必须要参加所在专攻领域的工作坊，并且要正式选课，参加时间不少于三学期。此外，经济学系的研究生手册也明确列出了工作坊的名称和相应的课程编号。从某种程度上可以说，工作坊已经成为 R 大学经济学博士生的必修课。

工作坊是以经济学的专攻领域为基础形成的。工作坊的意义，从宏观上看，可以提升学系的研究氛围和学术环境。对于博士生培养来说，工作坊是博士生获得学术训练和学科社会化的平台。具体来说，博士生可以通过参加工作坊了解本学科的研究范式，报告自己的研究课题并获得来自教师、博士后、博士生等群体的多元化

---

① 王小卫、宋澄宇：《经济学方法——十一位经济学家的观点》，复旦大学出版社 2006 年版，第 61 页。

帮助。

（二）午餐会

与已形成正式制度的工作坊相比，午餐会（Lunch Meeting）是特定研究领域的学者自发组织的非正式的团队互动结构，而且参加人员的研究兴趣更为集中。以 R 大学经济学科某教授所参与的午餐会为例，其组织形式通常是博士生报告其研究，参与的教师予以指导，指导的内容不仅侧重于博士生的学术能力，更注重博士生报告研究的能力。

博士生指导教师注重在午餐会的团队结构中指导博士生，目的主要有如下几方面：第一，通过团队训练博士生报告研究的能力，提供平台让博士生练习如何报告自己的研究。第二，培养博士生的自信心、沟通技艺以及恰到好处的演讲方式。受访教师强调，这正是博士生就业面试所必需的素质。从某种程度上可以说，午餐会旨在通过博士生报告论文的方式训练其展现自己素质的技艺，如：博士生做报告时所表现出来的感觉"既不能太傲慢又不能太谦卑，而是要在两者之间找到一个恰到好处的令人舒服、充满自信的感觉"。同时，教师也希望博士生在午餐会上锻炼如何"简练"（succinct）、"清楚"（clearly）地表达研究结果。因为在参加就业面试的时候，博士生需要在有限的几分钟面试时间内向高校和科研机构、金融机构、银行等应聘单位展现自己。一位受访经济学教授详细地描述了所在方向的几位教师组成的"星期五午餐会"（Friday Lunch Meeting）：

　　每周都有博士生在午餐会上做 20 分钟左右的报告。报告主题可以是近期正在做的研究或者一些新的研究。参加者有研究生和几位教师……我组织星期五午餐会的首要原因是要锻炼学生做报告的能力。因为无论是国际学生还是本土学生都需要学习如何做报告。做报告是有其技艺的，诸如学习如何简洁地表达，如何清楚地传达观点。大部分时间我们对博士生的报告都相当具有批判性……第二，我希望博士生学习如何在导师之外的其他人面前说话，他们必须有能力在观众面前演讲、懂得如何沟通。在找工作的时候，你要在一帮宏观经济学家、计量经济学家，甚至是工业界人士面前做报告，如果你不能以他们所理解的方式与他们交流的话你就找不到工作。所以博士生必须学习如何沟通交流。第三个原因是，学生要建立自信心。他们必须要习惯站在那儿讲他们的研究。当然在谈话的方式上也要注意，既不能太傲慢又不能太谦卑，而是要在两者之间找到一个恰到好处的令人舒服、充满自信的感觉。我们试图帮助学生找到一种令人舒服的谈话方式，即在傲慢与谦卑之间的合适位置。我们希望我们的博士生当众发言的方式是令人舒服和自信的。

第三，博士生导师与博士论文指导委员会的教师借午餐会的平台共同指导博士生，实际上提高了指导的效率。一位具有丰富指导经验的教授说："我指导的博士生很多。你想我要是与每个博士生都单独在办公室见面的话太耗时了。因此，周五的报告是更为有效的。我给他们一些指导，其他老师也会给他们指导，对吧？这样他们在同一时间获得了很多不同的指导，博士生就不用与我见完面再去一个一个地见论文指导委员会的教师。"总之，经济学倾向于将博士生的培养置于正式或非正式的团队结构中，在团队互动中督促博士生的学业进展，训练博士生的学术研究能力和就业相关技能，在团队结构中指导博士生也提高了师生互动的效率。

第四节　导师指导方式与师生互动

一　导师在博士生学业进展中的角色与功能

在 R 大学经济学科，导师通过结构化的培养程序、团队互动结构督促博士生的学业进展。导师对博士生的指导风格是"推动型"。

从具体的学术指导互动过程看，导师更多是引导与帮助博士生取得研究进展，强调师生在团队中的紧密互动与对话。

（一）"推动型"的指导风格

经济学倾向于将博士生的培养置于团队中，通过工作坊和午餐会等团队结构指导博士生，以在团队互动中督促博士生的学业研究进度，诸如要求博士生定期做报告并汇报研究进展，以便教师及时给予指导与反馈。在结构化的培养过程中，经济学科形成了明确、严格、一环扣一环的淘汰体制，包括资格考试、第三年论文和开题。导师往往会通过博士生第三年论文研究来决定是否淘汰博士生，其标准是：第一，学生对学业的努力和投入程度；第二，师生工作关系是否愉快。受访教授说："有时候我指导五位博士生，但是经过第三年我就了解了与他们工作是什么样子，意识到不能与一些学生继续工作。有时候指导学生时，我会跟他讲，你为何不做这件事？但是他们不做。经过一年的磨合学生还是这样，这时我必须得告诉学生，我不做你的论文导师了……我淘汰了他们，他们就被正式淘汰了。"导师认为，可以通过这种方式达到筛选学生的目的，同时，也将第三年论文研究作为判断博士生性格、研究水平以及工作方式的途径，以便后期导师可以有针对性地指导博士生。

推动型指导风格的目的是希望博士生的学业不断取得进展并顺利完成博士学位。受访教师普遍强调，对博士生"好研究"的判断标准是"有进展"（make progress）、有"逻辑性"（logical）的研究，"对问题有所推进就足够了"（make a little bit of progress on a question and that is sufficient），因为"研究是不断积累的"（research is incremental），而不是"完美"（perfect）的研究。以下为经济学科教授的原话：

研究不是要完美，而是要好。研究要有逻辑性，这与完美不是一回事。

作为导师要让博士生知道研究是不断积累的，对问题有所

推进就够了，没有必要得做出很大的推动。……博士生应该报
告自己的研究，得到回馈，这是导师的任务。

我们周五的会上博士生要报告自己的工作进展。很多时
候，博士生想完成更多研究工作后才做报告。但是，我告诉他
们，在这个时间点，我不是希望你们展示给我一个完成的项
目，而是向我展示你的工作进度。

导师的重要职责是通过团队活动推动博士生的论文研究不断取
得进展，并在博士生汇报研究后及时给予反馈与建议。

为了更严格地推动博士生的学业进度，R 大学经济学系制定了
一条通过资助督促博士生尽快完成学业的规定：第五年之后系里不
保证任何资助，"制定这一规定的目的是创造一定的动力让博士生
尽快完成博士论文毕业。这条规定非常严格。一般情况下，所有的
资助都是优先给低年级博士生。因此大部分到五年级还没有完成学
业、没有答辩的博士生就没有资助了，即使到这时候我们也要检查
他们是否取得了进展。如果博士生的学业毫无进展，我们将淘汰
他"。

（二）"引导"与"紧密互动"

导师对博士生的定期与正式指导始于第三年论文的研究。首
先，导师指导博士生第三年论文的过程是师生双方关系是否正式建
立的关键一年。师生关系一旦建立，导师则继续指导博士生的求职
论文以及博士论文的研究。

其次，导师对博士生论文选题的指导是引领一个大概的研究领
域，并在与博士生的互动过程中帮助学生提出研究问题，即在引导
与互动基础上的指导。导师之所以倾向于给博士生指定研究问题，
是因为他们认为"通常在第三年博士生对自己想要做的东西还不是
很明确，因此很多问题都是我给学生的……通常情况下，我会给博
士生一个研究题目以及我对该问题的思考，因为我们期待博士生的
研究工作应该是新的，但是又不能太新"。也就是说，导师对博士

生第三年论文研究的创新性要求并不高，而是将博士生看作学习如何做研究的"学习者"，更希望通过第三年论文研究让博士生体验研究。

再次，导师是博士生论文研究过程的"把关者"。如前所述，在经济学科，第三年论文将是博士论文的一部分，因此，经验丰富的导师会对博士生论文的选题进行把关，看其是否可以发展成为将来的博士论文。如一位导师所说"我们会帮学生定下来一个研究问题，而且一般我心里也有数，知道这个问题会成为博士生将来的博士论文"。

最后，从总体上看，导师将自己在学生博士生论文研究中的作用定位为"帮助"博士生，强调师生双方的互动与对话，认为指导活动是"双向"的互动过程，而且注重引导博士生找到研究领域、确定研究问题、选择研究方法以及指引研究过程与论文写作。一位导师认为，对于经济学博士生的培养来说，好的指导应该是师生双方紧密互动的过程。

二　博士生参与教师科研课题的程度

在化学等理工科，实验室空间中的师生关系对资源与实验室具有强依赖，博士生从第一年起就开始参与导师的科研课题，相应地，指导关系开始得比较早，而且博士生往往只与自己的导师有密切的合作交流。一位经济学教授对比了经济学科与理科博士生培养方式的差别：

> 在理科，必须有实验室，然后有一帮研究生在导师的实验室里工作，他们就同一课题一起工作，对吧？但是在经济学，我们的工作模式与理科不是很相似，但是也相差不远。可以这么说，与人文学科相比，我们更接近理科。举个例子，我从事某个领域的研究，同时我的学生的论文研究与我做的东西相关，当然并不是完全一模一样。你知道，这不是实验室结构，

对吧？但是我们做相同的实验调查（experiment）①，而且在研究上有交迭。

在经济学领域，博士生是否参与导师的课题，视博士生的研究兴趣与导师研究课题的匹配程度而定。但一般情况下，博士生的研究领域与导师的研究比较相似或一致。在导师看来，真正意义上的师生合作关系始于博士生追随导师从事课题研究。但与实验室学科的结构相比，经济学科的灵活性在于，博士生不仅参与导师的课题，也可以以研究助理的身份参与其他教师的科研课题。

经济学科博士生参与导师的课题研究，旨在习得、发展相关专业技能。在化学等学科领域亦如此，即通过课题研究训练博士生的科研技能。但二者的区别在于：第一，经济学科师生在课题中的合作关系并非如化学学科那样具有强限制性、长期性等特点；第二，经济学科博士生在参与导师课题研究的过程中不仅逐渐积累了相应的研究技能、方法与经验，熟悉了研究过程，而且可挖掘出自己独立的研究兴趣；第三，经济学科博士生虽然参与导师的课题研究，但并不必然构成将来的博士学位论文。

三　研究成果发表的规则

从上文可知，博士生参与导师的科研课题完全是兴趣使然，同样，师生合作研究的可能性也是建立在双方的研究兴趣是否相近的基础上。从经济学的学科文化看，越来越提倡合作研究的文化，通过分析被称为经济学发展风向标的诺贝尔经济学奖可知：从每届获奖人数来看，45 届获奖者中，有 22 届是 1 人独获此奖，23 届是 2 人或以上共同获奖（其中 17 届是 2 人共享此奖，6 届是 3 人共同获奖）。这一变化反映了在经济学领域的合作研究尽管比自然科学领

---

① 经济学的研究主要有两类：一种是规范研究，另一种是实证研究。实证研究又包括计量方法和实验法，实验法与心理学的实验有所类似，即控制一定的情境进行的经济学实验。

域出现得晚，但依然是不可避免的趋势。

博士生往往根据研究兴趣选定导师，导师也会根据博士生的特点指定研究问题，因此师生研究问题会有所重合，科研合作的可能性也更大。一位受访教授指出："经济学合作的前提是博士生的研究课题与我的兴趣非常相近，还要看教师与博士生投入研究的程度，也就是说要看具体情况。"例如一位受访教授在 2004 年至 2010 年间共发表文章 24 篇，独立作者论文占 7 篇，17 篇为联合署名论文，其中 13 篇是与博士生合作发表。他在经济学顶尖杂志《美国经济评论》（*American Economic Review*）、《政治经济学期刊》（*The Journal of Political Economy*）上发表的两篇文章均为与博士生合作。

在经济学科内，单个作者论文已越来越少，合作发表尤其是师生间的合作呈递增态势。一篇论文若是多人合著的话，按惯例，署名顺序是按照姓氏字母顺序的排列。因此，在美国，经济学论文的署名顺序不包含任何有关作者贡献程度的信息。[①] 这是经济学科的内部惯例。

师生合作研究，不仅有助于博士生专业社会化的成长和师生更为紧密的交流互动，同时也奠定了博士生毕业后师生双方继续合作与学术交流的可能性与基础，甚至有导师认为，通过与博士生合作发表论文也能学到新技能或知识。一位受访教授说"当然，我也期待可以从学生那里学到东西。因此，我一直和学生保持有良好的工作关系。并且，我和我之前的博士生一直都共同发表文章。所以，我从指导博士生中也有所获，这也是我现在还继续指导博士生的原因"。

但是，受访教师指出，经济学的劳动力市场对师生合作成果的认可度比较低，认为博士生与导师合作不能体现其独立性，这在一定程度上影响了师生合作文化。

---

① 王小卫、宋澄宇：《经济学方法——十一位经济学家的观点》，复旦大学出版社 2006 年版，第 67 页。关于经济学科按照作者姓氏（surname）字母顺序排名论文署名的潜规则，国内也有诸多讨论。聂辉华：《姓什么会影响你成为经济学家吗？》，《经济学家茶座》2007 年第 2 期。

　　在经济学，当博士生找工作的时候，如果拿着与导师合作发表的论文会被认为是不好的。这的确与自然学科不同。因为雇主会想：哦，这个博士生只会做导师说的东西，没有独立思考。他们认为博士生在读期间应该单独发表研究工作，而不是合作发表。我认为这是一个糟糕的观点。但是在实验室学科里，如果你发表的论文没有导师的名字将会是多么奇怪啊。我的意思是说，这就是经济学人没有完全转变过来的思维方式，不像自然学科那样。在我看来，这太不现实了。

　　教师与博士生合作发表论文已经成为经济学学科内部共同体文化所承认的趋势，但劳动力市场却存在师生合作是博士生没有独立性表现的观点。于是，这里形成了经济学的学科文化与外部劳动力市场的认可标准之间的悖论与博弈。

第 八 章

寻求团队支持的个体探索
培养方式：英语

本章将呈现英语学科（纯—软学科）的学科文化、博士生培养理念、指导方式与师生互动。纯—软学科的知识发展具有重复性，注重特殊性、性质和复杂性；研究结果易受个人价值观影响，成果表现为理解或阐释。① 学科知识的碎片化与知识活动的沉寂特征对博士生培养的影响表现为指导方式的松散化与师生互动的非结构化。

第一节 英语的学科文化

与化学学科形成鲜明对比的是，英语学科的知识生产活动既不需要实验室，也不需要大型设备等物质资源，而更多是个体学者的智识思考和独立探究。一位英语文学的受访教授向我们描绘了英语学科内部的景观，在一定程度上揭示了学科文化的特质：

> 我认为英语学科的智识隔离（intellectual isolation）与学科本身有关。从学科的性质看，我们对当前的发展没有达成一致

---

① ［英］托尼·比彻、保罗·特罗勒尔：《学术部落及其领地》，唐跃勤、蒲茂华、陈洪捷译，北京大学出版社 2008 年版，第 39 页。

的方向或观点。我认为，英语学科的本质——可以说就美国任何大学的英语系而言，尤其是 R 大学——每位教授对学科本身、学科当下的发展以及学科的评判标准都各持己见……部分原因是作为整体的学科内部一致性的坍塌。学科内部一致性的坍塌导致了智识隔离，致使每个教师都感觉他们在做自己的事情，而没有什么东西能作为整体将他们联结在一起。所以，我认为这的确归因于学科的性质。举个例子，假如你问英语系的老师他们认为过去 15 年最重要的著作是哪本，10 个人可能会有 10 种不同的答案。所以，在英语学科没有关于学科应该是什么样的一致观点。

英语学科，甚至可以说很多人文学科内部都没有达成学科研究范式的一致性。英语学科不是一个有组织的学科，没有特定的发展方向，学科内部的研究问题、方法和理论用受访者的原话描述是"满地都是，遍地开花"。正是由于学科内部呈现多样化和异质性这一状况导致学科发展无清晰方向可言。学科文化实际上面临着一致性的坍塌，缺乏共同的知识内容与基础，甚至关于博士生应该掌握哪些共同的专业知识也没能达成共识，一位受访教授说："我们作为学者甚至不知道学科的发展方向在哪里，即使我们想引导学生，我们都不知道该往哪里引导学生。"

根据学科成员联系的紧密程度，比彻指出不同学科社群呈现出内部趋同与趋异的特征。趋同型学科能够保持合理、一致的标准和程序，以便于进行知识控制，并保持稳定精英的存在。趋异型学科在观点和问题上缺乏一致性，没有统一的范式和标准，在很大程度上容许知识的反常，甚至在某些情况下允许能导致自我毁灭的争论的存在。① 显然，英语学科的学者群体，在文化认同上缺乏集体一

---

① ［英］托尼·比彻、保罗·特罗勒尔：《学术部落及其领地》，唐跃勤、蒲茂华、陈洪捷译，北京大学出版社 2008 年版，第 4 页。

致性，对智识隔离具有高度容忍性，因而是趋异型学科。

　　甚至有人用"混乱"（mess）一词来形容人文学科，尤其是英语学科的特点。关于"mess"一词，斯蒂普森（C. Stimpson）认为有两种含义：一种是指不好的一面，困惑、杂乱、散乱、脏乱；另一种是指好的一面，食物、营养，一圈人坐在一起吃东西。前者是混乱无序，后者是健康的复杂性。[①] 但是，无论是此处的"混乱"，还是受访教授提到的"一致性的坍塌"或"智识隔离"，都不能被看作是消极的，这是学科本身的真实状态与智识活动的需要。本研究无意评判学科文化孰优孰劣，而是试图以客观的立场展现学科文化的显性和隐性特征。从知识生产的角度看，人文学科的研究易受个人价值观的影响，成果表现为理解或阐释；学者倾向于独立从事研究工作，人文学科所仰慕的英雄往往是单兵作战型的学者，这类学者的作品通常是独立署名。

　　英语学科的边界不甚清晰，学科边界在传统英语语言和文化研究的基础上逐渐扩散至英语写作、电影和后现代、批判理论，等等。学科本身也不断发生变化，一位受访者回忆并对比了英语学科近 20 年的发展：

　　　　我当年在研究生院的时候，文学理论是一个很热的领域，所以我博士最后几年上了不少研究德里达（J. Derrida）[②] 等学者的课程。今天的研究生要了解文学理论之类的知识，但是也要知道殖民主义和后殖民主义文学、后现代主义理论，等等，这些知识变得越来越流行。所以说，学科也在发展，博士生要意识到这些变化，我在指导博士生的论文时，也意识到这一重要性。英语学科是不断更新其学术取向的。

---

① Golde, C. M., Walker, G. E. & Associates, eds., *Envisioning the Future of Doctoral Education: Preparing Stewards of the Discipline*, San Francisco: Jossey – Bass, 2006, pp. 390 – 391.

② 雅克·德里达（J. Derrida）（1930—2004）：法国著名的哲学家，文艺理论家，解构主义的代表人物。主要著作有：《人文科学话语中的结构、符号和游戏》《文字与差异》等。

学科在不同时期所重视的问题、本身的忧虑以及知识关注的对象是衡量学科发生变化的因素。英语学科的进展大致有三种：第一，对经典化过程的评论已经跟重视书写的文本的评论不分你我了，这加剧了学科日益向文化研究扩张的趋势，文化研究即对视觉文本、表演文本和文学文本的批判分析。这种转变已经改变了文本细读的意思：对比研究经典作家，破译流行文化不需要渊博的、精确的学术化（也即高度合法化）知识。第二，文学学者将自己的兴趣向历史学和人类学方面扩展的程度，比他们在20世纪50年代从社会学和历史学语境定位文学还要厉害。通过发展历史学技巧，在他们扩大了的分析工具箱内，文学学者已经降低了纯文学分析工具的价值。第三，社会理论和文学理论已经深深转变了他们对叙事的理解，正如从马克思主义、女性主义、心理分析、结构主义到后结构主义等各种理论变体所表现出来的那样。这种转变已经导致学者看重"精巧"而"有趣"的作品，不再重视前几十年最受称赞的"可靠"而"严谨"的研究。①

第二节　培养理念

在英语学科，导师通常会在博士生的资格考试、论文写作、就业等方面予以指导。就博士生培养目标而言，教师普遍认同的观点是：帮助博士生从学生向"专业化学者"（professional scholar）顺利转型。因此，导师对博士生的指导实践都是紧紧围绕"这一大局"——专业化学者的培养进行的，并在博士生学业的不同阶段起着有益的角色，以帮助博士生实现向专业化学者的转型。

英语学科教师眼中的"专业化学者"应该具备哪些能力和素质

---

① Williams, Jeffrey J., "Here is the Problem with Being so 'Smart'", *Chronicle of Higher Education*, Vol. 51, No. 17, 2004, p. B16. 转引自［美］米歇尔·拉蒙特《教授们怎么想——在神秘的学术批判体系内》，孟凡礼、唐磊译，高等教育出版社2011年版，第51页。

呢？扎根于访谈资料，可以发现英语学科教师对博士生培养中的"专业化学者"的界定包括如下几方面：

- 具有参加学术会议并做报告的经历与能力；
- 写作与发表学术论文、博士论文具备出书的水平；
- 教学经历。

以上三方面是普遍被英语学科教授所认同的，同样也是就业之时被劳动力市场所看重的评价维度。

首先，博士生应该具有参加级别较高的地区性会议和全国性会议的经历，而且导师鼓励博士生准备学术论文并做会议报告，以在学术界展露荷叶尖尖角。参加学术会议更重要的目的是丰富博士生作为专业化学者的经历与经验。同时，这一经历会在就业之时给博士生添砖加瓦，尤其是"在当今竞争日益激烈的劳动力市场，没有攒够学术经历的博士生想谋得一份体面的工作实属不易"。

其次，导师评价博士生学术研究成果（包括准备发表的期刊论文、博士论文）的标准是研究本身的创新性。"创新性"作为学术成果的首要评价标准意味着博士生应该在研究工作足够成熟、学术水准较高之时再考虑发表。一位英语学科的教授说，"我们不希望博士生还没准备好就发表论文，我们希望博士生所做的研究工作在足够成熟、质量较高之时再发表。这也是我指导博士生的一部分。我试图搞清楚什么样的活动与成果最适合博士生的经历。简单地说，如果你写的博士论文没法发表的话，也没什么创新性，那就不是一个好的博士论文"。

导师认为，博士生向专业化学者的转型应该始于资格考试完成之后。也就是说，在资格考试之前，导师所看重的是培养博士生在专攻领域的基础知识的学习与积累，而在资格考试之后才开始对博士生进行专业化学者的学术训练。受访教授说："博士生在资格考试前的主要任务是修课，我不希望他们这时候有什么发表论文的压力，而且他们也没什么可发表的，他们还是学生。所以，我跟我的博士生讲，你在通过资格考试前还是学生，一旦通过资格考试，你就是博士候选人了，你的行为举止就得像个年轻的专业化学者（behave like a young professional scholar）。"

最后，对英语学科的博士生来说，教学也是作为专业化学者所必须具备的能力。在导师看来，他们当然更注重培养博士生的研究能力，但教学能力对博士生作为专业化学者的发展同样也是不可或缺的。从就业的角度看，英语学科的博士生多在大学任职，尤其是美国的社区学院和教学型大学更看重求职者的教学能力；即使是在研究型大学从事学术职业，教学能力也是考核的标准之一。因此，英语学科博士生在读期间需要承担大量的教学工作，以 R 大学为例，一般情况下，博士生一年至少教三门课，这也是博士生获取资助的重要来源。

就培养博士生的目标而言，英语学科的教师希望博士生毕业后从事学术职业，而且将博士生到学术界工作看作是比较成功的教育结果。例如一位受访英语学科教授颇感自豪的是他所培养的博士研究生毕业后全部从事学术职业。

英语学科的教师之所以比较看重博士生能否到学界就职，一方面源于纯学科研究本身的价值与社会应用部门的联系不紧密，另一方面也与英语学科趋于严峻的学术就业市场相关。英语学科的教师不断地表现出对博士生就业的担忧，"由于学术就业市场不容乐观，越来越多的博士生选择到非学术部门就业，但是很少有英语系出于就业市场的原因而改变博士生教育的课程结构。尽管我们开始尝试做 20 年前不会做的事，例如教研究生职业性和技术性的写作，因为学生可能需要到工业界撰写文案和宣传册"，但是，"英语是相当传统的学科，很多学校仍怀抱博士生生来就要成为学者的理念"。在这里我们看到劳动力市场、学科文化传统以及博士生培养理念之间的多重张力。以学术职业和专业化学者为博士生首要培养目标的英语学科，处在保持学术传统与适应新兴环境的藩篱中，现实张力下的博士生培养究竟何去何从？

第三节　导师指导方式

与化学学科师生在实验室空间中的资源依赖型的紧密关系不同，英语学科知识生产活动对资源和物理空间等社会条件的需求较低，博士生与导师的关系由于没有资源、课题等纽带的限制相对更为疏离化、协商化，当然这与英语学科注重个体化阐释、独立探索，甚至寂寞的研究文化有关。

一　博士生论文选题："婚姻伴侣"

英语学科的博士生几乎很少参与导师的科研项目，当然教师的科研课题也很少，博士生学位论文选题通常是博士生自我思考的过程，很少会与导师的课题或研究领域交叉或相关，当然导师通常鼓励博士生自由探索自己的研究天地。这与英语学科的研究传统以及知识属性有关。英语学科的研究文化注重个体化的阐释、独立探索，甚至寂寞的智识思考。受访教师将博士生学位论文选题过程比作挑选"婚姻伴侣"，强调博士生要根据自己的研究兴趣寻找并选定一个论文题目进行独立的智识性探索，"找一个论文题目就像找婚姻伴侣，一定要找自己感兴趣的"。受访教师的一段话精辟地点出了英语学科博士生自己选定论文题目的意义：

> 我常常跟博士生讲的隐喻是，写博士论文就像挑选"婚姻伴侣"，因为你需要为你的论文项目的研究工作好几年，写上好几年。它将定义"你是谁"以及你未来工作的学术专攻。例如，我的博士论文研究 1870—1930 年间的英国爱尔兰戏剧（British Irish Theater），这使我后来工作的英语系将我定义为从事英国当代戏剧的学者，而不是莎士比亚（Shakespeare）或其他，我的博士论文研究定义了我工作后的学术专攻……在你学术生涯的前十年，无论是你自己还是你的工作单位将以博士论

文的研究来定义你的身份和学术专攻。之所以我的第一份教职
是教当代戏剧，是因为博士论文的研究。所以说，博士生要对
自己的研究选题具有高度的智识性热情。

之所以将博士生与博士学位论文的关系比作"婚姻伴侣"，是
因为，一方面，博士学位论文的研究耗时较长，是博士生独立进行
智识探索的过程，是博士生不断自我磨炼与心智陶冶的过程，因
此，博士生一定要选择自己感兴趣、有热情的研究问题作为博士论
文的研究课题，博士生要有真正的激情与愿望完成这一智识探索过
程。博士生在读期间需要投入大量的时间和精力用于博士论文的独
自沉潜研究。另一方面，更重要的是，博士论文定义了博士生毕业
后的学术专攻与身份认同。英语学科共同体更看重学者的著作，同
样英语学科评价博士生的标准也更多是作为著作的博士论文。因
此，强调博士生要选择自己感兴趣的研究问题作为博士学位论文研
究的题目，而非参与导师的科研课题。

导师在博士生论文选题中的作用是"建议"，而不是"指示"
"命令"或"强制"。一位在英语学科从事多年研究并指导过大量
博士生的教师严肃地指出，"博士生所做的研究工作，诸如论文选
题或研究领域的形成是极其重要的。我认为导师的角色是建议而不
是强制，有时候研究生问我，什么样的题目是一个好的博士论文问
题？我会说，如果我知道我就自己写了。你知道吧，我没法帮你选
定论文题目"。总之，导师不会给博士生指定研究问题或者研究领
域，而是鼓励博士生自由地探索自己的研究田地，并提出了博士生
与其论文选题之间的关系是"婚姻伴侣"的隐喻。

二 导师指导风格："放手型"

从指导方式看，英语学科的导师指导风格为"放手型"（hands-
off）。这不仅体现在导师在博士论文选题中的角色，而且从博士生论
文研究与写作的整个过程看，导师对博士生的指导也呈现出鲜明的

"放手型"风格。

英语学科的受访教师认为很难通过设置明确的时间与任务期限的方式督促博士生，因为博士论文研究是博士生个体化的智识探索任务，导师更多是在博士生需要之时提供"引导"与"帮助"。作为引导者与帮助者角色的导师，既包括在专业领域内对博士生的引导，也包括在资源方面帮助博士生申请研究相关的资助。

与化学或经济学科不同，英语学科导师的指导风格之所以为"放手型"，根源在于英语学科文化——学术活动远离社会生活实际应用，知识生产更多涉及个体主观的阐释与理解，而不是客观的数据统计或实验分析；研究与写作是学者个体独立探索的过程，因此更倾心于寂寞①的理念和个体学者的单打独斗，而不是团队合作研究。学术工作中的"寂寞"似乎包含四层含义：第一，寂寞与交往相对举，意味着较少人际交往。在这种意义上，寂寞常常被理解为孤独、独处或独来独往。第二，寂寞与闲暇相联系，较少受到外在的时间限制，能够相对自由地掌握自己的时间，表现出一种自由自在的状态。第三，寂寞包含着内心宁静、恬淡、超然的意味，所以学者能够与周围的日常生活世界保持一定的距离，专注于所从事学术工作本身的价值，不为外界因素诸如名或利所左右。第四，寂寞还隐含着自觉自愿的成分，而这种自觉自愿是建立在对其工作的高度认同、坚定的信念和强烈的兴趣之上的，所以甘于寂寞的背后常常是对其学术工作的强烈爱好和兴趣。②

英语学科是田园型的研究文化，教师认为博士生应该写自己的论文，思考自己的观点。这种学科文化，对寂寞从事学术工作的看重以及独特的学术任务有时候难以与他人直接沟通，如一位受访教

---

① 从西方历史上看，寂寞与学术从来就被认为具有密切的联系。自古希腊以降，有大量的有关寂寞与治学的关系的论述。从古希腊的亚里士多德到古罗马的西塞罗、塞内卡，再到近世的彼特拉克、蒙田等都一致认为寂寞有利于学术，有利于人格的修养。参见陈洪捷《德国古典大学观及其对中国的影响》，北京大学出版社 2007 年版，第 61 页。

② 陈洪捷：《论寂寞与学术工作》，《北京大学学报》（哲学社会科学版）2002 年第 6 期。

授说"写作的时候，我喜欢寂寞，所以我从没有与博士生一起合作过研究，这是事实。因为我认为思考是一件个体化的事情，你集中精力写你的观点就好了。我觉得我没法与他们直接交流我的想法"。因此，英语学科没有合作研究的文化，导师更不可能直接介入博士生的论文研究过程。

英语学科的导师一般不会给博士生规定明确的时间安排，诸如一周要上交多少页。导师的作用是"帮助"学生从总体上精化论文，让论文更有魅力，并在需要之时提供文献阅读方面的引导。受访教授说：

> 我尽量鼓励博士生提出他们自己的观点或者做他们想做的研究问题。我认为，博士生告诉我他们感兴趣的领域时，我的作用在于引导他们去读相关的书或者某一派观点。

> 我的工作是帮助他们精炼一个有吸引力的博士论文，同时帮他们找资助。例如，我目前指导的一个学生的博士论文是关于苏格兰国家戏剧的研究，我跟她说：'你要去伦敦的大英图书馆'，幸运的是，我们获得了一笔旅行资助（travel grant）①，她去年夏天在苏格兰和伦敦度过了 3 周，从事论文某些章节的研究工作。所以，我认为论文导师的功能是，尽力帮助博士生申请研究所需资源。

放手型的指导策略尽管在培养博士生的独立性中起了积极作用，即博士生拥有独立探索的空间与自主安排研究的可能性，但在某种程度上也是导致博士生修业年限过长的因素之一。当然，受访教师指出，博士生修业年限过长的原因有二：教学任务过重和导师指导松散。一位受访教师在访谈中就英语学科的博士生培养方式反

---

① 旅行资助（travel grant）：指博士生因研究需要到其他地区或国家从事实地调研或资料查找、搜集工作所申请并获得的专门用于交通的费用。在美国 R 大学，在学校、院系以及国家或私人基金会都有专项基金用作博士生的旅行费用。

思道，"我对我们学科的批评是或许对博士生的培养太放手了、太开化了，或者说是指导不够"。放手型的指导风格与英语学科本身的研究文化及其知识属性有关。在讨论到英语学科的学术研究过程与特点时，教师普遍提出"寂寞""个体化思考"，甚至"隐士"的说法，这实际上体现出学科文化的独立与沉潜寂寞的特质。英语学科的科研活动属于"田园型"，即学者采取分散研究力量的规则，研究课题分布广且多，没有必要集中研究一个别人已从事过的课题，就学者的合作与交流而言，田园型风格的学术群体即便与相近的学术群体都很少有相关课题。

如果追溯 20 世纪 90 年代英语学科的博士生指导模式的特点，我们会发现指导风格在学科共同体内的继承性特点。当笔者请每位受访者回忆自己当年在研究生院的经历时，他们普遍指出自己当年的博士论文是"寂寞"的研究过程，"不擅长也不喜欢交流"，并评价自己是一个"独立"的博士生，而且将其称之为一种"与生俱来的惯习"。如一位受访者明确指出：

> 我认为我自己是一个相当独立的学生。我没有去找委员会的老师（指博士论文指导委员会的老师）讨论，而是把自己关在屋里写作。我想这种惯习，这种不擅长且不喜欢交流的惯习，是我本身所具有的。所以，不管什么情况下，我想我的思想是需要我自己去开发的，这是我的信条。

第四节 师生互动结构

一 师生互动与合作

与本书中的其他学科相比，英语学科的博士生与导师的互动呈现疏离状态，师生互动频率较低。一位受访导师说：

> 我一般情况下是等博士生来找我讨论，我认为我指导的博
> 士生应该更希望联系我。每次见面大概半个小时，一学期大概
> 见一两次，这差不多是平均水平。

导师很少主动组织师生会面或督促博士生，因为教师认为博士
论文是博士生自己选定的感兴趣的问题，论文研究过程需要博士生
个体的独立思考，他人很难利用外在手段限制博士生。一位受访教
师提到自己的经验：

> 如果博士生进度很慢，没有将论文及时发给我，我也许会
> 说，如果我们尝试一下每两个月你发给我你论文的一章会不会
> 更好一些呢？所以，我曾尝试过这种设置固定时间表的策略。
> 但是，我认为最终还是要博士生自己主动，因为是博士生自己
> 写论文，我不能帮他写，所以我认为让他人来催促博士生是不
> 现实的。

当然，在博士生教育的最后阶段，尤其是涉及就业等事项，导
师会帮助博士生一起讨论并准备求职材料，师生互动频率也相对高
一些。一位受访教师描述道："当我的学生准备求职简历的时候，
我会帮着修改；他们写的申请书，我也会修改；他们写论文摘要的
时候，我也会帮他们润色。当他们准备发一些小文章给可能会就业
的系科时，我们会一起讨论准备。"也就是说，师生互动过程中，
导师通常是以"把关者"的角色对博士生进行指导。

在英语、数学等无贷治学的学科，知识生产更依赖于智识探索
而不是物质资源，因此博士生与导师的互动没有化学学科那样强烈
的资源纽带。在这种情况下，英语学科的师生互动呈现明显的疏离
感，师生关系更多是隐性的建构过程。尽管在读期间博士生与导师
的互动并不频繁，几乎很少合作发表学术论文，但师生关系一旦建
立又具有持久性，双方科研合作甚至会超越博士教育阶段并延续至

博士生的整个学术职业生涯。也就是说，师生关系具有后续效应。一位资深教授回忆了自己当年在研究生院的被指导经历，虽然在读期间与导师互动偏少，但毕业后仍与导师保持交流，成为终身的朋友。博士生毕业后的师生合作，不仅表现在共同参加学术会议、合作研究项目或者出版著作上，导师也是学生在学术界的引荐人。正如受访教授所评价的，"我认为我们英语学科研究生教育最成功的地方在于导师仍旧与已毕业的博士生共事。但是，我并不是与所有的博士生保持联系，现在保持交流的有 8—10 个，我们时不时需要他人的引荐，或者他们会向我请教他们的研究问题，让我推荐几本书或文章"。需要指出的是，毕业后的师生合作更多是基于双方研究兴趣和领域恰好吻合的情况下。

惠特利（R. Whitley）认为，在特定学科或亚学科内，对圈内资源的需求越大，志在获取威望和物质资源控制权的科学家之间的竞争就越激烈。在以所谓"功能依赖低但战略依赖高"为特点的学科内，对学者贡献的评价将基于"极度依赖个人关系和学识的相对散漫而难以明言的方式"。[①] 英语属于典型的功能依赖低的学科，知识生产对物质资源的依赖程度极低，对智识资源的依赖程度较高。另外，其知识生产活动更多是个体单打独斗，几乎没有团队合作的文化，鲜见学者之间的科研合作。同样，英语学科博士教育中的师生合作研究也是缺位的。总之，无论是从研究课题对资金依赖的程度看，还是从知识生产活动本身看，英语学科都没有对师生合作的诉求。如一位受访教授说：

> 没有人愿意给英语学科资助……有资金或项目的教师也很少让学生参与课题。与理科不一样，他们的研究课题往往有其他教师和研究生参与，但这在英语学科非常罕见。所以，我认

---

① 转引自［美］米歇尔·拉蒙特《教授们怎么想——在神秘的学术批判体系内》，孟凡礼、唐磊译，高等教育出版社 2011 年版，第 11 页。

为英语学科的研究传统与资助有很大关系，事实上，资助都是与个人挂钩而不是与团队或项目挂钩，即大部分课题都是个体化研究而不是团队研究。所以，我从来没有与研究生一起做过项目。

此外，从学科的研究范式看，学术共同体内部呈现出离散化趋势，对学科基础知识的认同比较低，学术成果的阐释涉及主观认知与评价。因此，鲜见英语学科学者之间的合作，同样，师生合作亦然。这也是为何师生互动呈现疏离感、导师指导风格为放手型的原因。

二　寻求团队支持

范式瓦解与边界不清晰是英语文学研究的典型特征，学科内部共同的知识基础以及评价标准呈现分崩离析，这构成了学科文化的典型特质。原因在于，自然学科的学术成果充满了短结，如同编织出来一般，抓住一点，能顺势而上，触及源头，而在以英语学科为典型的人文学科，其学术研究成果更像是随意的联结。[①]

学科的开放性形成了博士生选题的自主性以及师生各自研究兴趣与问题领域的独立性，师生互动呈现疏离。因此，寂寞、独立思考或者说放手型的指导风格构成了英语学科博士生培养的当下写照。但是，正是知识的碎片化致使研究者寻求所谓的"心灵共同体"的支持来克服寂寞感。在此学科文化下，学者普遍认同并赞赏博士生通过参与兴趣相近的共同体——博士论文写作小组和读书小组寻求智识支持。

博士论文写作小组（dissertation writing group），是博士生自发组织形成的一种非正式的结构，是博士生互相支持、讨论彼此论文

---

① Merton, Robert King, *On Theoretical Sociology*: *Five Essays*, *Old and New*, New York: Free ress, 1967, p. 27.

研究的同辈指导结构。虽然这一团队支持方式并没有被制度化，但实际上已经成为英语学科博士生的支持小组。英语学科的教师在倡导博士生独立思考与"隐居"写作论文的同时，也鼓励博士生与团队的交流，如果"博士生不把自己隔离""不把自己锁在屋子里写论文"，而是积极地与他人讨论将收获更多。一位受访教授明确指出：

> 论文写作是最困难的阶段。我认为，英语学科的博士生在论文写作阶段形成的这种同辈支持（指博士论文写作小组），可以用来互相阅读、讨论彼此的材料。如果博士生不把自己隔离、不把自己锁在屋子里写作，而是互相交流、积极地与他人讨论会获益更多。我认为这种互相讨论的方式对博士生的论文写作很有帮助。

这种由博士生主动发起组织的团队结构能有效地促进博士生的学术研究，在导师看来，最好的学术氛围是博士生感觉自在舒服地讨论彼此研究工作的环境。而且受访教师特别强调，没有必要将这种由博士生自发组织的博士论文写作小组制度化，也没有必须邀请教师参加博士生的团队活动。

英语学科的读书小组（Reading Group）是在学者之间自发形成的一种共同体结构。与化学学科组会报告实验研究进展不同，英语学科的读书小组是一种非正式的结构——由特定爱好、兴趣相似的学者自发组织。读书小组体现了英语学科的阅读文化，往往以参加者的兴趣为基础选择团队活动的阅读内容，研究者自愿主动参加，团队活动无任务约束。一位受访教授描述了他所参加的读书小组的组织形式与意义：

> 读书小组大概一个月聚一个晚上，小组成员也许会说，我们这次讨论一下某某写的一篇文章，或者说我们讨论一下某本

我们感兴趣的著作。但是，这些论题是每个人都感兴趣的，我们一般在某位教师的家里举行。

　　读书小组对英语学科学者和博士生的帮助的确很大，我参加了一个关于 18 世纪文学研究的读书小组，这个小组有教师和博士生共同参加，吸引了历史学、艺术史和其他学科的学者组成了一个跨学科的小组。……在这里读的是别人的作品，或者是大家一致想讨论的学术议题与思想。所以，我认为这种读书小组是非常有益的。

　　读书小组对博士生培养的意义在于：第一，读书小组是非正式的团队结构，教师和博士生都可自由参与。最明显的标志是参与读书小组的博士生不会获得学分。受访者坚决反对将其正式化，认为任何尝试将其制度化的措施只会带来更多的弊端而不是好处，因为读书小组最有意义的地方在于参加者是完全自愿的。第二，读书小组是由具有共同兴趣与爱好的学者组成的非正式结构，阅读的材料是小组成员一致感兴趣的文本，核心任务是阅读、讨论已有文本，而不是完成任务或课题的取向。第三，导师不会要求博士生参与自己所在的读书小组，博士生更多是基于研究兴趣选择感兴趣的读书小组。

　　总之，正式制度结构的意义在于帮助学生成为好学生，而博士论文写作小组和读书小组作为智识共同体的价值在于帮助学生成为专业化学者。尽管英语学科的教师承认并推崇博士生自主、独立、甘于寂寞的研究风格，但也鼓励博士生参与相关的智识共同体以克服个体研究过程的孤独感，并拓展博士生的学术成长与专业经历。与实验室筑起的有形空间及组会相比，英语学科的团队结构较为松散，但成员的主动意识更高，维系团队成员的是知识的讨论与沟通。教师与博士生在其中是平等的对话者和互动者，共同阅读、讨论、批判构成了团队生活的活动内容。

第九章

学科文化对博士生培养的影响

20世纪70年代早期，帕森斯等人提出美国大学所生产、传播和积累的知识类型有四种：科研和研究生教育、通识教育、专业教育和社会文化发展。相对应的培养目标分别是：研究者、教学人员、专家和知识分子。[①] 作为潜在模式维持功能的研究生教育和科研是美国现代大学[②]的核心功能。学科在大学核心功能的演进中，不仅作为一种组织结构不断促进学术职业的制度化，更重要的是形成了一种文化力量，对博士生培养过程产生了影响。

学科文化对博士生培养产生了何种影响？影响方式有何特点？这里所要分析的是，学科文化作为一种"意义之网"对博士生培养的影响，具体包括以下几方面的论证：（1）影响得以产生的内在逻辑，这里将从高深知识的角度论述不同学科博士生培养模式的"同"；（2）影响具体体现在哪些方面，不同学科博士生培养呈现出什么样的特点，即寻求不同学科博士生培养的实际特征与学科文化的一致性来说明后者的影响；（3）影响方式有何特点？学科文化对博士生培养的影响，事实上已与其他因素融在了一起，难以剥离其所处的国家、院校文化与制度情境。尽管如此，借助理论的引导我们依然可辨其内在逻辑。正如韦伯所说：为了

---

① Parsons, Talcott & Platt, Gerald M., *The American University*, Cambridge, Massachusetts: Harvard University Press, 1974, p.106.

② 这里所说的美国现代大学是指帕森斯的 university 的概念，即综合型大学。

透见真实的因果关系，我们构建非真实的因果关系，科学不是，也不可能是真实的翻版，它只是零碎的知识所支撑起来的一个概念的结合体。①

第一节　学科文化影响博士生培养的内在
逻辑：高深知识

　　学科文化是教师群体精神诉求与行动结构的道德空间，② 教师对博士生的培养活动受到学科文化的影响并具有其内在逻辑。内在逻辑是指事物内部所拥有的最基本的规定性和规律性，内在逻辑是学术职业内部稳定的、共同的因素，是学术职业区别于其他事物成为自己的主要决定力量。引用阿特巴赫的话，学术职业发展的内在逻辑与学术职业的"基因"和"遗传"有关，是学术职业"一直保持着的传统模式中的关键成分"③。本节主要从学科文化的视角分析跨越不同学科博士生培养的共同特征，也就是学科文化影响博士生培养的内在逻辑。

　　博士生教育的核心任务是培养博士生从事特定学科高深知识的生产。高深知识具有如下外部特征：第一，高深知识是知识中比较高深和深奥的部分。第二，高深知识是专门化和系统化的知识，需要专门的学习和训练才能掌握。高深知识是由众多的专门领域或者说学科组成的，每个学科都具有自己的研究领域、理论体系，乃至研究方法和专门的术语系统。第三，高深知识通常有专门的传播、发表和认可机构。第四，高深知识通常与特定的机构相联系，高等教育机构历来就是高深知识的制度化载体。第五，高深知识是一个

---

① ［德］韦伯：《学术与政治》，广西师范大学出版社 2008 年版，第 81 页。

② 埃里克森（Kai Erikson）说，文化不是集中趋势，而是人们居于其中的道德空间。Erikson, K. T., *Everthing in Its Path*, New York: Simon and Schuster, 1976. 转引自 Hackett, E., "Science as a Vocation in the 1990s: The Changing Organizational Culture of Academic Science", *Journal of Higher Education*, Vol. 3, No. 61, 1990, pp. 241 – 279。

③ 宋旭红：《学术职业发展的内在逻辑》，华中科技大学出版社 2008 年版，第 20 页。

相对的概念，在不同的历史时期和不同的文化之中，高深知识的内涵是不同的，其边界会随着人们认识能力的提高和知识价值观念的变化而变化。[①]

　　学科文化影响博士生培养的根本介质是知识，不同学科的高深知识具有不同的内在特征，高深知识的内在特征表征了不同学科的文化。比彻以及之前的学者通常仅从学者从事研究的角度分析学科文化，提出硬学科/软学科、纯学科/应用学科的概括。但是，在博士生的培养活动中，我们发现本书所有学科的教师都从学科知识的范围与类型的角度进行阐述。对于旨在培养高深知识生产者的博士生教育来说，不仅培养博士生具备学科本身的研究理论、研究方法和术语，而且重视促进博士生掌握跨学科的知识以及可迁移性的知识。根据访谈资料，可以将所有学科教师普遍强调的博士生应该具备的知识分为三类（见图9—1）。

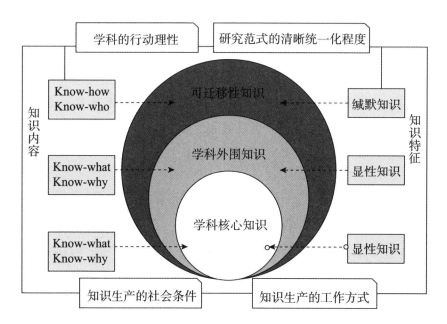

图9—1　博士生培养中的知识类型

① 陈洪捷：《论高深知识与高等教育》，《北京大学教育评论》2006年第4期。

第一，学科核心知识。学科本身的知识，诸如特定学科的理论体系、研究方法和术语系统。这是博士生必须要掌握的知识，是从事高深知识生产的奠基性知识。这类知识多为显性知识，主要是事实知识（know - what）和原理知识（know - why），① 往往通过课程传授或阅读著作、论文等获得。当然，不同学科的核心知识呈现不同的特征，诸如硬/软、纯/应用、研究范式的统一清晰化程度。学科核心知识反映了学科文化的认识论特征。

第二，学科外围知识。学科外围知识是指与学科研究本身密切相关的跨学科知识，这类知识并不属于学科内部的范围，但是对于博士生所从事的研究来说，需要相关的跨学科知识作为"技能""方法"或"手段"以促进学科高深知识的生产与创新。这类知识在博士生教育中也是显性知识，主要是事实知识和原理知识。在美国博士生教育中，主要通过辅修专业的课程学习以及教师作为委员会成员的方式帮助博士生掌握特定学科研究所需的跨学科知识。毋庸置疑，由于学科核心知识以及从事特定领域高深知识的深奥性、专门化特点，不同学科所需要的跨学科知识也不同。例如，经济学对数学知识具有强烈的依赖；天文学需要计算机、物理等学科的知识。但是，这种跨学科知识往往被教师称为从事本学科高深知识研究所需要的工具性知识，也就是说，跨学科知识是服务于学科核心知识生产的，因此，本书称之为博士生培养中的"学科外围知识"。

第三，可迁移性知识。可迁移性知识主要是指如何做的知识（know - how）和人际知识（know - who），具体包括两类：专业相关的特定知识技能和个体化的可迁移性技能，诸如如何做研究、如何写文章或博士论文、如何发表和出版研究成果、如何做学术报告、如何与学界学者交流和合作、如何教学以及掌握与就业相关的

_____

① 国际经济合作组织（OECD）将知识分为四类：（1）事实知识（know - what）：理解性知识，是指可通过观察、感知或者数据呈现的知识；（2）原理知识（know - why）：推理性知识，包括自然原理或法则的科学知识；（3）人际知识（know - who）；（4）技能知识（know - how）。

技能，等等。这些知识大多属于缄默知识。可迁移性知识/技能的培养是博士生教育中最关键，也是最难以进行的。可迁移性知识反映了学科文化的社会学特征。

在知识生产活动中，不仅涉及显性知识，也需要大量的缄默知识。缄默知识比显性知识具有更强的文化特征，它与一定文化传统中人们所分享的概念、符号、知识体系密不可分，处于不同文化传统中的人们往往分享不同的缄默知识"体系"，人与人之间的交往不仅建立在一些显性的社会规则基础之上，而且也建立在一些由社会文化传统所赋予的缄默的社会规则之中。[①] 处于不同学科文化传统中的知识生产，其共同体成员享有不同的缄默知识体系，诸如关于工作方式的安排、如何与学者交流、如何做学术报告，等等，这在不同学科之间存在不同的文化认同。此外，关于学术评价标准与质量认证等也存在不同学科文化群体之间的差异性。

在博士生培养活动中，尤其是导师对博士生的指导，之所以长期以来是一个黑箱，是因为导师与博士生所从事的知识生产活动的高深特征和缄默性质，以及这一活动所体现出的强烈的学科文化。导师不仅指导博士生获得高深知识生产所需要的显性知识，更重要的是培养博士生获得身份认同的相关缄默知识，诸如特定学科的研究技能[②]、方法、专业能力、交往、态度等。显性知识多通过课程与阅读获得，而对缄默知识，尤其是可迁移性知识的培养在不同学科之间呈现出明显的文化差异性。

博士生培养中的学科核心知识和外围知识，反映了学科文化的

---

① 吴晓义：《国外缄默知识研究述评》，《外国教育研究》2005 年第 9 期。

② 当然，笔者在研究中也发现，部分学科的部分缄默知识逐渐以显性知识的形式表现出来，但这类知识终究是缄默知识，因为博士生"知道了"（know）这些研究程序与技能并不代表他们真正"领会了"（grasp）如何从事研究的精髓，仍旧需要在研究过程中不断琢磨与历练。例如，在化学学科的案例分析当中，笔者提到：实际上化学学科的实验研究具有相对固定的程序和技巧，这种本属于缄默知识范畴的研究技能以显性知识的形式表现出来。一位受访教授在《实验室章程》中明确地列出了"研究的技巧"，如图 4—1 所示。例如关于时间管理，建议博士生要列出每天、每周的目标，并分别给了一个"好模板"（good example）。此外，还指出博士生在实验中要勇于尝试，保持各项工作井井有条（stay organized），要建立所有笔记和材料的目录。

认识论特征。硬学科与软学科、纯学科与应用学科、研究范式的清晰统一化程度的判断标准往往是基于学科的核心知识与外围知识。研究范式清晰统一化程度越高的纯硬学科，在博士生培养中对学科外围知识的需求越少，典型的例子是数学学科，数学注重"学科性的知识"，也就是学科的核心知识，但对跨学科知识的需求很低；研究范式的统一化程度越低的学科，在博士生培养中对学科外围知识的需求越多，例如教育学。

博士生培养中的可迁移性知识，反映了学科文化的社会学特征。也就是说，不同学科教师对博士生应该掌握的可迁移性知识的不同认知，实际上影响了导师对博士生的指导方式。例如，不同学科导师指导博士生搜集数据的方式不同，在化学学科，博士生从事真正的实验操作与研究，导师在其中更多是各种有形资源的提供者；天文学重视博士生自主申请天文观测机会，导师在其中是引导者；数学学科知识生产没有对数据的要求，博士生的研究也相应地独立于导师，导师在其中是启发式的指导；英语学科的导师更多是鼓励博士生独立通过纯粹的智识性阅读获得理解并进行阐释。以上所说的缄默知识作为一种不能言说的知识只能通过师生或学术共同体的交往获得。

需要说明的是，不同学科的博士生培养对三种知识的需求程度是不同的。例如，化学学科的知识生产注重研究的结果，因此导师看重的是博士生动手操作的能力、找出解决问题的路径；导师的任务是教给博士生化学学科的基本知识并习得研究过程，向博士生传授如何批判性并带有好奇心地观察科学世界的工具，希望博士生具有解决问题的策略和有效沟通的技能；博士生要做的事情是做实验，主动从事研究并在需要之时寻求导师的指导。博士生在此过程习得解决问题的能力和相应的专业能力，并获得自主推进研究项目的经历。总之，化学学科更注重培养博士生的可迁移性知识。但是，数学是学科性的知识，导师更为重视博士生掌握必需的学科核心知识。天文学科注重引导博士生从事知识生产的过程，在此过程中习得相关的学科外围知识和可迁移性知识。经济学科非常强调将知识生产过程作为手段培养博士生获得可迁移性知识，尤其是与就业相关的知识和技能。人文学科，尤其是英语学科，更为注重博士生的自我探索并获得与学术研究相关的可迁移性知识。

第二节　不同学科博士生培养所呈现的学科文化差异性

　　格尔茨指出，正是通过社会行动文化形式才得以表达。本书将博士生培养活动视为一种基本的社会行动，文化生产与再生产在其中发生。必须澄清的是，尽管博士生培养活动受到了一系列复杂因素的影响，包括国家文化、机构文化、政策制度、种族文化、个体特质、性别等，但这不是本书的探究重点。而且，更重要的是：几乎所有受访教师均宣称学科以无所不在的方式定义了他们的指导实践和作为学者的专业认同。因此，学科文化是理解博士生培养的一个重要视角。根据本书五个学科案例的描述与分析，并结合学科文化的理论基础，对不同学科的博士生培养理念、指导方式与师生互动及其背后的学科文化特征进行分类总结与抽象，目的是对这一问题予以回应：学科文化对博士生培养的影响体现在哪些方面，不同学科的博士生培养呈现出什么样的特点。[①]

一　博士生培养理念的学科差异

　　美国卡内基博士教育项目将博士生教育的目标界定为培养学科"看护者"（the steward of discipline），也就是对未来学术界继承人

---

　　① 本书是基于美国大学的博士生教育实践，因此并非有意将其在不同学科文化中的异质性看作是世界其他地方的情况。但是我们认为学科文化的诸多特性或多或少具有相似性，至于国别或院校之间更细微的差别超出了本书的讨论范围。

的培养。从学科看护者的定义来看，不仅包括角色技能方面，也包括相应的规则。前者确保了博士学位获得者具有的能力，更多体现为可见的专业能力，后者表现为学科潜规则和文化的习得。但是，从教师的话语实践看，不同学科的教师是如何理解其所培养的学科"看护者"？他们如何定位博士生的培养目标？博士生应该具备哪些能力和素质？

通过对化学、天文学、数学、经济学和英语五个学科案例的分析，我们会发现，尽管所有学科的教师都注重对博士生学术研究能力的培养，但是不同学科的侧重程度与培养内容呈现差异性。英语学科的博士生培养目标是专业化学者，化学学科的教师将所培养的博士生界定为能在各行各业工作的科学家，而数学和天文学领域更注重培养博士生的学术研究能力，经济学科着眼于培养博士生的专业实用能力。

之所以不同学科的博士生培养理念呈现差异，是因为学科所追求的行动理性不同。行动理性是指学科成员在行动中遵循的标准，根据学科知识对应用的关注程度进行判断。纯学科是价值理性的追求，即为学术而学术，无论是知识探索过程还是知识的结果均是纯粹智识探索的过程，典型的学科如数学和英语，因此，这类学科将博士教育的首要培养目标定位为学者或研究者，更强调博士生的学术研究能力。而应用学科遵循目标理性，谋求博士生的职业发展或者解决某个实际问题；对博士生的学术训练不仅注重学术本身，更强调知识的目的和应用性。因此，应用学科博士生的培养目标在强调学术研究能力的同时，也注重培养博士生的专业技能或就业能力，教师将博士生的就业去向定位为学术职业和非学术职业，典型的代表学科是经济学和化学（见表9—1）。即使在当今博士教育的外部景观（就业市场）发生变化并对博士生培养形成挑战的情境下，学科文化仍旧对不同学科博士生培养的理念产生强有力的影响。

表 9—1 学科文化与博士生培养理念的学科差异

	学科 要素	化学	天文	数学	经济学	英语
学科 文化	行动理性	应用—目标理性（项目）	纯粹—价值理性	纯粹—价值理性	应用—目标理性（职业）	纯粹—价值理性
博士 生培 养理 念	目标	学界内外的科学家	学术研究	学术研究	灵活的培养目标，就业能力	专业化学者
	如何理解"职业"	学术职业、非学术职业	学术职业	学术职业	非学术职业、学术职业	学术职业
	培养博士生什么能力	学术研究能力、解决问题的能力	学术研究能力、专业素养、跨学科知识	学术研究能力和潜质，教学能力	专业技能、技术性技能、教学、软技能	学术研究能力、教学能力

　　而学科行动理性的不同，是源于知识本身的特征呈现差异。根据《辞海》的解释，学科的分类有不同的依据，一是学术的分类，指一定的科学领域或一门科学分支，如天文学、物理学、生物学、化学等；二是教学角度的分类，是指教学的科目，如数学、英语等。依据不同标准划分的学科的培养目标是不同的，化学等学科注重研究能力的培养，英语等学科会考虑教学能力的培养。当然，这是对学科的总体分类依据与培养目标的分析。高等教育阶段有不同的层次，对于从事高深知识研究的博士生教育，尤其是学术型博士教育来说，对博士生学术研究能力的培养是首要目标。但是，除了培养博士生的学术研究能力，不同学科教师对博士生应具备的其他能力所持的观点是存在差异的。

　　在纯学科，如数学、天文、英语学科，研究更追求知识本身的逻辑，也就是"为学术而学术"的价值，这种价值追求决定了博士生的培养定位于学术人才的培养，如专业化学者、研究者。学者的本质含义是指掌握了特定门类的高深知识，从事知识的加工整理并有建树的人。其具体作用有：（1）汇集和整理已有的知识，形成完善的知识体系；（2）对已有知识中不明晰不可靠的部分，进行诠释、考证；（3）发现和提出知识体系中存在的问题和缺陷，或者预测知识体系的发展趋势，推动进一步的研究。[①] 纯学科对"职业"（profession）一词的理解往往限于学术职业，也就是说，培养博士生从事学术职业。根据"博士十年后"调查（被调查者于1982—1985年之间获得博士学位），大约四分之三的英语学科的博士学位获得者在学术界工作。[②] 英语学科对"专业化学者"的定义是参加专业学术会议、发表学术论文，博士论文的研究要具有与学术领域对话的能力，并且能定义博士生的学术身份认同，同时，对博士生教学能力的培养也是专业化学者成长的重要方面。同样，数学学科的教师也看重培养博士生从事学术研究的能力——善于提出好问题，养成独立思考、自我激发和创新性的思维，并且大部分博士生毕业后都在高校从事教学科研之职，教师认为博士生所具有的研究能力和培植的思维方式是博士教育的核心目标。在数学学科，博士生的教学能力也被看作是培养目标的衡量标准之一。

在应用学科，研究会受到外部实践需求的驱动，强调研究的实用价值，而且知识的应用范围较广，例如经济学、化学。因此，这类学科对博士生的培养尽管也注重学术研究能力，但更注重博士生的专业能力与可迁移性技能，诸如经济学对技术性技能、沟通能力的强调，化学对解决问题与合作能力的重视。也就是说，应用学科注重博士生应用与实践能力的培养，博士生培养目标不仅仅定位于学术界，也认同博士生从事非学术职业是博士生教育的目标之一。化学学科对科学家的界定较广，不仅是指服务于大学，也指在工业与政策等部门的就职者，是培养各行各业的科学家。科学家的突出特征有三点：（1）解释过去不能解释的现象，生产新知识；（2）创立能够重新综合已有知识或者预测未来的理论；（3）把新知识转

---

① 张甍：《论学者与科学家的区别及其对科学发展的意义》，《上海高教研究》1995年第4期。

② Chris M. Golde, George E. Walker & Associates, eds., *Envisioning the Future of Doctoral Education*, Stanford: Jossey-Bass, 2006.

化成生产力，发明新材料、新工艺、新设备、新产品；或者应用新知识推进人的社会活动，解决社会操作的难题。①

　　尽管在美国大学，教学能力和经验被看作博士生应该具备的素质之一，但是不同学科对博士生教学的强调程度不一。从教学角度划分的学科，如英语和数学，比较重视对教学能力的培养，并明确将教学列为博士生培养的重要一方面，当然首要的重心仍旧是学术研究能力的培养。而在以学术为依据划分的学科，如化学、天文学，研究与专业技能的获得始终居于博士生培养的核心和几乎是决定性的理念，而博士生是否需要获得教学经验却鲜被受访者提及。皮斯（John Pease）在《教授妈妈：男人世界中的女性工作》②一文中指出，教学工作是表意性、照顾取向、劳动密集性、扩散性、泛泛而论、他人取向、重复性的，而研究工作是工具性、控制、资金密集、专业性、特殊性、自我取向、单边性和积累性的；教学是不可见、廉价、半专业化的工作，而研究是可见、资本生产、专业化的志业。在英语学科，博士生在学术研究之外需要承担大量的教学任务，这部分工作更多是他人取向、劳动密集、廉价、不可见的半专业化工作，与英语学科对博士论文应该是系统而独创的研究杰作的标准似乎是相冲突的，尽管教学工作有助于博士生获得就业机会，但过多的教学占用了博士生的研究时间，这是导致英语学科博士生修业时间过长的重要原因之一。一项对已毕业博士生的调查指出，80%的受访者认为教学工作延长了博士生的修业年限。③但在化学等应用学科，教学工作并未被提上博士生培养的理念议程，而对研究工作的强调自博士生刚入学起便被正式提上目标和行动

① 张燮：《论学者与科学家的区别及其对科学发展的意义》，《上海高教研究》1995 年第 4 期。

② Pease, J., "Professor Mom: Woman's Work in a Man's World", *Sciological Forum*, Vol. 8, No. 1, 1993, pp. 133–139.

③ Schmidt, P., "Doctoral Students Think Teaching Assistantships Hold Them Back", The Chronicle of Higher Education, (September 1, 2009), http://chronicle.com/article/Doctoral – Students – Think/48243/.htm.

议程。

二 博士生培养方式的学科差异

不同学科的博士生培养方式呈现学科差异的主要原因在于研究范式的清晰统一化程度和知识生产活动的特点（见表9—2）。

表9—2　　　　学科文化与博士生培养方式的学科差异

要素 / 学科	化学 以导师实验室为基础的结构化培养方式	天文 以公共观测台为基础的引导式培养方式	数学 以智识讨论为基础的启发式培养方式	经济学 以技能培养为主的团队互动培养方式	英语 寻求团队支持的个体探索培养方式
学科文化 研究范式	统一化程度高	统一化程度高	统一化程度高	统一化程度中等	统一化程度低
工作方式	团队合作	介于个体与团队之间，偏合作	个体，趋于合作	偏团队合作	个体单打独干
导师指导 指导方式	紧跟型	从"手把手"到"放手"，逐渐引导、讨论	讨论与提问启发式	推动型，团队互动中指导	放手型，博士生个体探索
博士论文选题	导师课题	博士生兴趣	博士生兴趣，个体思考	基于博士生兴趣的导师指定	博士生选定："婚姻伴侣"
博士生是否参与导师课题	必须参与：以课题为依托培养博士生	兴趣决定	兴趣决定	参与，兴趣决定	几乎不参与
师生互动结构 研究场域	导师实验室	公共观测台	无限制	无限制	无限制
互动形式	组会、实验室互动	导师与博士生一对一的互动；同辈指导	导师与博士生一对一互动	置于团队结构中的互动	师生一对一的互动，寻求团队支持

不同学科的导师指导方式以及师生互动结构呈现明显的差异，缘于不同学科文化的影响。本书抽象出博士生培养方式的五种类型及其核心特征，具体如下：

（一）以导师实验室为基础的结构化培养方式

化学学科是团队合作的工作方式，而且研究范式的统一化程度高。导师在博士生学术研究与教育活动的所有方面都起着核心的作用。博士生一旦选定导师，则清楚他们将要从事与导师研究课题相关的项目。潜在的规则是，导师希望博士生遵守实验室的规定，因为导师是博士生从事研究所需的研究平台和资源提供者。导师指定博士生的论文选题，该选题实际上是嵌入导师的科研项目并构成实验室的"有机体"。一方面是由于合作研究的文化，在合作研究中，学术工作可以进行分工、分配和集中整合，呈现出明显的"劳动分工"的特征。从默顿对近代科学革命的考察可以看出，直到 20 世纪上半叶，人们才真正认识到实验学科的知识生产方式不仅意味着一种知识生产的技术方法，更意味着一种知识生产的社会制度，而这种知识生产制度重视团队合作。另一方面是研究范式清晰，导师对博士生如何从事实验与研究的培养遵循特定的学科研究路径。

以导师实验室为基础的结构化培养方式，导师对博士生的指导为强架构。架构是有关师生教学互动可见的自主性程度，强架构则选择受限，弱架构则具有广泛自主空间。在博士生指导的强架构中，导师在博士生培养中具有较强的权力。一方面，导师明确控制博士生所从事的实验研究的内容、进度和评价准则；另一方面，指导活动受到规则和资源的限制，使得师生关系呈现等级化并具有各自明确的任务和角色定位，导师对博士生的指导更多是显性、可见的活动。

（二）以公共观测台为基础的引导式培养方式

天文学数据搜集的方式形成了其独特的学科文化，进而影响了博士生的指导方式与师生互动。导师对博士生的指导更多是以博士生独立性的成长为中心，从"手把手"的指导到逐渐的"放手"让博士生独立从事研究项目、负责研究进程。博士生的论文研究对导师没有强烈的资源依赖，而是由博士生独立申请公共观测台。因此，在论文选题和研究阶段，博士生的自主性、独立性更高更强，导师在其中的角色是引导，在博士生需要帮助的时候给予适当的点拨和帮助，以培养博士生具备独立研究者的素质。师生互动往往是导师与单个博士生一对一的形式,并在研究生群体中形成了同辈指导的团队结构。之所以很难组成以导师为核心的团队,是因为天文学研究本身呈现出研究者个体兴趣导向与智识探索的特点,没有形成强烈的团队合作的研究文化。

数据公共化对师生互动的影响是,博士生获取数据的来源呈现多元化,因此,师生关系不是资源纽带,而更多是研究兴趣与互动合作的旨趣。博士生的论文研究与导师的课题之间没有必然的关系,但是双方在研究过程中是一种自然而然、互惠互利的合作关系,并非如化学学科具有清晰的层级分工。合作目的旨在培养博士生的学术能力,促进博士生的学术成长。根据博士生的发展阶段,导师与博士生的互动形成了不同的关系,受访教授提出从"家长—孩子关系"到"同事关系"的隐喻,形象地描绘了导师对博士生的指导逐渐放手乃至博士生独立、双方关系平等的渐进过程。

（三）以智识讨论为基础的启发式培养方式

数学学科的研究范式清晰,导师对博士生的指导方式是启发式。数学学科的高度思辨性和抽象性决定了学者的知识生产强调个体的独立性,注重培养博士生的研究兴趣与独立探索精神,形成了偏个体研究的文化。但是,表面上单独工作的数学家却非常重视与同事讨论研究问题,"一方面是因为数学学科邻近专业研究领域的观点和方式,甚至有时专业研究领域相隔遥远,会有助于解决最初难以处理的问题,所以,如果你发现自己对研究某一点感到棘手,与别人交谈是有帮助的。另一方面,许多数学问题具有整体的特性,而不是分裂的:它们不能被划分成毫无关联的部分,而必须作为一个复杂整体来理解,需要独立、精深的专注。这样,正式的合作通常只存在于两个人之间,其基础是共同任务和分解任务"①。

---

① ［英］托尼·比彻、保罗·特罗勒尔:《学术部落及其领地》,唐跃勤、蒲茂华、陈洪捷译,北京大学出版社 2008 年版,第 133 页。

因此,师生合作研究是根据双方研究兴趣是否一致决定合作研究与否;同时,师生互动结构往往是一对一的指导,注重启发,导师的角色是点拨者。

在这种指导架构中,师生关系较为平等,如有合作研究成果发表往往根据贡献决定第一作者。但是,数学学科的一个趋势是,越来越提倡合作型的研究文化,因此,师生合作也呈现增多趋势。

(四)以技能培养为主的团队互动培养方式

经济学偏合作研究文化,尽管合作研究的程度低于化学学科,但明显高于英语学科。导师倾向于将博士生的培养置于团队结构中,以通过团队互动形式推动博士生的学业进展,并训练博士生掌握与就业相关的专业知识与能力。经济学科由于采用数学作为理论工具使研究范式的统一程度比其他社会科学高。导师倾向于帮助博士生指定研究领域或问题,并在结构化的培养程序中督促博士生的论文研究进展。

导师在博士生指导中的角色与功能是提供团队互动的平台,并作为指导者、帮助者和督促者。师生合作研究并发表成果的比例居中,高于英语学科,但低于化学学科,美国经济学界论文发表的规则是依据作者的姓氏首字母决定论文署名的顺序。

(五)寻求团队支持的个体探索培养方式

与化学学科形成强烈对比的是,英语学科提倡个体研究的文化,在文化认同上缺乏集体一致性,对智识分离具有高度容忍性,研究范式不清晰。导师指导方式为"放手型",鼓励博士生根据自己的研究兴趣选定论文研究题目,师生互动频率较低,呈现出一种非结构化的互动结构。同样,博士生几乎从不参与导师的课题,导师与博士生的研究兴趣或领域趋异并呈现独立性特征。这是因为在强调个体研究的学科中,研究活动本身对物质资源的依赖低,选择课题的自主程度高。

导师对博士生的指导为弱架构。学生对沟通关系有较明确的控制,是一种不可见的教学实践。① 在博士生指导的弱架构中,师生关系平等,博士生从事研究活动的自主性强,指导活动很少受到规则和资源的限制,因此师生关系具有不可控制的特点,导师对博士生的指导更多是隐性、不可见的活动。

三　博士生培养制度运行中的学科差异

美国诺贝尔经济学奖得主诺思(D. North,也有译作"诺斯")指出,制度是一个社会的博弈规则,或者更规范地说,它们是一些人为设计的、形塑人们互动关系的约束。② 按照诺思的理解,制度不仅包括正式的规则和非正式的约束,而且包括上述两者的实施特征。所谓正式的规则,是刻在"墙上的规章制度",通常是显性的、可言说的,可以通过对政策规定、规章条例等文本内容的分析获得;而非正式的约束是指特定群体在日常活动中所形成的不约而同遵守的行为规范、惯例等,对非正式制度以及制度实施的研究需要走进社会情境。

关于美国博士生培养的正式制度,比如:以导师为主的委员会制度、结构化的培养程序等,笔者在本书第三章已有详述。但是,"墙上的规章制度"与组织的一些实践做法并不一致。因此,组织的正式规则与员工的实际行为模式之间的关系往往并不是完全相符的,而是存在一定程度的分离,或者只是一种松散的耦合。③

基于组织分析的新制度主义的这一重要理论发现,本书认为,尽管博士生教育的一般过程和主要节点(比如:修课、资格考试、博士论文)在不同学科具有共通性,但是不同学科教师对博士生的培养以及博士生如何跨过这些规定性节点是不同的。巴纳斯④的研究也支持

---

① Bernstein, Basil, *Pedagogy, Symbolic Control and Identity*, New York: Rowman & Littlefield Publishers, Inc. , 1996, pp. 3 – 25.

② [美]诺斯:《制度、制度变迁与经济绩效》,上海人民出版社2008年版,第3页。

③ [美]鲍威尔、迪马吉奥:《组织分析的新制度主义》,上海人民出版社2008年版,第205页。

④ Barnes, Benita J. , Williams, Elizabeth A. & Stassen, Martha L. A. , "Dissecting Doctoral Advising: A Comparison of Students' Experiences across Disciplines", *Journal of Further and Higher Education*, Vol. 36, No. 3, 2012, pp. 309 – 331.

这一观点。也就是说,博士生培养制度的实际运行会与正式制度本身呈现一定程度的偏离,产生偏离的原因包括机构文化(学校、院系)、学科文化等,而学科文化是重中之重。

对不同学科博士生培养制度所呈现的学科文化差异进行分析,有两方面的着眼点,第一,博士生培养制度在不同学科实际运行中体现出了什么样的学科文化特征? 第二,不同学科的教师对博士生培养制度形成了什么样的主观理解与看法? 在具体的制度内容分析中,主要选择诸如课程结构、资格考试、指导制度(导师选择、以导师为主的委员会制度)等进行不同学科的对比研究。

(一)资格考试与课程结构化程度的学科差异

不同学科研究范式的清晰和统一化程度影响了博士生课程的结构化程度与资格考试在学科间的异质性。课程是特定学科文化群体的文化产物,博士项目的课程是组织学生知识和文化参与的显性结构。[①] 就资格考试而言,不同学科和学校的要求各不相同,但目的都是考核博士生是否具备从事博士学位论文研究的知识基础以及继续从事相关领域研究的潜力。如果资格考试不合格,则以获得硕士学位终结学习生涯;如果顺利通过资格考试,则开始进入论文研究阶段。

在 R 大学的英语学科,博士生前两年的课程没有统一的规定,资格考试也是以口试的形式进行,并依据导师列出的"长长的读书单"提问。如一位受访教授所说:"在英语学科,博士生前一两年的时间用于课程学习,必须要参加资格考试,在这(指资格考试)之前要组成初步的考试委员会,形成博士生的读书单,大多是本领域的参考书目。这个读书单有些恐怖……"在英语学科,学科内部的智识性分离导致前两年博士生的课程没有统一规定,同样,博士生资格考试的读书单不是在系的层次上给定的,而是博士生与导师/指导委员会成员

---

① Holley, Karri A. , "A Culture Repertoire of Practices in Doctoral Education", *International Journal of Doctoral Studies*, Vol. 6, 2011, pp. 79 – 94.

之间协商形成的,因此,不同学生的读书单可能并不一样。之所以英语学科的课程和资格考试的知识内容呈现个性化而非一致性的特征,是因为"英语文学作为一个学科有点分崩离析,不仅因为它看起来是自我分裂的",①而正是学科的拓展和评价标准的多元化导致了学科内部的分歧,甚至对"什么是经典"不同学者都有不同的认识,这亦是学科的合法性危机。

与此形成鲜明对比的学科是经济学和数学。这两个学科的资格考试是系层面上的考试,有公开化的文本规定。原因在于这两个学科的学科知识内部一致性较高,对学科基础知识、经典知识具有相对较高且一致的界定和认同。

在数学学科,研究范式统一程度非常高,而且学科知识呈现积累性特征,因此数学学科课程的结构化程度非常高,资格考试具有统一化和结构化的特点。在 R 大学,数学学科的资格考试有严格的三层级考试体系(three – tier system)。(1)Tier 1:笔试,主要考核代数学和分析学,这是从事数学研究必须要掌握的基础知识。要求学生在第二学年末完成这部分的考试,如果通过,则继续后面的博士学业;如未通过,则获得硕士学位毕业,这实际上是淘汰博士生的第一个环节。一位受访教授(研究生事务主任)估计有 75%—80% 的学生能通过。之所以设置 Tier 1 考试,是希望博士生掌握从事博士阶段研究所需的基础知识,"因为我们的招生来源很多元化,不同学校的培养不一样。有的学生来这里需要继续修一些课程。有的学生大学本科阶段水平就够,例如中国学生大学学的已经够这个考试了"。(2)Tier 2:形式审查,在第三学年初进行。形式审查主要是审核学生过去两年的课程成绩、Tier 1 考试的成绩、导师对学生的评价报告、博士生的申请书以及学生做助教和助研的评价报告。(3)Tier 3,资格考试的口试,在第四学年 10 月份之前安排。在考试之前,导师会给

---

　　① ［美］米歇尔·拉蒙特:《教授们怎么想——在神秘的学术批判体系内》,孟凡礼、唐磊译,高等教育出版社 2011 年版,第 77 页。

博士生指定包括参考书和文章在内的读书单(reading list),这些材料构成考试的主要议题。通常有三位教师参加博士生 Tier 3 的口试,其中一位教师必须是来自博士生的辅修专业。受访的研究生事务主任指出,R 大学数学系 Tier 3 通过率在 80% 左右。与 Tier 1 相比,Tier 3 更为灵活,主要考察博士生对专业知识的掌握程度、对研究领域的熟悉程度和准备程度,以及辅修专业的学习情况。R 大学数学系博士生培养的政策文本中解释了设计资格考试三层级制度的目的,是"希望尽快并高效地决定学生是否掌握了研究生层次的数学知识、相应的能力和自律品质,是否已经准备好从事博士阶段的独立研究"。

尽管经济学科是社会科学,但由于其对数学知识要求的统一使课程结构和资格考试的内容得以统一化。经济学科博士生第一年的课程与资格考试已经成为全美经济学的传统。经济学对基础知识、经典知识的认同以及学科内部的一致性程度明显比英语学科高。资格考试侧重于考核博士生是否掌握了学科基础知识和跨学科知识,经济学科在资格考试之后还有第三年论文作为考核博士生的重要环节,而第三年论文侧重于考察博士生是否具备专攻领域的知识和研究能力。

化学学科的资格考试的内容较为灵活,往往以博士生报告研究计划的形式(口试)进行,重在考察博士生的研究质量和数量,而不是测试基础知识,因为化学学科的研究范式和工作方式决定博士生一入学就要选定导师并进入实验室跟随导师从事正式的研究。

(二)指导制度在不同学科的实施情况

1. 博士生如何选择导师

从理论上讲,师生关系的建立是一个双向自愿选择的过程。但是,笔者通过访谈发现,不同学科博士生选择导师的具体程序、方式、时间都存在显著的不同。最典型的是化学学科,提供了一个非常结构化的方式——实验室轮转制度(rotation)。以 R 大学化学系为例,在研究生入学的第二周开始,系里会组织一个教师研讨会的系列活动。具体时间是每周一到周四下午 5:45—6:45,要求所有研究生都要参加这些报告。其形式是,每位教师要准备一个 20 分钟的报告,向学生介绍自己的研究领域、兴趣和项目等。目的是帮助新生熟悉系里的教师及其研究,促使学生主动了解教师的研究领域并早日进入研究阶段。教师的系列研讨会报告结束后,鼓励学生与感兴趣的教师会面,并到感兴趣的教师的实验室工作一段时间,以便教师与博士生了解彼此的研究兴趣和风格,经过一段时间的实验室轮转后,博士生与导师再进行互选,并最终确立师生关系。

同样是自然学科,天文学与数学学科博士生定导师的方式不像化学学科的实验室轮转制度那般结构化。在天文学,没有实验室,没有结构化的研究团队,如一位受访天文学家所说,"轮转制度没有化学系那么正式,我们也不希望博士生在一个老师的实验室待六个月,然后再在另一个老师的实验室待六个月。我们没有实验室,我们的研究团队组成方式和化学系的不一样……我们研究项目的团队比较小。所以博士生一般先跟着某个感兴趣的老师开始一个研究项目,如果两者不合适,博士生会找另外一个老师说'我做某个项目做了有一学期,但不是我想要的,我想跟您工作,您看我能不能跟您做一些研究'。在化学学科,博士生是有意地在不同实验室之间轮换。在天文学,博士生也许会从一个老师换到另一个老师,通常是因为他们感觉有必要换,而不是结构化的轮换制度。如果博士生和第二个老师合作比较好,那么他整个研究生阶段会一直跟着这个老师做"。

在数学学科,通常在研究生刚入学的时候,研究生事务主任会给学生指定一位导师,导师负责跟进学生的学业进度并履行指导责任,安排学生的资格考试,而真正确定正式的师生关系是在 Tier3 考试通过后,一位受访数学教师说:"Tier3 在一定程度上也是一种形式,因为 Tier3 不单单是个考试,和 Tier1 不一样,Tier1 大家都做一样的题目,题目做对了多少就拿多少分。Tier3 说老实话,到了考试的时候是看你和导师建立起来的关系。一般来讲,我们导师同意让你参加 Tier3 的话,就是已经建立起来了,导师基本上就是已经打算让你通过。"

与自然学科不同,在经济学科和英语学科,博士生与导师关系的建立更为随意化、自主化,基本上是博士生与导师之间互相沟通的结果。

2. 以导师为主的论文指导委员会制度运行的学科差异

如果单从学校研究生院政策文本的陈述看,不同学科论文指导委员会的结构和功能大体相同,如论文指导委员会的教师必须要阅读和指导博士生的博士论文。但是,通过对多个学科教师的访谈,我们发现论文指导委员会制度在不同学科的具体运行中呈现差异性,而且不同学科教师对论文指导委员会的看法也存在一定的学科差异性。

从功能上看,论文指导委员会制度具有两面性。积极的一面,如博士生的论文研究涉及多学科或领域的知识,论文指导委员会的教师可以发挥各自的专长指导博士生,有利于博士生的论文研究获得多元化的支持。但是,在已经将论文指导委员会制度化并融入正式指导程序的经济学科,教师明确指出其不利的一面:多个教师指导博士生的情况下,博士生有可能会被不同教师的研究偏好所拉扯,对此一位受访者用了一句很有意思的谚语:厨子多了反而煮坏了肉汤(意指人多嘴杂),"尤其当博士生有一个相当多样化的委员会,委员会的成员又都在指导中很活跃,学生被拽向不同的方向。你不可能取悦每个人"。

此外,论文指导委员会成员与导师相比,在博士生指导中的投入会少很多,尤其是在以导师实验室为基础的结构化培养模式中,通常只在规定的资格考试和论文答辩中与博士生会面。一位化学教授提到:"作为委员会成员,只要求教师在博士生学习期间与学生见两次面,一次是资格考试,一次是论文答辩。但是我告诉我做委员会教师的博士生,如果你在学术上有什么问题的话可以随时来找我讨论,但很多学生并不充分利用委员会制度。"因此,化学学科委员会的教师更多是一种评价博士生工作的角色,而不是提供支持性的指导。在化学学科,之所以论文指导委员会成员很少介入博士生的指导,一方面源于以导师为领导的实验室工作方式的限制,即博士生的研究完全依托于导师的实验室及其物质资源的支持,因此,博士生的研究与导师的研究项目一致并获得导师的直接指导,很少需要其他教师的指导。另一方面,这也与化学学科的竞争文化有关。R 大学化学系总共有 43 名教师,也就是说总共有 43 个实验室团队,每位教师都独立领导自己的实验室。在调研中,受访教师普遍不关注正式的指导制度,而更多侃侃而谈团队、实验室、研究课题和资金。因此,对于以导师实验室为基础、合作研究文化盛行的化学学科,博士生在某种程度上被固定到导师的实验室中,对正式制度的需求实际上是减弱的。因此,博士生很少寻求论文指导委员会教师的指导,同样论文指导委员会也几乎很难介入博士生的科研工作。但是,化学学科教授也承认论文指导委员会是一个很好的指导制度,但从实际运行中所面临的委员会成员与博士生互动较少的问题来看,应该通过正式的制度鼓励博士生多与论文指导委员会教师会面,这样博士生才能从委员会教师那里获取多元化的指导,"以在博士生就业之时获得更为丰富的推荐信",或"请论文指导委员会教师推荐工业界的就业机会"。

同样,在其他硬学科,教师普遍认同论文指导委员会制度更为结构化和正式化的建议,例如,一位受访数学教授认为"论文指导委员会制度很有必要存在,应该将其政策制定得更清晰,这有利于博士生产出更好的研究成果,尽管对学生的压力也很大,但肯定是有好处的",因为"数学研究是一个孤独的过程。如果能与论文指导委员会的教师交流是很好的,对学生会很有帮助,这样学生能得到不同教师的反馈和指导"。因此,借助论文指导委员会可以帮助博士生克服学术研究中的孤独感,博士生能从多种途径获得智识性的引导。

而在纯一软学科,也就是英语学科,博士生一般会根据自己的论文研究向具有不同专长的论文指导委员会成员请教,论文指导委员会教师可以提供博士生论文研究所需的方法、理论或领域方面的专长。一位已在英语学科领域从事研究和教学工作 30 余年的受访教授,以他所指导的一位博士生为例,详细描述了论文指导委员会的构成：一位从事古希腊戏剧的教师，一位非常擅长言语行为理论的教师，一位是从事莎士比亚研究的学者，而他自己则具有戏剧研究的知识背景，"因此，博士生形成自己的论文指导委员会，论文指导委员会的每一位教师都发挥自己的专业长处帮助博士生。这是委员会成员通常所做的事情"。尽管英语学科的文化决定博士论文研究完全是博士生独立思索与沉潜的过程，但是由于学科知识的不一致和分裂导致博士生的论文研究需要吸取多元化的知识支持，因此，论文指导委员会的教师会在博士生的论文研究中起着相对比较重要的作用。

上述论证表明，学科文化就其价值取向而言影响了不同学科博士生培养理念的形成，并作为一种基本价值形塑了不同学科教师对博士生的培养方式与师生互动结构，而且也是博士生培养的制度运行呈现学科差异的重要缘由。伯顿·克拉克指出：正是学术系统的性质，决定了创造思想模式和精确定义正确行为过程的日益多样化。但是，个性寓于共性之中，系统既沿着文化的路线前进，又根据行政的程序行事。① 美国博士生培养不仅遵循特定的制度和程序，其制度实践也受到学科文化的影响并呈现差异。当然，以上讨论主要是建立在 R 大学的案例基础之上，不是建立在对数所大学的具体分析基础之上的；如果能就不同区域、不同国家的大学进行研究，肯定会更全面、更确切地概括学科文化对博士生培养制度实施的影响。

第三节　影响方式的特点

本章第一、二节提出：学科文化对博士生培养产生了影响并具有其内在逻辑，这一影响不仅体现在博士生的培养理念、培养方式和师生互动中，而且在不同学科的博士生培养制度的运行中也呈现学科文化上的差异。本节将进一步分析，学科文化对博士生培养的影响方式有什么样的特点？

---

① ［美］克拉克：《高等教育系统》，王承绪、徐辉译，杭州大学出版社 1994 年版，第 115 页。

一　教师对博士生的培养形成了一种学科惯习

文化不仅可以影响特定群体的人构建自我身份认同，也影响群体成员形成特定的知识和惯习。① 惯习是团体价值的内化，以某种下意识而持久的方式体现在个体行动者身上，体现为最具文化特色的思维、知觉和行动。就教师如何培养博士生而言，尽管没有清晰的指令或墙上的规章细则，但教师依旧遵循特定学科规范的模式行事，这正是在学科文化的影响下所形成的行为准则。因此，学科文化对博士生的培养形成了一种"学科惯习"。

这里所说的"学科惯习"，是属于特定学科共同体不言自明的行为方式，存在于显性制度之外。我们很少或几乎从未看到这些以明确的规章形式写出来，但生活于其中的导师却不约而同地以相似的方式或结构指导博士生。按照布迪厄（P. Bourdieu）的说法，是惯习（habitus）——一种历史生成的、持久的、社会的"潜在行为倾向系统"，一种先于个人而存在并赋予个人以某种社会身份的文化系统和心理习惯。其功能是："它确保既往经验的有效存在，这些既往经验以感知、思维和行为图式的形式储存于每个人身上，与各种形式规则和明确的规范相比，能更加可靠地保证实践活动的一致和它们历时不变的特性。"② 作为行动者行动图式的惯习已经类似于一种完美的技艺……深刻地存在于性情倾向系统中的、作为一种技艺存在的生成性能力。③ 学科惯习具有历史性和广博性的特征，也就是说特定的学科经过一段时间的积累生成的相对持久的博士生培养文化，这种文化甚至会超越学校与国家的地域界限。

不同学科博士生培养的惯习也是不同的：例如化学学科的导师对博士生的培养是置于实验室空间中的督促、紧跟型；经济学科是

---

① 刘欣：《阶级惯习与品位：布迪厄的阶级理论》，《社会学研究》2003 年第 6 期。

② ［法］布迪尔：《实践感》，蒋梓骅译，译林出版社 2003 年版，第 83 页。

③ ［法］布迪厄、［美］华康德：《实践与反思：反思社会学导引》，李猛、李康译，中央编译出版社 1998 年版，第 156 页。

置于团队结构中的推动型；天文学是侧重于研究过程中的引导型；数学是苏格拉底产婆术式的启发型；英语是疏离型的指导方式。

尽管学科外部景观发生的变化会对知识生产及博士生的培养活动产生影响，但是某些核心的学科文化特质仍作为一种学科惯习体现于博士生的培养活动中，诸如经济学教师对技能的重视，体现了学科文化的实用特征；数学学科的教师注重对博士生的智识性启发，与学科的逻辑严密特质有关；英语学科的导师与博士生大体上不喜交流的惯习，体现了注重个体探索与寂寞研究的学科文化。

二　博士生培养依托于学科的智识共同体

所有学科对博士生的培养都依托于各具特色的"智识共同体"（intellectual community）。在鲍曼看来，共同体只是一种假设，一种欲望的表达，一种动员基层群众、使之更趋紧密的号召。只要在共同体的理念下诉诸某种自然状态，本身就有助于加强统和诉求的效力。[①]这种由教师与博士生共同构成的智识共同体，不仅提供了学科成员从事学术研究的思想交流空间，而且不同学科的博士生培养也在不同程度上依托于特定学科的智识共同体，例如读书小组、博士论文写作小组、组会、工作坊、同辈指导，等等。

当然，不同学科博士生培养所依托的智识共同体的组织形式、目的、功能，甚至依赖程度存有差异。化学学科的博士生培养形成了对实验室空间与组会的强依赖，对导师实验室的依赖是源于知识生产对有形资源的强依赖，组会是在实验室空间下形成的学术指导方式，这已成为化学学科普遍的沟通方式；天文学在师生一对一的指导之外形成了同辈指导的智识共同体；数学学科的博士生培养多限于师生一对一的互动结构；经济学博士生培养置于工作坊和"午餐会"的智识共同体中，工作坊是正式的结构，而午餐会是师生自

[①]　［英］鲍曼：《社会学之思》，李康译，社会科学文献出版社 2010 年版。

发形成的非正式的结构；英语学科博士生的成长需要读书会、博士论文写作小组等智识共同体以克服知识碎片化所带来的寂寞感，智识共同体的交往以阅读和讨论文献为主。

以上不同学科所形成的智识共同体的共同特点是，提倡在对话、交流与支持的氛围中培养博士生。研究表明，那些辍学、延期的博士生，一个主要的原因是过分脱离智识共同体。[①] 因此，教师鼓励作为学术新手的博士生参与智识共同体，以通过体验共同体的社会和文化实践掌握学科知识生产所需要的知识与技能，这类似于吉恩·雷夫（J. Lave）和埃提拿·温格（E. Wenger）所说的"合法的、边际性的参与"[②]。

正是博士生培养，尤其是导师对博士生的指导活动，使学科文化得以在学术部落传承。从共同体的视角看文化与社会行动的关系，并不是单向的文化影响社会行动。也就是说，文化在社会行动与关系的产生与形成中起着一种能动作用，同时，位于共同体中的社会行动与交往也不断积淀着文化的核心价值体系。

---

① Walker, George E., *The Formation of Scholars*: *Rethinking Doctoral Education for the Twenty – first Century*, San Francisco, CA: Jossey – Bass, 2008, p. 122.

② Lave, J. & Etienne Wenger, *Situated Learning*: *Legitimate Peripheral Participation*, Cambridge: Cambridge University Press, 1991, p. 29.

第 十 章

结论与讨论

社会科学应当关注的，是人类的多样性。这种多样性构成了人类过去、现在和未来分别生活于其中的全部社会世界。

——米尔斯，1959

第一节　主要研究结论

通过对 R 大学五个学科案例的实证剖析和解读，本书主要得出如下几点结论：

第一，教师对博士生的培养活动受到学科文化的影响并具有其内在逻辑——高深知识。几乎所有的访谈者都宣称学科文化以无所不在的方式定义了他们的指导实践和作为学者的专业认同。也就是说，学科文化构建了导师指导活动的解释图式。

博士生教育的核心任务是培养博士生从事特定学科高深知识的生产。在教师看来，博士生从事高深知识的生产需要掌握三类知识：学科核心知识、学科外围知识和可迁移性知识。学科核心知识是指学科本身的知识，诸如特定学科的理论体系、研究方法和术语系统。学科外围知识是指与学科研究本身密切相关的跨学科知识，这类知识并不属于学科内部的范围，但是对于博士生所从事的研究来说，需要相关的跨学科知识作为"技能""方法"或"手段"以促进高深知识的生产与创新。可迁移性知识主要是技能知识

（know-how）和人际知识（know-who），具体包括如何做研究、如何写作文章或博士论文、如何发表和出版研究成果、如何做学术报告、如何与学界学者交流和合作，这些知识往往属于缄默知识。可迁移性知识的培养是博士生教育中最关键，也是最难以进行的。总之，导师不仅指导博士生获得高深知识生产所需要的显性知识，更重要的是培养博士生获得身份认同的相关缄默知识，诸如特定学科的研究技能、方法、专业能力、交往和态度等。

第二，教师对博士生的培养活动因学科文化的不同而产生差异。学科文化就其价值取向而言影响了不同学科博士生培养理念的形成，并形塑了不同学科教师培养博士生的方式与师生互动结构。

之所以不同学科的博士生培养理念会呈现差异，是因为学科文化的行动理性不同。具体来说，纯学科崇尚价值理性，博士教育的培养目标定位为学术界的学者或研究者，更为强调培养博士生的学术研究能力。而在应用学科，遵循目标理性，教师对博士生的学术训练过程不仅注重学术本身，而且更强调解决实际问题的能力，因此，博士生的培养目标在强调学术研究能力的同时，更为注重培养博士生的专业技术能力或就业能力，将博士生的就业取向定位为学术职业和非学术职业。

不同学科博士生培养方式和互动结构的差异源于学科研究范式的清晰统一化程度和知识生产活动的特征。都市型学科和田园型学科在知识生产活动中对空间和资源的依赖程度是不同的。比如，化学是典型的都市型学科，其知识生产活动对空间和资源具有强依赖；英语是典型的田园型学科，其知识生产活动对空间和资源是弱依赖。知识的特性决定学科知识生产活动对空间和资源的需求程度，这形成学科文化并构成部落人员的关系结构。因此，学科知识生产活动的社会条件是反映学科文化的一个重要指标，在一定程度上影响了博士教育中师生关系的权力机构和紧密程度。

从学科的硬、软维度看，硬学科知识发展具有累积性和线性特征，强调客观性以及对客观世界普遍规律的发现、解释、揭示和预测，知识范畴之间边界清晰，学科理论和评判标准相对统一，研究范式同质性高。软学科知识范畴间的界限模糊，学科理论和评判标准多元化，研究范式异质性高，如人文学科对什么是合乎标准的学术成果几乎总是各执一端。① 在人文学科，阐释是独具特色的个体化研究过程，虽然有许多不同研究风格、研究兴趣、研究课题，有时还有许多不同的理论方向，但合作研究不是一般规则而是例外，出现分歧和出现相同观点都一样常见，这是不足为奇的。② 因此，硬学科研究范式同质性高，师生间容易达成合作；软学科研究范式异质性高，更强调个体化智识探索。

但是，研究范式同质性高的数学学科，为何师生合作程度远低于化学学科？这与学科知识生产的社会条件（即科研活动对物质资源的依赖程度）有关。数学学科的知识生产几乎不涉及化学学科所强烈依赖的物质资源，而更强烈依赖于研究者个体的智识探索。智识探索是一种个体化的思考过程，其研究任务很难被具体化并进行清晰的劳动分工。因此，与化学学科相比，数学学科师生合作研究的程度不高。总之，合作研究型工作方式是指，学科的智识问题在研究实践中可被进行分工和合作。之所以说有些学科不是合作研究型的工作方式，是因为学科的认知形式决定智识任务很难被分割成认知工作的不同组成部分，这样的研究工作并不需要合作研究，而是更适合于个体独立探索。③

在此基础上，本书抽象出五种基于学科的博士生培养方式及其文化特质：

（1）以导师实验室为基础的结构化培养方式（硬—应用—实

---

① ［美］默顿：《科学社会学》，鲁旭东、林聚任译，商务印书馆2004年版，第645页。

② ［英］托尼·比彻、保罗·特罗勒尔：《学术部落及其领地》，唐跃勤、蒲茂华、陈洪捷译，北京大学出版社2008年版，第134页。

③ Turner, Jim L. , Miller, M. & Claudia Mitchell‐kernan, "Disciplinary Cultures and Graduate Education", *Emergences*, Vol. 12, No. 1, 2002, pp. 47 – 70.

验型学科，化学）。化学学科盛行合作研究的文化，研究范式清晰，形成了以导师实验室为基础的结构化培养方式。导师对博士生的指导为强架构，指导方式为紧跟型。导师将博士生的培养置于实验室团队，博士生的知识生产依赖于导师实验室所提供的平台和资源，博士论文的研究嵌入导师的科研项目并形成实验室的"有机体"，形成了组会这一结构化的学术指导方式。导师在博士生学术研究与教育活动的所有方面都起着核心的作用：提供博士生从事研究所需的研究平台和资源、指定博士生的论文选题、督促博士生的研究进度与结果。师生互动结构紧密，角色清晰，任务明确。

（2）以公共观测台为基础的引导式培养方式（硬—纯—观测型学科，天文学）。天文学科研数据获得的独特性与工作方式影响了天文学博士生培养的文化，形成了以公共观测台为基础的引导式培养方式。导师对博士生的指导更多是以博士生独立性的成长为中心，从"手把手"的指导到逐渐的"放手"让博士生独立从事研究项目、负责研究进程的过程。博士生的论文研究没有形成对导师的资源依赖，而是由博士生独立申请公共观测台并搜集数据。因此，博士生的论文研究与导师的课题之间没有必然的关系，博士生学术研究的自主性和独立性比化学学科更高更强，导师在其中的角色是引导，在博士生需要之时给予适当的点拨和帮助。师生互动往往是导师与博士生一对一的形式，并在研究生群体中形成了同辈指导的团队结构。

（3）以智识讨论为基础的启发式培养方式（硬—纯—思考型学科，数学）。数学学科研究范式清晰，崇尚个体探索的研究文化，形成了以智识讨论为基础的启发式培养方式。师生互动往往是导师与博士生一对一的交流，更多是谈话取向的；师生互动的价值是思维启迪，是纯粹学术知识的讨论。导师主要通过发问这一启发式方法指导博士生，注重博士生的研究兴趣和天赋。师生双方的合作研究也遵守学科文化的规则与规范，呈现递增趋势，是一种"自然而然"的合作过程。

（4）以技能培养为主的团队互动培养方式（软—应用学科，经济学）。经济学偏合作研究文化，研究范式的统一化程度一般，注重实用性，博士生培养形成了以技能培养为主的团队互动方式。导师通过结构化的培养程序、团队互动结构督促博士生推动学业进展，训练博士生掌握专业知识和技能、具备就业能力，是"推动型"的指导风格。从具体的学术指导互动看，导师更多是引导与帮助博士生取得研究进展，强调师生在团队中的紧密互动与对话。在经济学，博士生是否参与导师的课题，视博士生的研究兴趣与导师研究项目的匹配程度而定。从学科文化看，越来越提倡合作研究，教师与博士生合作发表论文已经成为经济学学科内部共同体文化所予以承认的趋势。

（5）寻求团队支持的个体探索培养方式（软—纯学科，英语）。英语学科偏好个体独立思考的研究文化，研究范式缺乏集体一致性和认同感，形成了寻求团队支持的个体探索培养方式。学科内部的开放性在一定程度上决定了博士生选题的自主性以及师生对各自研究兴趣与问题领域的定位，师生互动呈现疏离、松散的状态，关系更为平等，导师对博士生的指导为弱架构，因此，寂寞、独立思考或者说放手型的指导风格构成了英语学科博士生培养的当下写照。但是，正是知识的碎片化致使研究者寻求所谓的"心灵共同体"的支持来克服寂寞感。在此学科文化下，学者普遍认同并赞赏博士生通过参与兴趣相近的共同体——博士论文写作小组和读书小组寻求智识支持。

总的来看，上述五种博士生培养类型，作为一个连续不断的整体，呈现了不同学科博士生培养文化的相似性和差异性。例如，天文与化学学科博士生培养存有一定的共性，因为两者都属于硬学科，但其培养方式的差异性在于师生合作的程度和方式，这又源于高深知识的纯/应用维度不同，以及知识生产所采取的研究手段不同。换个角度看，同样作为纯学科的数学和英语学科却由于知识软硬程度的不同形成了截然不同的培养方式，但其共性之处在于尊重博士生的独立智识探索，并形成了教师培养博士生的适度放手策略。

第三，学科文化对博士生培养的影响方式具有稳固性的特点。（1）教师对博士生的培养活动形成了一种学科惯习。学科惯习属于特定学科共同体指导博士生的不言自明的行为方式，存在于显性制度之外。就教师如何培养博士生看，尽管没有清晰的指令或墙上的规章细则，但教师依旧遵循特定学科规范的模式行事，这正是在学科文化的影响下所产生的行为准则。（2）不同学科的博士生培养在不同程度上依托于特定学科的智识共同体，例如读书小组、博士论文写作小组、组会、工作坊、同辈指导，等等。当然，不同学科博士生培养所依托的智识共同体的组织形式、目的，甚至依赖程度存有差异。但其共同点是，提倡在对话、交流的氛围中培养博士生。

第二节　政策建议

本书的主题是从学科文化的视角透析不同学科博士生培养的差异，并分析这种差异对博士生培养实践带来的影响。研究指出，学科文化不仅对博士生培养理念与培养方式产生了影响，而且在博士生培养制度的运行中呈现出学科文化上的差异。最近二十年，世界范围内博士生教育的改革呈热火朝天之势，无论是欧洲等国对博士生培养结构化的推进，抑或中国对博士生质量的关心，在关注效率与绩效的同时更需回归学科文化之根本反思博士生培养。正如本书伊始所指出的，缺乏从学科文化视角审视博士生培养实际上已经引发了不少现实问题。在本书接近尾声之时，笔者将结合如上理论性的结论回到现实，不仅从国家层面的改革思索，也将落脚到院校层面，分别从博士生教育的培养目标、培养方式、质量评价以及大学管理层和国家宏观政策制定与制度改革的价值基础等方面进行探讨，并提出研究的启示。

一 实践中的博士生培养目标应当符合学科知识特点

从博士生培养实践看，尽管学术型博士生教育以培养学术界人才为主，但应当有符合学科知识特征的具体培养目标。

长期以来，我国的博士生教育是以《中华人民共和国学位条例》（以下简称《学位条例》）的界定为培养目标：培养博士生扎实宽广的学科基础知识，具有独立从事科研的能力，以及具有独创性质的科学或专门技术方面的成果。《学位条例》体现的是一种整体化的培养学术型人才的理念，即主要培养高校和科研院所的学术研究者。

但是，不同学科的知识特点不同，相应地不同学科也呈现出不同的文化特征，因此，在培养实践中，博士教育的具体培养目标应当符合学科知识的特征并根据不同学科的文化特质进行界定。例如，化学、经济学等学科呈现出追求目标理性的学科文化，那么，可以将博士生教育的目标界定为培养从事学术职业与非学术职业的人才，这符合这类学科对实用文化的认同。而在英语、天文和数学领域，呈现出追求价值理性的学科文化，知识本身对纯粹价值的偏爱决定博士生教育的目标多局限于培养学术型人才，应当注重培养博士生从事学术研究的知识和能力。对于英语和数学学科也要加强对博士生的教学能力的培养。

从世界范围看，当前博士生教育也面临着外部景观变迁所带来的重重张力。一方面，高深知识生产的工作条件不断受到外界的影响，尤其是"知识生产方式的转型对作为未来的知识工作者的博士生提出了诸多的要求。例如从事跨学科研究、从事与社会利益密切相关的研究、团队合作能力，等等"[1]；另一方面，今天的部分博士生也许并不是为了追求学术职业而攻读博士学位。美国在高等教育系统工作的博士学位获得者占47%；澳大利亚44%的博士学位获

---

[1] 陈洪捷：《知识生产模式的转变与博士质量的危机》，《高等教育研究》2010年第1期。

得者从事学术研究职业；英国约 40% 的博士学位获得者在高等教育部门工作。[①] 从中国 1995 年到 2006 年间博士学位获得者的就业分布来看，进入企事业单位的博士生比例不断提高，从 1995 年的 4.9% 上升到了 2006 年的 21.1%。[②] 但是，博士学位获得者进入非学术市场就业的比例呈现明显的学科差异性，其中，自然学科进入非学术市场的比例高于社会学科，而社会学科的这一比例又显著高于人文学科。

　　不同学科的博士生培养应当依据学科文化及其知识特征合理制定培养目标，应对外部挑战。也就是说，以学科文化及其知识特征为依据，不同学科应对外界现实的挑战及其培养目标的制定应该有所区分。例如，经济学科由于学科文化本身对实用性与效率等理念的重视，相应的博士生培养也非常注重通过知识生产过程培养博士生掌握相应的知识和技能，甚至会以博士生的就业取向为参考培养博士生，因此，经济学科的培养目标可以界定为培养学术界内外的高层次研究型或技能型人才。而在英语学科，由于学科本身是对纯粹知识的追求，所培养的博士生很难应对工业界的就业岗位，非学术部门也没有对英语学科博士学位获得者的强烈需求，但教学型大学和研究型大学需要具备教学能力的人才，这可成为英语学科博士生培养目标的突破口。上述分析提醒我们，不同学科的文化特质呈现差异，其应对外界景观变迁的方式也不同，尤其是在教育改革的背景下，博士生培养目标的制定更不能一刀切，而是要具有学科知识特征的针对性，并考虑学科文化的多样性与独特性。

二　博士生培养方式要考虑学科文化特征

　　后文将就这一问题进行讨论，即是否应该依托科研课题培养博

---

① 王东芳：《博士生教育质量评价：新情境下的挑战与启示》，《学位与研究生教育》2012年第 2 期。

② 中国博士质量分析课题组：《中国博士质量调查报告资料》，北京大学教育学院内部资料，2007 年。

士生？本书的基本观点是：博士生教育是对博士生进行学术训练的
过程，是培养博士生从事高深知识生产的过程，但是，博士生培养
是否需要依托于科研课题进行取决于不同学科的研究文化，而且不
同学科的依托形式和程度不同。

　　博士生教育的核心任务是培养博士生从事特定学科高深知识的
生产。高等教育机构作为高深知识的场所，其内部的组织与管理应
当符合高深知识活动的规则。只有对高深知识活动的特殊条件、特
别是对不同知识领域不同的工作条件有比较深入的了解，高等教育
结构的组织和管理才能根据其特殊的要求来进行安排。高等教育结
构的制度设计才有可能更具有针对性，更符合不同领域学术工作的
内在需要，并减少盲目的、"一刀切"式的，从而也是有损于学术
工作的组织行为。[①] 本书在一定程度上揭开了不同学科博士生培养
的黑箱，博士生教育应该以高深知识的生产与培养特点为依据改进
培养过程与方式，从而更好地促进博士生的创造性。但这往往是政
策改革者很少关注的。如果没有深入到不同学科博士生培养实践，
并站在导师与博士生的角度思考博士生教育，是很难理解博士生培
养与博士生知识生产活动的多样性与复杂性的。

　　就上海某大学案例来说，2011 年正式颁布了《博士研究生培
养机制改革方案（试行）》，其中规定"无科研项目的博士生导师
原则上不能招收博士生"。这一规定的目的是"以科学研究为导向，
合理配置博士生招生名额；确立导师负责制和资助机制"。但关键
问题是，以"博士生导师是否有科研项目"为标准衡量导师是否能
招收博士生并不符合所有学科的实际情况，根本原因在于不同学科
的知识生产方式和研究文化不同。科学社会学家巴伯（B. Barber）
指出，科学研究有两种组织模式：一种"由科学家单独或以小组的
形式来进行"，另一种"由大规模的，分等级地组织起来的群体来

---

① 陈洪捷：《论高深知识与高等教育》，《北京大学教育评论》2006 年第 4 期。

进行"，前者适用于纯科学的研究，后者宜于应用研究。① 北大中文系教授陈平原明确指出，理工科科研方式并不适用于人文学科，不仅不能带来好处，还有可能会对学术发展带来负面的影响：

> 以笔者观察，最近三十年，好的人文学方面的著作，大体上有三个特征：第一，个人撰写；第二，长期经营；第三，基本上没有资助。我对人文学领域的大兵团作战，不太以为然。动辄四五十人，真的能"强强联合"吗？我怀疑其实际效果。强大的经费支持，对人文学者来说，不是最关键的，有时甚至还坏事。为什么？因为拿人家的钱，就得急着出成果，不允许你慢工出细活。目前的这套项目管理机制，是从理工科延伸到社会科学，再拷贝到人文学。延伸到社会科学，还有道理；最不适应这套管理机制的，是人文学。②

不同学科研究文化的差异从上可见一斑。就博士生培养而言，完全以课题为基础决定所有学科的博士生培养模式实际上违背了学科的文化生态。在实践中，应该以不同学科的知识生产及其所体现的学科文化特征为依据采取合理的博士生培养方式。例如，在化学学科，知识生产活动需要依赖于物质资源购买仪器、设备以及实验室的运转；而且化学学科呈现出实用性的学科文化，容易与工业界等部门建立联系，有途径获得各种课题项目的资助；此外，化学学科的课题研究很难由导师一个人完成，需要团队，尤其是作为科研主力的博士生参与其中从事具体实验研究，因此，化学学科完全可以"以导师的科研项目为中心"培养博士生。

但在纯—软学科，注重纯粹的学术研究和个体智识探索是其学科文化特质，导师获得的科研课题很少，即使有课题也不需要团队

---

① ［美］巴伯：《科学与社会秩序》，顾昕等译，生活·读书·新知三联书店 1991 年版，第 116 页。

② 陈平原：《全球化时代的"大学之道"》，《文汇报》2009 年 3 月 14 日。

的分工与合作，即不需要博士生加入导师的科研课题从事研究工作，而更多鼓励博士生选择自己的研究领域和问题。因此，像英语这类纯—软学科，很难做到"以导师是否有科研项目"来决定博士生的招生，如果以此为依据，学科的发展和后备人才将面临枯竭的可能。如果从一所大学，甚至一个国家的学科生态发展角度看，非常有必要存在一批从事纯粹学术研究并培养纯粹学者的学科，应从政策上支持和保护纯—软学科的博士生教育。

在改革过程中，我们需要防止的是：（1）一定要注意一些从学科发展的生态角度来看不可或缺的学科（尽管其当前不热门）以及新兴学科与交叉学科的发展需要。（2）对于一些新引进的、暂时尚无科研项目的人才在招收研究生方面的需求。（3）要防止学生认为是在为"老板""打工"，以及导师把学生当作简单的"劳动力"而忘了自己的培养责任。[①]

20世纪，德国学者维泽（Leopold von Wiese）就指出，"欲求知识的增长，需要各种各样性质不相同的工作"。他将学术工作分为两种类型，"其中一部分是偏重技术、需要分工合作并通过周密组织来完成的工作；另一部分则是思想的表达，无须依靠精良的设施"。不同的学术工作类型所需要的工作状态和组织方式的要求不同，"前者（技术性工作，多指应用学科）有赖交往，后者（思想的表达，多指纯学科）需要寂寞。更重要的是，对不同的工作的性质以及这种工作对参与者个人的要求，应该有正确的认识。必须明确，对一个分工协作的集体以及其中的工作者和一位寂寞的思想家或艺术家的要求是不同的，前者需要精确、勤奋积累、遵守规矩，后者需要原创性、感受力、独立性。还应该看到两者也各有其弱点，前者注重外表、墨守成规，后者则过于主观"。[②]

---

① 杨玉良：《漫谈研究生教育中的一些相关问题》，《学位与研究生教育》2007年第2期。
② 陈洪捷：《德国古典大学观及其对中国的影响》，北京大学出版社2007年版，第203页。

三 博士生质量评价标准应考虑学科文化的差异性

不同学科的评价文化呈现差异，这对博士生质量评价的标准产生了直接的影响，因此博士生质量评价标准应该考虑学科文化的差异性。

目前我国各个高校纷纷制定的一条有关博士生获得学位的硬性要求是：必须在 SCI，CSSCI 或核心期刊上发表论文若干。此规定的初衷固然是希望以此督促博士生尽早获得独立从事科研的能力，但是，笔者曾对国内某重点大学的博士生进行过随机访谈，发现尤其是在外语等学科，博士生几乎很难发表论文。实际上，不同学科的学术评价标准不同，这也对博士生培养的文化产生了很大的影响，例如，本书的案例指出，英语学科对博士生的评价标准更多是作为著作的博士学位论文，而化学、数学、天文等学科更注重博士生发表学术论文，博士论文往往是已发表论文的糅合。

根据全国博士质量的调查结果，不同学科博士生和博士生导师对学位论文质量的重视程度也存在明显的差异。其中，认为博士学位论文是评价博士质量最重要的三个指标之一的理工农医学科的博士生比例均不足 22%，医学甚至只有 13.8%。这表明，在这些学科当中，偏重博士学位论文、学术成果导向的博士质量观已经不能得到大多数理工农医学科博士生的认同。相反，仍有 45% 的人文学科的博士生认为博士学位论文是评价博士质量最主要的三个指标之一。[①] 这提醒我们，在博士生教育过程中以及在制定相关政策时，应充分考虑学科的差异性。

博士生教育本质上是一种高深学术活动，在微观的学术训练和培养过程中，只有深谙学术奥秘的教授们才能真正把握学术标准和处理学术事务。因此，世界上无论哪一种研究生教育体制和模式，以导师为主的学术团体都是控制博士生教育质量的决定性

---

① 陈洪捷：《博士质量：概念、评价与趋势》，北京大学出版社 2010 年版，第 44 页。

力量。① 也就是说，学科文化是制定博士教育质量评价标准的重要基础。

四　博士生培养制度实施的"底部厚重"

博士生教育应该考虑学科文化多样性的事实，制定灵活的博士生培养制度，制度实施应该遵循"底部厚重"的原则。

美国博士生培养的一个重要基础是，权力下放在最底层——学科/学系，也就是"底部厚重"的特点，即核心活动在系科层面。学科的规范和教学与研究实践塑造了系科博士生教育的实践和文化观念。尽管学校有统一的管理规定，但学系和博士点、导师的指导实践表现出的特点是：有足够的权力在政策空间内从"底部"对"旧的词汇"做新的概念添加和意义解读。第一，正式制度在不同学科所产生的实践与具体规则存在差异性，因为"每个学科的指导差异很大。我认为不能有学校层面上的规则，如果导师对博士生的指导力图必须符合研究生院下发的每一条政策规定，毫无疑问，这对一切学科都是有害的"（受访教师）。第二，当正式的规定或制度被套上铁环，也就是说制度过于限制博士生培养时，教师应该坚守学术本质与学科文化之精神，并传递给博士生。如受访者说，"尽管制度性的规定是重要的，但是根据博士生研究课题的进展推动研究也很重要，所以人为的要求博士生应该在什么时候完成是不可行的，制度性的规定一旦成为铁环将会产生危害……不管是什么障碍，都要看教师认为什么是重要的"。

在本书的调研过程中，R大学的一些系科已经或正在根据自身的发展改进博士生培养制度，例如R大学教育学院教育技术系在2000年进行的博士生培养改革，涉及博士生的资格考试、培养结构等方面。当然，这里要讨论的问题是改革过程中各方的权力空间，

---

① 薛天祥：《研究生教育学》，广西大学出版社2001年版，第264—285页。

而不是改革的成效。从教育技术系改革后的博士生培养实践看，不同于院系，甚至学校层面的传统要求，但根据笔者对教育技术系、教育学院以及研究生院相关负责人的访谈，他们普遍提出这一观点：博士生培养可以基于学科的考虑制定培养方案，只要政策陈述大体符合宏观制度规定即可。

在博士生培养过程中，不同学科的文化各有差异，如果制度选择过于单一、灵活性不足，有些制度设计不符合特定学科的文化特点，则有效的博士生教育以及想培养成功的、有创新精神的博士生则无从谈起。因此，一个有效的制度应该是人们能够自主适用和实现个性激励的制度，这就要求有关博士生培养的宏观制度安排要有足够的灵活性。"看好制度的有效性有多长时间，关键是看该制度的灵活性有多大。"刘易斯（W. Lewis）也说："制度最主要的特征也许是它所允许的行动自由的程度。"①

本书通过对"导师"话语的分析，展示了不同学科博士生培养所呈现的学科差异性。在博士生教育阶段，文化统一、对所有学科实行单一的科层制管理实际上会扼杀学术创造力，扭曲学术训练。"要想成为主要的研究型大学，就必须具有传统的各种各样的系主任委员会和大学评议会的结构，并维持规模较大系的自主权……要想成为重要的研究型大学，就必须容忍一定程度的混乱和无政府状态。"②

五　宏观博士生教育政策与制度改革应当考虑学科文化的差异性

国家宏观政策制定与制度改革应当考虑学科文化，具体的判断维度是学科的知识特征与知识生产的社会条件。

---

① ［美］诺思：《诺思的"制度国富论"》，《21世纪经济报道》2002年4月8日第31版。刘易斯：《经济增长理论》，梁小民译，上海三联书店1994年版，第177页。转引自孙华《博士生创新能力培养：一个观念——制度的分析框架》，《学位与研究生教育》2007年第4期。
② ［英］托尼·比彻、保罗·特罗勒尔：《学术部落及其领地》，唐跃勤、蒲茂华、陈洪捷译，北京大学出版2008年版，第214页。

当我们审视博士教育领域的改革时，会发现，世界范围内所进行的制度改革多基于效率与绩效。例如，澳大利亚、英国和美国都制定了国家高等教育与研发政策，这些政策最终重塑了教学科研人员工作以及本科生与研究生教育。① 英国政府的研究生教育政策常常是基于自然学科的传统和趋势制定的。② 科研政策是研究生教育的命脉。从 20 世纪 80 年代开始，英国政府开始实施"战略研究"的科研经费关系模式，科研项目拨款以解决实际问题为主。战略性科研的推动是英国政策变革中影响最深的，这种科研模式强调实际社会问题的解决，这对纯学科的研究和博士生培养形成了冲击。同样，英国的科研评估运动改变了大学的学术文化，对大学教师专业认同与科研决策产生了影响。英国的经济与社会论文指导委员会要求社会科学的博士生必须四年内完成学业，否则会影响该校下一年的经费拨款，这导致某些高校通过降低质量提高博士生的按时毕业率，这已在英国激起了不少批评的声音。

越来越多的国家在博士生教育层次的改革上存在着一些技术理性目标，认为学术机构过于复杂，修业年限过长，从而产生了使其合理化的愿望，一些改革将合理化的标准设定为绩效和效率。本书并不是否定绩效取向的标准，但是，需要提醒的是，改革并非一朝一夕，也要从长远的学科合理性角度进行思考。韦伯在 1918 年的演讲中指出，学科外部并不存在批判学科内部事务合理性的基础，每一个学科都有自身内在的合理性和基本价值，这些合理性和价值基础都扎根于学科内部、隶属于学科文化，而不是外部。③ 因此，博士生培养制度的改革与制定应该考虑学科文化的差异性，适合于

① ［美］劳特、莱斯利：《学术资本主义：政治、政策和创业型大学》，北京大学出版社 2008 年版，第 198 页。

② Becher, T., Henkel, M. & Kogan, M., *Graduate Education in Braitain*, London: Jessica Kingsley, 1994.

③ Kendall, G., "The Crisis in Doctoral Education: A Sociological Diagnosis." *Higher Education Research and Development*, Vol. 21, No. 2, 2002, pp. 131 – 141.

自然学科的培养模式实际上很难在人文学科推广。① 本书提炼出考察不同学科博士生培养文化的两个重要维度：学科知识的特征和知识生产活动的特征。博士生教育是培养博士生从事高深知识的研究，因此，博士生培养的制度改革应当符合高深知识本身和知识生产活动的规律。

第三节　研究贡献与展望

　　笔者绝对不会提出这样的用意，任何导师或相关政策制定者，读过本书后的行动与决策会更为有效——这不是一本有关如何指导博士生的手册，也不是有关如何制定政策的灵丹妙药。但是笔者相信，本书提供了一个机会，展现了教育与学术研究之生活世界的丰富性和多样化，挖掘了教师眼中的博士生培养，他们的所作所为，所思所想竟然不约而同地印刻了学科文化之特质，潜移默化于学科共同体，形成一种学科惯习。需要说明的是，对学科文化的研究是为了加深理解力，如京剧的脸谱或画漫画般，凸显不同学科文化的显著特质，展示学科文化的丰富性，为实践提供更生动的文化事实。

一　贡献

　　影响博士生培养产生差异的原因多种多样，诸如国家文化、院校文化，甚至种族文化，但是本书着重抓住学科文化这一核心视角，在建制民族志的引导下对一所美国大学进行了长达一年的田野调查，选取了五个学科的案例进行全面分析，对不同学科教师如何培养博士生进行了系统全面的解读和解析。此外，本书也尝试将研究结论应用于当下博士生培养制度的改革，进行了有意义的探讨。

---

　　① 挪威的一项研究也提出相似观点。参见 Jens – Christian Smeby, "Disciplinary Differences in Norwegian Graduate Education", *Studies in Higher Education*, Vol. 25, No. 1, 2000, pp. 53 – 67.

主要贡献如下：

（一）内容的贡献

1. 关注"教育"之根本议题——如何培养人

本书的研究重点是不同学科的教师如何培养博士生，具体包括博士生培养的理念、导师指导方式与师生互动结构。涂尔干关于"教育"一词的经典定义是：教育是年长的几代人对社会生活方面尚未成熟的几代人所施加的影响。无论社会情境如何变迁，教师对学生的培养是教育研究中永恒的核心话题。国外已有质性研究很少从教师的话语视角解读博士生培养与指导，而更多是关注博士生的学术社会化与就读经验。本书从教师的视角出发，着力塑造教师在博士生培养中的所思所为，并沟通至师生互动的结构。

2. 把多种学科作为高等教育学的研究对象与分析的基本单位，并深入到具体学科之内关注博士生教育，以摆脱高等教育研究由于脱离对知识这一核心材料进行分析而导致的黑箱状态

与以往关注单一学科或不考虑学科差异研究博士生培养的研究不同，本书对九个学科进行了深入的田野调查，并基于比彻的硬/软、纯/应用维度选取五个学科作为研究案例，对如何从学科文化的视角审视博士生培养活动进行了详细而全面的论述，试图在已有的理论框架与社会生活事实之间进行力所能及的探讨，构建出有关博士生教育与学科文化互动和影响的模式或范式，以期帮助读者更好地理解这一交叉地带的运行。之所以"把多种学科作为高等教育学者的研究对象，因为它们是高等教育的重要组成部分，如果不能深入到一些具体学科建制之内关注其自身发展中的种种问题，高等教育研究仍然难于摆脱'黑箱状态'"①。

3. 从文化的角度来理解培养活动，即抓住学科文化这一关键视角探究不同学科博士生培养的核心特质

①　李春萍：《学科制度下中国学术的演变：以北京大学为例》，博士学位论文，北京大学，2004 年，第 166 页。

在教育学活动中，教育学者可以使用事实的材料和科学的手段，但这些并不能决定活动本身的性质，因为在教育学活动的每个环节都渗透着价值、体现着价值、追求着价值，从而与更为宽广深厚的历史文化背景相联系。因此，只有从文化的角度来理解教育学活动，才能对教育学活动的根本问题，对教育学研究的知识成果有一个完整而深刻的理解。而只有这样，教育学者才能明了和理解自己的生存方式。否则，教育学者就像是漂浮在科学海洋上的一叶叶浮萍，永远找不到自己的安身立命所在。① 当然，影响博士生培养活动的文化多种多样，诸如国家文化、机构文化、学派文化，甚至性别文化，本书提出并证实了学科文化是影响博士生培养的重要维度。

（二）方法的贡献

1. 突破了传统上比较教育研究仅基于文献文本的分析，探索了以国外田野调查为基础的案例研究范式

如果从研究美国教育的视角看，国内已有研究大多是介绍性的、表面的、肤浅的，虽然美国教育研究的文章和论著数不胜数，但真正有学术价值的却不多。当然一方面原因是对美国教育的介绍和理解没有置于美国的情境中，虽然大批中国学生留美学习教育，但他们的研究选题基本是中国教育，很少看到有以美国教育研究作为学位论文的。② 更为重要的是，比较教育研究如想突破当下的表层化研究现状，仅停留在以现有文献为基础的资料还远远不够。因而，走入美国的教育实地，进行深入的田野调查，并沟通政策文本与实践的对话，能为比较教育研究提供对情境与过程、结构与行动之间更系统和理论化的理解。

2. 引入了作为质性研究视角之一的建制民族志，并提出质性研究的有效性与推广性存在"生态界限"的概念

---

① 石中英：《论教育学的文化性格》，《教育研究》2002 年第 3 期。
② 叶赋桂：《中国的美国教育研究三十年》，《比较教育研究》2010 年第 7 期。

立足于日常生活世界、作为质性研究新视角的建制民族志在一般民族志的基础上吸收了政策研究的成果，如重视文本分析、组织结构及话语阐释等，并提出了"以文本为中介的社会组织"的分析路径，为探索教育研究中生活世界的结构提供了一种社会学视角。本书在第二章基于笔者的田野调查经验，详细地从方法与方法论的视角展示了如何从事质性研究，并提出质性研究的有效性与推广性存在"生态界限"的概念。

（三）理论的贡献

丰富了英国学者托尼·比彻对学科文化理论的研究。

比彻的研究重点分析了特定学科学者群体的学术生活方式以揭示学科文化，探讨的是学科知识与学者的科研活动之间的关系。本书立足于不同学科的博士生培养活动与师生互动，涉及了学者、知识和人才培养之间的关系，如何培养下一代学科继承人的活动关系到学科文化的传承，这是比彻的研究中所忽视的。本书证实：不同学科的博士生培养活动呈现出学科文化上的差异性。

第一，不同学科博士生培养呈现文化差异的核心原因有两个维度：高深知识本身和知识生产活动的特征。

第二，不同学科博士生培养所依托的智识共同体具有不同的文化特质。化学学科形成了以导师实验室为基础的组会互动结构；天文学师生互动为一对一的结构，但形成了同辈指导的团队文化；数学学科多为一对一的师生启发式互动；经济学注重将博士生的培养置于团队互动结构中；英语学科在欣赏博士生个体独立探索的研究文化的同时，也提倡博士生寻求读书小组与同辈群体的支持以克服研究的寂寞感。

第三，总结了博士生培养方式的五种类型：（1）以导师实验室为基础的结构化培养方式（化学）；（2）以公共观测台为基础的引导式培养方式（天文学）；（3）以智识讨论为基础的启发式培养方式（数学）；（4）以技能培养为主的团队互动培养方式（经济学）；（5）寻求团队支持的个体探索培养方式（英语）。

二 局限和研究展望

质性研究本身就是一个不断反思的过程，反思的过程不仅是完善研究的过程，实际上研究中的不足也是可供未来挖掘的研究空间。

首先，本书仅仅基于一所大学的案例。尽管笔者在田野调查过程中试图从访谈技巧上予以弥补，并向受访教授询问诸如此类问题：您当年读博士的时候您导师是如何指导您的？您在其他大学任职的时候也是这样指导博士生吗？您是否了解您所在学科的同行，包括 R 大学以及其他学校的教师是如何指导博士生的？……但是，笔者深知，如能有机会深入不同的大学，甚至不同国家的大学进行调研，就中国与美国同类学科的博士生培养模式进行系统的比较研究，研究的关怀将会更深入。

其次，就访谈对象而言，本书主要聚焦于博士生指导教师，侧重于从教师的角度看博士生培养的问题。在今后的研究中，如能从学生的视角进行相关资料的收集和分析，以获得博士生教育利益相关者群体的话语将更有价值。

再次，在资料的处理与分析的深度上仍旧有待提高。从访谈资料的转录、编码到分析，经历了复杂而又艰辛漫长的过程：抛去技术性的转录工作不谈，在资料的分析过程中，为了忠实于受访者的原意，笔者先以英文资料为基础进行三级编码；在第四阶段，结合政策文本资料分析访谈资料；第五阶段是以学科为基础分析资料，写作案例。尽管研究者全力做到资料解读的准确与精心，但是，一方面从方法论的角度看，局内人与局外人之间的隔阂是质性研究本身所无法规避的。本书不仅涉及国别之间的差异，也涉及学科的差异性与多样性。另一方面，中英文之间的转换，常常需要考虑语言背后的文化与社会结构，因此，难免有驾驭不周之处。所幸在研究完成后笔者请各个学科的留美学者阅读并检验。

最后，理论提升部分的精致程度仍待挖掘。本书主要运用了学科文化以及文化—社会行动的理论制定研究框架,但是学科文化理论本身有待体系化与概括化,这导致本书的理论深度有待提高。此外,在探讨不同学科博士生培养差异的同时,本书也从高深知识的维度抽离了其共性,当然有待呈现更多的维度。

　　要予以说明的是,我们承认,对学科文化的研究是为了加深理解力,而不是得出某种跨越时空情境的结论。任何试图对所有学科的地图进行清晰勾画的尝试都是有限的,例外总是存在,同时追溯学科的发展史①会发现,外部景观的变化和部落成员的流动很有可能会改变学科的特点。如果我们走进学科部落进行细究,会发现有些学科从不同的方面看会横跨两种分类的某些特征。关于各个学科内部的分支之间的差异固然存在,但这不是本书予以讨论的问题。比彻本人也承认很难对学科进行整齐的划分。因此,无论是比彻的分类,还是本书的理论概括,所做的工作都是对学科文化进行一个大体的宏观概括,提取各个学科的鲜明特征或占主导地位的学科文化特质,以凸显学科文化的丰富性和复杂性。

　　由于本书的理论概括仅仅是基于特定情境下的案例,能否超越不同高等教育机构或国家的差异也是值得思考的问题。笔者对该问题有三方面的回应:第一,没有一个研究,尤其是质性研究可以对世界上所有的研究对象进行访谈与调查;如涂尔干所说"当我们通过设计周密的实验证明了某项定律以后,那么所证实的东西就是普遍有效的"②。本书对 R 大学的调研是依据质性研究方法进行了周密详细的资料获取与分析。第二,在讨论案例研究的普遍性时,应该区分两个层次:案例的描述性事实与案例的理论性概括。具体的事实不一定具有普遍性,但从具体事实中抽象出来的理论是具有普遍性的。本书的理论概括是基于案例的描述性事实提升的结果,因此,对美国 R 大学的案例研究具有一定的理论普遍性,这种理论普

---

① ［英］华勒斯坦:《开放社会科学》,刘峰译,生活·读书·新知三联书店1997年版。
② ［法］涂尔干:《宗教生活的基本形式》,渠东、汲喆译,上海人民出版社2006年版。

遍性有可能会跨越院校、地域和国家的界限，但有待今后进一步的证实。第三，已有研究证实，学者的首要忠诚感是学科或学术职业，而对特定机构的忠诚感是次要的；[①] 同样，正如本书伊始所援引的比彻、克拉克等学者的结论"学者对学科这一无形学院的认同远远超越国家、院校文化的界限"[②]，"尽管学科的特点会随着时间的改变而不同，尽管学科因研究机构不同和国家相异而具有多样性，我们还是可以认为学科具有可辨认的同一性和具体的文化特征"[③]。那么，以学科为共同体的博士生培养必然在世界各国高等教育机构中存在某些共通的学科文化特征。但是，如果能就不同区域、不同国家的大学进行研究，肯定会得到更确切的判断。

当然，由于研究篇幅与精力的限制，在研究过程中发现了如下值得关注但尚未纳入本书的议题：

第一，博士教育内外景观的变化会对博士生培养产生挑战，尤其是高等教育全球化、市场化对学科文化与博士生培养的影响。如何解释新景观的变迁与学科文化的传统之间的张力？

第二，跨学科领域与博士生培养。跨学科博士生的培养是一个极其复杂的问题。伯恩斯坦将跨学科领域称为"第二知识生产场

[①] Healey, M., "The Scholarship of Teaching: Issues Around an Evoling Concept", *Journal on Excellence in Colege Teaching*, Vol. 14, No. 1/2, 2003, pp. 5 - 26. Jenkins, A., "Discipline - based Educational Development", *The International Journal for Academic Development*, Vol. 1, No. 1, 1996, pp. 50 - 62. Healey 的研究是从学者的忠诚感证实学科的无国界性。笔者这里举一个简单的论证来说明学科之于学者是超越高等教育机构或国家的界限：一个学者在不同学科之间流动所面临的挑战远远大于他在不同高等教育机构之间流动的挑战。

[②] 比彻在《学术部落及其领地》一书的附录中指出：尽管在美国大学中展开更多的调查（从调查一所大学的六个主要学科到调查四所大学的所有辅助学科），但是我仍旧没有得出太大的差异数据：一所大学的化学家、现代语言学家等学者与另一所大学的相同学科学者之间非常相似。[英] 托尼·比彻、保罗·特罗勒尔：《学术部落及其领地》，唐跃勤、蒲茂华、陈洪捷译，北京大学出版社 2008 年版，第 222 页。伯顿·克拉克说：学科的范围不限于一国的学术系统，尤其是学术科学家，很自然地在世界范围内开展工作。他们的学科观点和兴趣很容易跨越国界。[美] 克拉克：《高等教育系统》，王承绪、徐辉译，杭州大学出版社 1994 年版，第 43 页。

[③] [英] 托尼·比彻、保罗·特罗勒尔：《学术部落及其领地》，唐跃勤、蒲茂华、陈洪捷译，北京大学出版社 2008 年版，第 47 页。

所"（sites of secondary knowledge production）[①]。本书调查的教育学、计算机科学与信息学属伯恩斯坦所说的第二知识生产场所。受访者以及现有研究指出，教育学作为一个领域，[②] 分支较多，本书的案例 R 大学的教育学院所涉专业非常广泛，总共有 5 个系：课程与教学系（Curriculum & Instruction，简称 CI）、咨询心理学系（Counseling Psychology，简称 CP）、教育领导力与政策研究系（Education Leadership &Policy Studies，简称 ELPS）、教育技术系（Instructional Systems Technology，简称 IST）和语言教育系（Literacy，Culture，and Language Education，简称 LCLE）。笔者通过访谈也发现很难用一个学科的概念来分析教育学，要选择其不同分支展现教育学本身作为一个领域的复杂性，而且教育学以及计算机科学与信息学属于专业学院（Professional School）。

英国学者德拉蒙特指出：跨学科领域的博士生在学术领域的身份建立以及学术继承人的自我认知方面面临较大的困境。那么，跨学科领域的教师如何定位（跨）学科文化及其归属感？跨学科领域的教师是如何培养博士生的？这留待今后进行更深入的研究。

第三，增加研究的变量。影响博士生培养的因素多种多样，学科文化固然是其中非常重要的一个方面，但未来的研究，如有条件实施更大规模的研究，涉及诸如不同国家、不同地域、不同高等教育机构等各种变量，研究的情形会更复杂，但或许能捕捉到更多的精彩之处。

三　结语

> 一粒沙里藏着一个世界，
> 一滴水里拥有一片海洋，

[①] Bernstein, B., *The Structuring of Pedagogic Discourse*, Vol. 4, London：Routledge, 1990.

[②] Golde, C. M., Walker, G. E. & Associates, eds., *Envisioning the Future of Doctoral Education：Preparing Stewards of the Discipline*, San Francisco：Jossey – Bass, 2006, pp. 245 – 267.

> 所有的树叶并没有不同，
> 整个大地是一朵花。①

　　学术世界色彩斑斓，学科文化众相生晖并塑造、潜移默化于博士生培养过程之中。导师对博士生培养的理念、指导的方式甚至师生互动的结构在形塑教师与博士生各自身份认同的过程中，呈现出学科文化的差异性与复杂性。

　　通过本书，我们可以更好地理解博士生培养所孕育其中的学科文化的异质性和多样性，促进不同学科群体之间的沟通，奠定决策制定的基础，呼吁博士生教育改革应该考虑学科文化的多样性。

---

① 格鲁吉亚诗人聂鲁达的诗歌《统一》。

附　　录

INTERVIEW PROTOCOL

Advising practices in doctoral education

1. Can we begin with you telling me about how doctoral students are advised at your department?

(Covert Categories[①]: descripration about present experiences：a. A Advising practices in Department of xx at RU and in the field of xx generally，E. G. Institution/department structure，policies and rules related to advising；and then b. personal experiences with advising doctoral students，E. G.，the advising interaction，who initiate the interaction，formal or informal，frequency；working style，E. G.，students' role in your research project，publish together or not，attending conference，and etc. ；form of the relationship with doctoral students，etc.)

Follow – up questions[②]：

a. Could you talk about the general procedures of doctoral advising in your department？E. G. Coursework；qualify exam；proposal defense；dissertation requirement，ect.

---

①　Convert Categories 是指访谈问题里可能包含的类目的关键词。

②　Follow – up questions 是指如果受访者在访谈中没有提到，需要继续追问的问题。也就是说，此类问题不一定问，但属于这一大类问题下的小问题。

b. What are the roles and responsibilities related to advisor, advisory committee and research committee?

c. How doctoral students are assigned to faculty members?

d. What kinds of activities are initiated to foster doctoral advising at your department?

e. Could you please share with me your experiences as how you advise doctoral students?

f. Could you describe your working relationships with your doctoral students? Perhaps by taking one case as an example.

g. In what extend do Ph. D. candidates within their advisors' research project? How do you handle publication?

2. You earned a Ph. D. degree in 19xx, xx University, could you reflect on your own experiences as a doctoral student and describe in detail the institution and your experience with you faculty members there? Please give a specific example.

(Covert Categories: description about experiences as a doctoral students, focus on a. historical change; b. institutional homogeneity and heterogeneity; comments on past experiences of being advised, advantages, and disadvantages)

Follow – up questions:

a. How did your experiences as a graduate student differ from your department now?

b. How often do you meet your advisor and committee member? What are their roles in your academic and professional development during your Ph. D. study and later on?

c. Is there anything you would rather they hadn't done? Anything you wish they had done?

d. What institutional or department practices about doctoral advising impressed you?

3. Are you aware of any changes in doctoral students advising practices in your field during past decades? What kind of factors do you think contribute to doctoral advising practices?

(Covert Categories: a. research nature of the discipline and interdisciplinary; b. labor market; c. research grants/project; d. faculty workload/promotion/rewards, and etc.)

Follow – up questions:

a. You have been in the fields for xx years, could you talk about research in xx (discipline) ?

b. How have the changes in areas of inquiry in xx (discipline) change training for Ph. D. students?

c. How does your department deal with Ph. D. candidates whose project demand interdisciplinary?

d. Has the market for xx (discipline) changes advising practices in Ph. D. programs?

e. Do you think advising Ph. D. student is teaching, research or service? Why do you think in that way?

f. Do you think it helps or hurts faculty member's career to have a lot of advising?

4. What about the promising aspects in advising practices and also those need to be improved or unsatisfactory aspects? Are there any institutional recommendations you think are important for the improvement of advising practices?

Follow – up questions:

a. Can you describe a case where a doctoral student was well – mentored and what factors do you think contribute to this?

b. Could you describe an ideal advising model for your discipline or U. S. System in general?

5. What's your philosophy of doctoral advising?

(Covert Categories: purposes of advising (mainly academic, personal -
nurturing, etc.), implicit views of doctoral students, like plants that
will grow with nurturing, like colleagues, self - directing, in need of
direction, etc.)

Follow - up questions:

a. What's your primary goal when you work with doctoral students?

b. What kinds of qualities do you think are essential for Ph. D. students?

参考文献

一 中文文献

[1]［美］阿特巴赫:《美国博士教育的现状与问题》,别敦荣、陈丽译,《教育研究》2004年第6期。

[2]［美］白碧德:《文学与美国的大学》,张沛、张源译,北京大学出版社2004年版。

[3]［英］鲍曼:《社会学之思》,李康译,社会科学文献出版社2010年版。

[4]［美］鲍威尔、迪马吉奥:《组织分析的新制度主义》,姚伟译,上海人民出版社2008年版。

[5]［美］贝拉等:《心灵的习性:美国人生活中的个人主义和公共责任》,周穗名、翁寒松、翟宏彪译,中国社会科学出版社2011年版。

[6]［英］比彻、特罗勒尔:《学术部落及其领地》,唐跃勤、蒲茂华、陈洪捷译,北京大学出版社2008年版。

[7]［美］伯顿·克拉克:《高等教育新论——多学科的研究》,王承绪等译,浙江教育出版社2001年版。

[8]［美］伯格、卢克曼:《现实的社会构建》,汪涌译,北京大学出版社2009年版。

[9]［法］布迪厄、［美］华康德:《实践与反思:反思社会学导引》,李猛、李康译,中央编译出版社1998年版。

［10］［法］布迪厄：《人：学术者》，王作虹译，贵州人民出版社 2006 年版。

［11］［法］布迪尔：《实践感》，蒋梓骅译，译林出版社 2003 年版。

［12］［美］布斯、卡洛姆、威廉姆斯：《研究是一门艺术》，陈美霞等译，新华出版社 2009 年版。

［13］［美］布鲁贝克：《高等教育哲学》，郑继伟等译，浙江教育出版社 1987 年版。

［14］陈桂生：《孔子"启发"艺术与苏格拉底"产婆术"比较》，《华东师范大学学报》（教育科学版）2001 年第 3 期。

［15］陈洪捷：《博士质量：概念、评价与趋势》，北京大学出版社 2010 年版。

［16］陈洪捷：《德国博士生教育及其发展新趋势》，《学位与研究生教育》1994 年第 1 期。

［17］陈洪捷：《德国古典大学观及其对中国的影响》，北京大学出版社 2007 年版。

［18］陈洪捷：《论高深知识与高等教育》，《北京大学教育评论》2006 年第 4 期。

［19］陈洪捷：《论寂寞与学术工作》，《北京大学学报》（哲学社会科学版）2002 年第 6 期。

［20］陈洪捷：《在传统与现代之间：20 世纪德国高等教育》，《高等教育研究》2001 年第 1 期。

［21］陈洪捷：《知识生产模式的转变与博士质量的危机》，《高等教育研究》2010 年第 1 期。

［22］陈平：《论学科文化在研究生培养中的作用》，《学位与研究生教育》2005 年第 12 期。

［23］陈锡坚：《学科文化价值的取向与发展》，《教育评论》2010 年第 4 期。

［24］陈向明：《质的研究方法与社会科学研究》，教育科学出版社 2000 年版。

［25］陈学飞：《西方怎样培养博士》，教育科学出版社 2002 年版。

［26］［美］达利、［加］扎纳、［美］罗迪格：《规则与潜规则：学术界的生存智慧》，卢素珍译，北京大学出版社 2009 年版。

［27］［英］德兰迪：《知识社会中的大学》，黄建如译，北京大学出版社 2010 年版。

［28］［美］杜德斯达、沃克马：《美国公立大学的未来》，刘济良译，北京大学出版社 2006 年版。

［29］杜永红：《试论苏格拉底"产婆术"教学法及其实践价值》，《现代教育科学》2005 年第 5 期。

［30］樊平均：《论大学学科文化的知识基础》，《江苏高教》2007 年第 6 期。

［31］费孝通：《乡土中国生育制度》，北京大学出版社 1998 年版。

［32］冯蓉、牟晖：《博士生导师在构建和谐导学关系中的作用研究》，《研究生教育研究》2014 年第 2 期。

［33］［法］福柯：《规训与惩罚》，刘北成、杨远婴译，生活·读书·新知三联书店 2007 年版。

［34］［美］富斯菲尔德：《经济学——历史的解析》，尚玉卿、杨倩倩译，人民邮电出版社 2011 年版。

［35］［美］富斯菲尔德：《现代经济思想的渊源与演进》，杨培雷、聂文星、吴琼译，上海财经大学出版社 2003 年版。

［36］［美］格尔茨：《文化的解释》，韩莉译，译林出版社 2008 年版。

［37］国家自然科学基金委员会数学物理科学部：《天文学科、数学学科发展研究报告》，科学出版社 2008 年版。

［38］［德］哈贝马斯：《合法化危机》，曹卫东译，上海人民出版社 2000 年版。

［39］［美］海恩、勃特克：《经济学的思维方式》，马昕、陈宇译，世界图书出版公司 2008 年版。

［40］［美］亨廷顿、哈里森：《文化的重要作用：价值观如何影响

人类进步》，程克雄译，新华出版社 2010 年版。

[41] 胡建雄：《学科组织创新》，浙江大学出版社 2001 年版。

[42] ［英］华勒斯坦：《开放社会科学》，刘峰译，生活·读书·
新知三联书店 1997 年版。

[43] ［美］怀特：《文化的科学》，沈原等译，山东人民出版社
1988 年版。

[44] ［英］吉登斯：《社会的构成》，李康、李猛译，生活·读
书·新知三联书店 1998 年版。

[45] ［美］杰罗姆·凯根：《三种文化：21 世纪的自然科学、社会
科学和人文学科》，王加丰、宋严萍译，格致出版社/上海人
民出版社 2011 年版。

[46] ［英］卡麦兹：《建构扎根理论：质性研究实践指南》，边国
英译，重庆大学出版社 2009 年版。

[47] ［美］克拉克：《高等教育系统》，王承绪、徐辉译，杭州大
学出版社 1994 年版。

[48] ［美］克莱恩：《跨越边界——知识、学科、学科互涉》，蒋
智芹译，南京大学出版社 2005 年版。

[49] ［美］克莱因：《西方文化中的数学》，张祖贵译，复旦大学
出版社 2004 年版。

[50] ［美］库恩：《科学革命的结构》，金吾伦、胡新和译，北京
大学出版社 2003 年版。

[51] ［美］拉蒙特：《教授们怎么想——在神秘的学术批判体系
内》，孟凡礼、唐磊译，高等教育出版社 2011 年版。

[52] ［法］拉图尔：《科学在行动：怎样在社会中跟随科学家和工
程师》，刘文旋、郑开译，东方出版社 2005 年版。

[53] ［法］拉图尔：《实验室生活：科学事实的建构过程》，张伯
霖、刁小英译，东方出版社 2004 年版。

[54] ［美］劳特、莱斯利：《学术资本主义：政治、政策和创业型
大学》，梁骁、黎丽译，北京大学出版社 2008 年版。

［55］靳萍:《科学的发展与大学科普》,科学出版社 2011 年版。

［56］［美］雷诺兹、诺曼:《美国社会:〈心灵的习性〉的挑战》,徐克继等译,生活·读书·新知三联书店 1993 年版。

［57］李春萍:《学科制度下中国学术的演变:以北京大学为例(1898—1927)》,博士学位论文,北京大学,2004 年。

［58］李联明、濮励杰、张小明:《高等教育国际化进程中的美国博士生教育发展脉络初探》,《学位与研究生教育》2006 年第 7 期。

［59］廖元锡、毕和平:《自然科学概论》,华中师范大学出版社 2009 年版。

［60］刘凡非:《美国博士生教育的模式及改革动向》,《中国高等教育》2007 年第 5 期。

［61］刘欣:《阶级惯习与品位:布迪厄的阶级理论》,《社会学研究》2003 年第 6 期。

［62］朱宁洁:《博士生教育研究中欧比较》,《清华大学教育研究》2010 年第 1 期。

［63］刘易斯:《经济增长理论》,梁小民译,上海三联书店 1994 年版。

［64］刘云杉:《教学空间的塑造》,《教育科学研究》2004 年第 6 期。

［65］刘云杉:《师生互动中的权力关系》,《湖南师范大学教育科学学报》2008 年第 2 期。

［66］刘云杉:《文化政治认同与技术认同——知识人双重旨趣的历史与现实》,《北京大学教育评论》2007 年第 2 期。

［67］刘云杉:《学校生活社会学》,南京师范大学出版社 2000 年版。

［68］刘中起、风笑天:《整体的"社会事实"与个体的"社会行动"——关于迪尔凯姆与韦伯社会学方法论的逻辑基点比较》,《社会科学辑刊》2002 年第 2 期。

［69］［英］罗宾斯：《布迪厄"文化资本"观念的本源、早期发展与现状》，李中泽译，《国外社会科学》2006 年第 3 期。

［70］［美］罗伯特·K. 殷：《案例研究：设计与方法（中文第二版）》，周海涛、李永贤、李虔译，重庆大学出版社 2010 年版。

［71］［美］罗伯特·F. 墨菲：《文化与社会人类学引论》，王卓君、吕迺基译，商务印书馆 2009 年版。

［72］［英］马凌诺斯基：《文化论》，费孝通译，华夏出版社 2001 年版。

［73］［美］马克斯·威尔：《质的研究设计：一种互动的取向》，朱光明译，重庆大学出版社 2007 年版。

［74］［美］米尔斯：《社会学的想象力（第 2 版）》，陈强、张永强译，生活·读书·新知三联书店 2005 年版。

［75］［美］默顿：《科学社会学》，鲁旭东，林聚任译，商务印书馆 2004 年版。

［76］［美］默顿：《社会研究与社会政策》，林聚任等译，生活·读书·新知三联书店 2001 年版。

［77］聂辉华：《姓什么会影响你成为经济学家吗?》，《经济学家茶座》2007 年第 2 期。

［78］牛大勇：《哈佛大学研究生教育调查报告》，《学术界》（双月刊）2003 年第 3 期。

［79］［美］诺斯：《制度、制度变迁与经济绩效》，杭行译，上海人民出版社 2008 年版。

［80］［英］帕尔菲曼：《高等教育何以为"高"：牛津导师制教学反思》，冯青来译，北京大学出版社 2011 年版。

［81］［美］帕森斯：《社会行动的结构》，张明德，夏遇南，彭刚译，译林出版社 2008 年版。

［82］［英］培根：《培根论说文集》，水天同译，商务印书馆 1984 年版。

［83］ 钱颖一：《经济学科在美国》，《经济社会体制比较》2001 年第 6 期。

［84］ ［美］萨克：《社会思想中的空间观：一种地理学的视角》，北京师范大学出版集团 2008 年版。

［85］ 上海财经大学高等教育研究所编：《诺贝尔经济学奖之路》，上海财经大学出版社 2010 年版。

［86］ 沈文钦、王东芳：《从欧洲模式到美国模式：欧洲博士生培养模式的改革趋势》，《外国教育研究》2010 年第 8 期。

［87］ 石中英：《波兰尼的知识理论及其教育意义》，《华东师范大学学报》（教育科学版）2001 年第 2 期。

［88］ 石中英：《教育学的文化性格》，山西教育出版社 2005 年版。

［89］ 石中英：《论教育实践的逻辑》，《教育研究》2006 年第 2 期。

［90］ 石中英：《人文世界、人文知识与人文教育》，《教育理论与实践》2001 年第 3 期。

［91］ 石中英：《论教育学的文化性格》，《教育研究》2002 年第 3 期。

［92］ 史静寰、赵可：《从美国大学科研经费的简介成本管理看政府与大学的关系》，《清华大学教育研究》2007 年第 3 期。

［93］ 宋旭红：《学术职业发展的内在逻辑》，华中科技大学出版社 2008 年版。

［94］ 孙华：《博士生创新能力培养：一个观念——制度的分析框架》，《学位与研究生教育》2007 年第 4 期。

［95］ 孙进：《德国的学科文化研究：概念分析与现象学描述》，《比较教育研究》2007 年第 12 期。

［96］ ［英］泰勒：《原始文化》，连树生译，上海文艺出版社 1992 年版。

［97］ 唐安奎：《学科、学科文化与研究生教育》，《学位与研究生教育》2005 年第 12 期。

［98］ 唐景莉：《以科研为主导师生协同创新——国务院学位办主

任杨玉良院士谈研究生培养机制改革》，《中国教育报》2008年11月26日。

[99] [美] 特拉维克：《物理与人理：对高能物理学家社区的人类学考察》，刘珺珺、张大川等译，上海科技教育出版社2003年版。

[100] [英] 托尼·比彻、保罗·特罗勒尔：《学术部落及其领地》，唐跃勤、蒲茂华、陈洪捷译，北京大学出版社2008年版。

[101] 童世骏：《没有"主体间性"就没有"规则"——论哈贝马斯的规则观》，《复旦学报》2002年第5期。

[102] [法] 涂尔干：《宗教生活的基本形式》，渠东、汲喆译，上海人民出版社2006年版。

[103] 王东芳、沈文钦：《研究生院在欧洲的制度扩散与结构功能分析》，《高等教育研究》2010年第4期。

[104] 王东芳：《博士生教育质量评价：新情境下的挑战与启示》，《学位与研究生教育》2012年第2期。

[105] 王东芳：《美国博士生培养制度运行的学科差异》，《教育学术月刊》2015年第9期。

[106] 王东芳：《博士教育中的师生关系：学科文化视角的解读》，《比较教育研究》2015年第6期。

[107] 王东芳：《培养学科看护者？——博士教育目标的学科分化》，《复旦教育论坛》2015年第2期。

[108] 王东芳、沈文钦、李素敏：《美国博士生培养的结构化模式及其全球扩散——以经济学科为案例》，《学位与研究生教育》2014年第8期。

[109] 王东芳：《博士教育中师生科研合作的学科差异》，《高等教育研究》2014年第2期。

[110] 王东芳：《探索教育研究的生活世界：建制民族志的技术路线与哲学依据》，《教育学术月刊》2014年第1期。

[111] 王东芳:《美国博士生培养的理念与制度》,《高等教育研究》2013 年第 9 期。

[112] 王东芳:《西方学者对博士生指导问题的研究路径与启示》,《比较教育研究》2012 年第 4 期。

[113] 王文举:《诺贝尔经济学奖获得者学术思想举要》,首都经济贸易大学出版社 2011 年版。

[114] 王小卫、宋澄宇:《经济学方法——十一位经济学家的观点》,复旦大学出版社 2006 年版。

[115] 王战军:《学位与研究生教育评价理论与方法》,高等教育出版社 2012 年版。

[116] [美] 威尔:《质的研究设计:一种互动的取向》,重庆大学出版社 2007 年版。

[117] [德] 韦伯:《社会科学方法论》,韩水法、莫茜译,中央编译出版社 2008 年版。

[118] [德] 韦伯:《社会学的基本概念》,胡景北译,上海世纪出版集团 2007 年版。

[119] [美] 维赛:《美国现代大学的崛起》,北京大学出版社 2011 年版。

[120] [美] 沃勒斯坦:《知识的不确定性》,王禺译,山东大学出版社 2006 年版。

[121] 吴晓义:《国外缄默知识研究述评》,《外国教育研究》2005 年第 9 期。

[122] 武毅英、陈梦:《困惑与出路:对我国研究生培养机制改革的思考》,《现代大学教育》2008 年第 2 期。

[123] 萧俊明:《文化与社会行动——韦伯文化思想述评》,《国外社会科学》2000 年第 1 期。

[124] 谢妮:《建制民族学》,《贵州社会科学》2009 年第 7 期。

[125] 谢维和、王孙禺:《学位与研究生教育:战略与规划》,教育科学出版社 2011 年版。

[126] 阎琨：《教育学定性研究特点与研究范式探析》，《清华大学教育研究》2010 年第 5 期。

[127] 杨连生、肖楠、恽晓方：《大学学科文化功能研究：起源、回顾与思考》，《东北大学学报》（社会科学版）2012 年第 1 期。

[128] 杨玉良：《漫谈研究生教育中的一些相关问题》，《学位与研究生教育》2007 年第 2 期。

[129] 叶赋桂：《高等教育研究的前景》，《中国人民大学教育学刊》2011 年第 2 期。

[130] 叶赋桂：《中国的美国教育研究三十年》，《比较教育研究》2010 年第 7 期。

[131] 叶继元：《国内外人文社会科学学科体系比较研究》，《学术界》（双月刊）2008 年第 5 期。

[132] 叶立军：《数学与科学进步》，浙江大学出版社 2011 年版。

[133] 易高峰、赵文华：《〈美国竞争法〉对我国研究型大学研发的启示》，《比较教育研究》2008 年第 8 期。

[134] ［法］于连：《圣人无意——或哲学的他者》，闫素伟译，商务印书馆 2006 年版。

[135] 袁本涛、孙健：《治理视域下我国研究生教育结构调整问题研究》，《高等教育研究》2011 年第 11 期。

[136] 袁本涛、赵可、王孙禹：《我国研究生教育质量现状的调查与研究》，《高等工程教育研究》2007 年第 4 期。

[137] 张海惠：《中美大学教育体验与比较：美国知名华裔学者的访谈录》，中国人民大学出版社 2010 年版。

[138] 张济洲：《近年来美国博士生教育面临的问题及其改革措施》，《学位与研究生教育》2008 年第 11 期。

[139] 张燮：《论学者与科学家的区别及其对科学发展的意义》，《上海高教研究》1995 年第 4 期。

[140] 张英丽：《论学术职业与博士生教育的关系》，博士学位论

文，华中科技大学，2008 年。

[141] 赵可、史静寰：《研究型大学在美国科技研发中的地位与作用》，《高等教育研究》2006 年第 10 期。

[142] 赵可、袁本涛：《美国联邦政府研究生资助政策的历史考察》，《清华大学教育研究》2009 年第 1 期。

[143] 中国博士质量分析课题组：《中国博士质量调查报告》，北京大学出版社 2010 年版。

[144] 中国科学技术协会主编、中国化学会编著：《2008—2009 化学学科发展报告》，中国科学技术出版社 2009 年版。

[145] 中国学位与研究生教育发展报告课题组：《中国学位与研究生教育发展报 (1978—2003)》，高等教育出版社 2006 年版。

[146] 周文辉：《中国研究生教育质量保障体系研究》，北京理工大学出版社 2012 年版。

[147] ［美］詹姆斯·杜德斯达、弗瑞斯·沃克马：《美国公立大学的未来》，刘济良译，北京大学出版社 2006 年版。

二 英文文献

[1] Acker, S. , "The Hidden Curriculum of Dissertation Advising", in Margolis, E. , ed. , *The Hidden Curriculum in Higher Education*, New York: Routledge, 2001.

[2] Aguilar – Gaxiola, S. , Norris, R. , & Carter, G. , *The Role of Mentors in the Lives of Graduate Students*, American New Orleans: Educational Research Association, 1984.

[3] Altbach, P. , "The United States: Present Realities and Future Trends", in Jan Sadlak , ed. , *Doctoral Studies and Qualifications in Europe and the United States: Status and Prospects*, Bucharest: UNESCO, 2004.

[4] Austin, A. , "Preparing the Next Generation of Faculty: Graduate School as Socialization to the Academic Career", *Journal of Higher*

Education, Vol. 73, No. 1, 2002.

[5] Anderson, M. S. (ed.), *The Experience of Being in Graduate School: An Exploration*, New Directions for Higher Education, No. 101, San Francisco: Jossey – Bass, 1998.

[6] Baird, L., "Disciplines, and Doctorates: The Relationship between Programme Characteristics and the Duration of Doctoral Study", *Research in Higher Education*, Vol. 31, No. 4, 1990.

[7] Barnett, R., *The Idea of Higher Education*, Berkshire: Open University Press, 1990.

[8] Barnes, Benita J., Williams, Elizabeth A. & Stassen, Martha L. A., "Dissecting Doctoral Advising: A Comparison of Students' Experiences across Disciplines", *Journal of Further and Higher Education*, Vol. 36, No. 3, 2012.

[9] Barnett, R., *Reshaping the University*, Berkshire: Open University Press, 2005.

[10] Battin, M. P., Fisher, J., Amoore, R. & Silvers, A., *Puzzles about Art: An Aexthetics Casebook*, New York: ST. Martin's Press, 1989.

[11] Becher, T., *Academic Tribes and Territories*, Milton Keynes: SRHE and Open University, 1989.

[12] Becher, T., Henkel, M. & Kogan, M., *Graduate Education in Britain*, London: Jessica Kingsley, 1994.

[13] Becher, T., "Towards a Definition of Disciplinary Cultures", *Studies in Higher Education*, Vol. 6, No. 2, 1981.

[14] Becher, T. & Huber, L., "Editorial", *European Journal of Education*, Vol. 25, No. 3, 1990.

[15] Bernstein, B., *The Structuring of Pedagogic Discourse*, Vol. 4, London: Routledge, 1990.

[16] Bernstein, B., *Pedagogy, Symbolic Control and Identity*, New York: Rowman & Littlefield Publishers, Inc., 1996.

[17] Biglan, A. , "The Characteristics of Subject Matter in Different Aca-
demic Areas" , *Journal of Applied Psychology*, Vol. 57, No. 2, 1973a.

[18] Biglan, A. , "Relationship between Subject Matter Characteristics
and the Structure and Output of University Departments" , *Journal
of Applied Psychology*, Vol. 57, No. 3, 1973b.

[19] Black, E. , Hill, T. & Acker, S. , "Thesis Supervision in the Social
Sciences: Managed or Negotiated?" , *Higher Education*, Vol. 28,
No. 4, 1994.

[20] Boud, D. & Lee, A. , *Changing Practices in Doctoral Education*, London
and New York: Routledge, Taylor & Francis Group, 2009.

[21] Bound, J. , Turner, S. & Walsh, P. , *Internationalization of U. S. Doctorate
Education*, Population Studies Center Research Report , 2009.

[22] Bourke, S. , "Ph. D. Thesis Quality: the View of Examiners", *South
African Journal of Higher Education*, Vol. 21, No. 8, 2007.

[23] Bradbury – Jones, C. , Irvine, F. & Sambrook, S. , "Unity and De-
tachment: A Discourse Analysis of Doctoral Supervision" , *Interna-
tional Journal of Qualitative Methods*, Vol. 6, No. 4, 2007.

[24] Buchmueller, T. , Dominitz, J. & Lee, H. , "Graduate Training and
the Early Career Productivity of Ph. D. Economists", *Economics of
Education Review*, Vol. 18, No. 1, 1999, pp. 65 – 77.

[25] Buttery, E. , Richter, E. & Filho, W. , "An Overview of the Elements
that Influence Efficiency in Postgraduate Supervisory Practice Ar-
rangements" , *The International Journal of Educational Manage-
ment*, Vol. 19, No. 1, 2005.

[26] Burton R. C. , *The Research Foundations of Graduate Education*, Berkeley,
Los Angeles, Oxford: University of California Press, 1993.

[27] Campbell, M. & Gregor, F. , *Mapping Social Relations: A Primer in Doing
Institutional Ethnography*, Lanham: AltaMira Press, 2004.

[28] Carspecken, P. , *Critical Ethnography in Educational Research: A*

Theoretical and Practical Guide, New York: Routledge, 1996.

[29] Cartter, A. , *Ph. D. ' s and the Academic Labor Market: A Report Pre-pared for the Carnegie Commission on Higher Education*, New York: McGraw - Hill, 1976.

[30] Chiang, Kuang-Hsu, "Learning Experiences of Doctoral Students in UK Universities", *International Journal of Sociology and Social Pol-icy*, Vol. 23, No. 1 - 2, 2003.

[31] Chris M. Golde & Timothy M. D. , "The Survey of Doctoral Educa-tion and Career Preparation", in Wulff, Donald H. , Austin, Ann E. & Associates, *Paths to the Professoriate*, San Francisco: Jossey - bass, 2004.

[32] Clark, B. , *The Academic Profession*, Berkeley, Los Angeles: Univer-sity of California Press, 1987.

[33] Clark, B. , *The Academic Life*, New Jersey: The Carnegie Foundation for the Advancement of Teaching, 1989.

[34] Clark, B. , *The Research Foundations of Graduate Education*, Berke-ley, Los Angeles, Oxford: University of California Press, 1993.

[35] Clark, B. , *Places of Inquiry*, Berkeley and Los Angeles, California: University of California Press, 1995.

[36] Collins, H. , *Tacit and Explicit Knowledge*, Chicago and London: The University of Chicago Press, 2010.

[37] Council of Graduate Schools, *The Doctor of Philosophy Degree: A Policy Statement*, Washington, D. C. : Author, 2005.

[38] Cullen, D. , Pearson, M. , Saha, L. & Spear, R. , *Establishing Effec-tive Ph. D. Supervision*, Higher Education Division, Evaluation and Investigation Program, Australian Government Publishing Services, Canberra, 1994.

[39] Delamont, S. , Parry, O. , & Atkinson, P. , "Creating a Delicate Bal-ance: The Doctoral Supervisor's Dilemma", *Teaching in Higher Edu-*

cation, Vol. 3, No. 2, 1998.

[40] Delamont, S., Atkinson & O. Parry, *The Doctoral Experience: Success and Failure in Graduate School*, London: Falmer Press, 2000.

[41] Delamont, S., "The Marriage Analogy: Personal and Positional Relationships in Ph. D. Supervision", in Prichard, Craig & Trowler, Paul, *Realizing Qualitative Research into Higher Education*, Printed and bound by Athenaeum Press, Ltd., 2003.

[42] Devault, M., "Introduction: What is Institutional Ethnography?", *Social Problems*, Vol. 53, No. 3, 2006.

[43] Devault, M., & Liza, M., "Institutional Ethnography: Using Interviews to Investigate Ruling Relations", in Gubrium, J. & Holstein, J., eds., *Handbook of Interview Research: Context and Method*, Thousand Oaks, C. A.: Sage Publication, 2002.

[44] Devenish, Rosemerry, Sylvia Dyer, Therese Jefferson, Linley Lord, Sue van Leeuwen & Victor Fazakerley, "Peer to Peer Support: the Disappearing Work in thr Doctoral Student Experience", *Higher Education Research & Development*, Vol. 28, No. 1, 2009.

[45] Elton, L. & Pope, M., "Research Supervisors: the Value of Collegiality", *Cambridge Journal of Education*, Vol. 19, No. 3, 1989.

[46] Enders, J., "Research Training and Careers in Transition: A European Perspective on the Many Faces of the Ph. D.", *Studies in Continuing Education*, Vol. 26, No. 3, 2004.

[47] Enders, J., "Border Crossings: Research Training, Knowledge Dissemination and the Transformation of Academic Work", *Higher Education*, Vol. 49, No. 1 – 2, 2005.

[48] Erikson, K. T., *Everthing in Its Path*, New York: Simon and Schuster, 1976.

[49] Etzkowitz, H., Kemelgor, C., Neuschatz, M., Uzzi, B. & Alonzo, J., "Gender Implosion: The Paradox of 'Critical Mass' for Women in

Science", in Nerad, M. , June, R. & Miller, D. *Graduate Education in the United States*, New York: Garland Publishing, Inc. , 1997.

[50] Faghihi, F. , Rakow, E. & Ethington, C. , "A Study of Factors Related to Dissertation Progress among Doctoral Candidates: Focus on Students' Research Self-efficacy as a Result of Their Research Training and Experiences", Paper presented at the annual meeting of the American Educational Research Association, Montreal, Ontario, Canada, April 19 – 23, 1999.

[51] Flores, Emma, "Becoming a Researcher: A Qualitative Study of the Apprenticeship Model in Doctoral Education, Ph. D. Dissertation", University of Washington, 2011.

[52] Foucault, M. , *Discipline and Punish: The Birth of the Prison*, Trans. by Alan Sheridan, New York: Random House Inc. , 1977.

[53] Fox, M. , "Gender, Faculty, and Doctoral Education in Science and Engineering", in Horning, L. , eds. , *Equal Rites, Unequal Outcomes: Women in American Research Universities*, New York: Kluwer Academic/Plenum Publishers, 2003.

[54] Gardner, S. , " ' I Heard it Through the Grapevine ' : Doctoral Student Socialization in Chemistry and History", *Higher Education*, Vol. 54, No. 5, 2007.

[55] Geiger, R. L. , Colbeck C. , Williams, R. & Andersonn, C. Edited, *Future of the American Public Research University*, Rotterdam/Taipei: Sense Publishers, 2007.

[56] George, W. , "Doctoral education in the United States of America", *Higher Education in Europe*, Vol. 33, No. 1, 2008.

[57] George E. Walker, Chris M. Golde, Laura Jones, Andrea Conklin Bueschel & Pat Hutchings, *The Formation of Scholars: Rethinking Doctoral Education for the Ttwenty – first Century*, Stanford: Jossey – Bass, Awiley Imprint, 2008.

[58] Gilbert, R. , " A Framework for Evaluating the Doctoral Curriculum", *Assessment & Evaluation in Higher Education*, Vol. 29 , No. 3 , 2004.

[59] Goldberger, M. , Maher, B. A. & Flattau, P. E. , eds. , *Research - doctorate Programs in the United States: Continuity and Change*, Washington, D. C. : National Academy Press, 1995.

[60] Golde, C. M. , Walker, G. E. & Associates, eds. , *Envisioning the Future of Doctoral Education: Preparing Stewards of the Discipline*, San Francisco: Jossey - Bass, 2006.

[61] Golde, C. M. & Dore, T. M. , *At Cross Purposes: What the Experiences of Doctoral Students Reveal about Doctoral Education*, Philadelphia, PA: A report prepared for The Pew Charitable Trusts, 2001.

[62] Golde, C. & Bueschel, C. , " Knowledge Practices and Disciplinary Reproduction in Doctoral Education", Paper presented at the American Educational Research Association Conference, San Diego, C. A. , April, 2004.

[63] Golde, C. , " The Role of the Department and Discipline in Doctoral Student Attrition: Lessons from Four Departments ", *Journal of Higher Education*, Vol. 76 , No. 6 , 2005.

[64] Goodchild, L. & Miller, M. , " The American Doctorate and Dissertation: Six Developmental Stages", *New Directions for Higher Education*, Vol. 25 , No. 3 , 1997.

[65] Green, Anna L. & Scott, LeKita V. , eds. , *Journey to the Ph. D. : How to Navigate the Process as African Americans*, Sterling, V. A. : Stylus Publishing, 2003.

[66] Green, P. & Usher, R. , " Fast Supervision: Changing Supervisory Practice in Changing Times ", *Studies in Continuing Education*, Vol. 25 , No. 1 , 2003.

[67] Grigg, Charles M. , *Graduate Education*, New York: The Center for

Applied Research in Education, Inc. ,1965.

[68] Gubrium, J. & Holstein, J. , eds. , *Handbook of Interview Research*: *Context and Method*, Thousand Oaks, C. A. : Sage Publication.

[69] Guetzkow, J. , Michele Lamont & Gregoire Mallard, "What is Originality in the Humanities and the Social Sciences?", *American Sociological Review*, Vol. 69, No. 2,2004.

[70] Guth, J. , "The Bologna Process: The Impact of Higher Education Reform on the Structure and Organisation of Doctoral Programmes in Germany", *Higher Education in Europe*, Vol. 31, No. 3,2006.

[71] Habermas, J. , *The Theory of Communicative Action*, Vol. 1, Boston: Beacon Press,1984.

[72] Hackett, E. , "Science as a Vocation in the 1990s: The Changing Organizational Culture of Academic Science", *Journal of Higher Education*, Vol. 3, No. 61,1990.

[73] Halse, Christine & Janne Malfroy, "Retheorizing Doctoral Supervision as Professonal Work", *Studies in Higher Education*, Vol. 35, No. 1,2010.

[74] Hansen, W. L. , "Educating and Training New Economics Ph. D. S. : How Good a Job Are We Doing? ", *The American Economic Review*, Vol. 80, No. 2,1990.

[75] Harris, M. & Johnson, O. , *Cultural Anthropology* (5th ed.) , Needham Heights, M. A. : Allyn and Bacon,2000.

[76] Hasrati, M. , "Legitimate Peripheral Participation and Supervising Ph. D. Students", *Studies in Higher Education*, Vol. 30, No. 5,2005.

[77] Healey, M. , "The Scholarship of Teaching: Issues Around an Evoling Concept", *Journal on Excellence in Colege Teaching*, Vol. 14, No. 1/2,2003.

[78] Heath, T. , "A Quantitative Analysis of Ph. D. Students' Views of Supervision", *Higher Education Research & Development*, Vol. 21,

No. 1 ,2002.

[79] Hellen, E. , *The Research University: Quo Vadis? Doctoral Research Training in Economics*, Doctoral Dissertation for the Ph. D. Degree in International and Comparative Education, Institute of International Education, Stockholm University, 2000.

[80] Henkel, M. , *Academic Identities and Policy Change in Higher Education*, London: Jessica Kingsley, 2000.

[81] Heylin, M. , "Employment and Salary Survey", *Chemical ad Engineering News*, AuG. 16, 2004.

[82] Hirt, J. & Muffo, J. , "Graduate Students: Institutional Climates and Disciplinary Cultures", *New Directions for Institutional Research*, Vol. 1988, No. 98, 1998.

[83] Hockey, J. , "The Social Science Ph. D. : A Literature Review", *Studies in Higher Education*, Vol. 16, No. 16, 1991.

[84] Hockey, J. "Change and the Social Science Ph. D. : Supervisors' Responses", *Oxford Review of Education*, Vol. 21, No. 2, 1995.

[85] Hockey, J. , "Getting Too Close: A Problem and Possible Solution in Social Science Ph. D. Supervision", *British Journal of Guidance and Counselling*, Vol. 23, No. 2, 1995.

[86] Hockey, J. , "Motives and Meaning amongst Ph. D. Supervisors in the Social Sciences", *British Journal of Sociology of Education*, Vol. 17, No. 4, 1996.

[87] Hogan, T. , "Rankings of Ph. D. Programs in Economics and the Relative Publishing Performance of Their Ph. D. S. : The Experience of the 1960s", *Western Economic Journal*, Vol. 11, No. 4, 1973.

[88] Hogan, T. , "Faculty Research Activity and the Quality of Graduate Training", *Journal of Human Resources*, Vol. 16, No. 2, 1981.

[89] Holley, K. , "A Culture Repertoire of Practices in Doctoral Education", *International Journal of Doctoral Studies*, Vol. 6, 2011.

[90] Humble, A. , Solomon, C. , Allen, K. & Blaisur, K. , "Feminism and Mentoring of Graduate Students", *Family Relations*, Vol. 55, No. 1, 2006.

[91] Ives, G. , *The Ph. D. Supervisory Relationship and Process*, Ph. D. Dissertaxvn, Monash University, 2002.

[92] Ives, G. & Rowley, G. , "Supervisor Selection or Allocation and Continuity of Supervision: Ph. D. Students' Progress and Outcomes", *Studies in Higher Education*, Vol. 30, No. 5, 2005.

[93] J. W. , "The Ph. D. Octopus", *Harvard Monthly*, March 1903.

[94] Jenkins, A. , "Discipline – based Educational Development", *The International Journal for Academic Development*, Vol. 1, No. 1, 1996.

[95] Johnson, L. , Lee, A. , & Green, B. , "The Ph. D. and the Autonomous Self: Gender, Rationality and Postgraduate Pedagogy", *Studies in Higher Education*, Vol. 25, No. 2, 2000.

[96] Jones, L. , Lindzey, G. & Coggeshall, P. , *An Assessment of Research – doctorate Programs in the United States*, Washington, D. C. : National Academy Press, 1982.

[97] Kamler, B. , "Rethinking Doctoral Publication Practices: Writing From and Beyond the Thesis", *Studies in Higher Education*, Vol. 33, No. 3, 2008.

[98] Kehm, B. M. , "Quo Vadis Doctoral Education? New European Approaches in the Context of Global Changes", *European Journal of Education*, Vol. 42, No. 3, 2007.

[99] Kekäle, J. , "Preferred Patterns of Academic Leadership in Different Disciplinary Sub Cultures", *Higher Education*, Vol. 7, No. 3, 1999.

[100] Kendall, G. , "The Crisis in Doctoral Education: A Sociological Diagnosis", *Higher Education Research and Development*, Vol. 21, No. 2, 2002.

[101] Kiley, M. , "Discipline – related Models for a Structured Program at

the Commencement of a Ph. D. ", *Teaching in Higher Education*, Vol. 4, No. 1, 1999.

[102] Koro – Ljungberg, M. & Hayes, S. , "The Relational Selves of Female Graduate Students during Academic Mentoring: From Dialogue to Transformation", *Mentoring & Tutoring*, Vol. 14, No. 4, 2006.

[103] Kroeber, A. , Clyde Kluckhohn, Wayne Untereiner & Alfred G. Meyer. , *Culture: A Critical Review of Concepts and Definitions*, New York: Vintage Books, 1952.

[104] Kulej, M. and Park, C. , "Postgraduate Research Experience Survey 2008", Final Report, York: The Higher Education Academy, 2008.

[105] Lapidus, Jules B. , "Graduate Education and Research", In Altbach, Philip ed. , *In Defense of American Higher Education*, Baltimore: The Johns Hopkins University Press, 2001.

[106] Latour, Bruno. , *Science in Action*, Cambridge, Massachusetts: Harvard University Press, 1987.

[107] Lave, J. & Etienne Wenger, *Situated Learning: Legitimate Peripheral Participation*, Cambridge: Cambridge University Press, 1991.

[108] Leahey, Erin. , "Transmitting Tricks of the Trade: Advisors and the Development of Research Knowledge ", *Teaching Sociology*, Vol. 34, No. 2, 2006.

[109] Lee, Anne, "How are Doctoral Students Supervised? Concepts of Doctoral Research Supervision ", *Studies in Higher Education*, Vol. 33, No. 3, 2008.

[110] Lee, A. & Williams, C. , " ' Forged in Fire': Narratives of Trauma in Ph. D. Supervision", *Southern Review*, Vol. 32, No. 1, 1999.

[111] Lee, W. M. , "Research Publication Trends of Doctoral Students in Three Fields from 1965 – 1995", *Journal of the American Society for Information Science*, Vol. 51, No. 2, 2000.

[112] Lehtonen, M. , "Spaces and Places of Cultural Studies", *Culture*

Unbound Journal of Current Cultural Research, Vol. 1, No. 1, 2009, Hosted by Linköping University Electronic Press, http ://www. cultureunbound. ep. liu. se.

[113] Levinson, B. , Sutton, M. & Winstead, T. , "Education Policy as a Practice of Power", *Education Policy*, Vol. 23, No. 6, 2009.

[114] Levinson, D. J. , *The Season of Man's Life*, New York: Alfred A. Knopt, 1978.

[115] Li, S. , & Seale, C. , "Managing Criticism in Ph. D. Supervision: A Qualitative Case Study", *Studies in Higher Education*, Vol. 32, No. 4, 2007.

[116] Lodah, J. & Gordon, G. , "The Structure of Scientific Fields and the Functioning of University Graduate Departments", *American Sociological Review*, Vol. 37, No. 2, 1972.

[117] Malfroy, Janne, "Doctoral Supervision, Workplace Research and Changing Pedagogic Practices", *Higher Education Research and Development*, Vol. 4, No. 2, 2005.

[118] Marsh, Herbert W. , Rowe, Kenneth J. & Martin, Andrew, "Ph. D. Students' Evaluations of Research Supervision", *Journal of Higher Education*, Vol. 3, No. 3, 2002.

[119] McAlpine, Lynn & Judith Norton, "Reframing Our Approach to Doctoral Programs: An Integrative Framework for Action and Research", *Higher Education Research & Development*, Vol. 25, No. 1, 2006.

[120] McCarty, L. P. & Ortloff, Debora Hinderliter, "Reforming the Doctorate in Education: Three Conceptions", *Educational Perspectives*, Vol. 37, 2004.

[121] McWilliam, E. & James, R. , "Doctoral Education in a Knowledge Economy", *Higher Education Research and Development*, Vol. 21, No. 2, 2002.

[122] McWilliam, E. , Singh, P. & Taylor, P. G. , "Doctoral Education: Danger and Risk Management", *Higher Education Research & Development*, Vol. 21, No. 2, 2002.

[123] Merton, R. K. , *On Theoretical Sociology: Five Essays, Old and New*, New York: Free Press, 1967.

[124] Michael, S. O. & Balraj, L. , "Knowledge in Action: Doctoral Programmes Forging New Identities", *Journal of Higher Education Policy & Management*, Vol. 25, No. 2, 2003.

[125] Minor, J. T. , "For Better or for Worse: Improving Advising Relationships between Faculty and Graduate Students", in Green, Anna L. & Scott, LeKita V. , eds. , *Journey to the Ph. D. : How to Navigate the Process as African Americans*, Sterling, V. A. : Stylus Publishing, 2003.

[126] Moses, I. , Planning for Quality in Graduate Studies, In Zuber, S. O. & Ryan, Y. , eds. , *Quality in Postgraduate Research in Education*, London: Kogan Page, 1994.

[127] Neave, G. , "The Business of University Research", *Higher Education Policy*, Vol. 17, No. 1, 2004.

[128] Nerad, M. , June, R. & Miller, D. , *Graduate Education in the United States*, New York: Garland Publishing, Inc. , 1997.

[129] Nerad, M. , "The Ph. D. in the US: Criticisms, Facts, and Remedies", *Higher Education Policy*, Vol. 17, No. 1, 2004.

[130] Neumann, R. , "Disciplinary Differences and University Teaching", *Studies in Higher Education*, Vol. 26, No. 2, 2001.

[131] Neumann, R. , *The Doctoral Education Experience: Diversity and Complexity*, Commonwealth of Australia, Department of Education, Science and Training, 2003.

[132] Neumann, R. , "Policy and Practice in Doctoral Education", *Studies in Higher Education*, Vol. 32, No. 4, 2007.

[133] Nettles, M. T., & Millett, C. M., *Three Magic Letters: Getting to Ph. D.*, Baltimore, M. D.: The Johns Hopkins University Press, 2006.

[134] Nyquist, J., "The Ph. D.: A Tapestry of Change for the 21st Century", *Change*, Vol. 34, No. 6, 2002.

[135] Ostriker, J. P., Holland, P. W., Kuh, Charlotte V. & Voytuk, J. A, eds., "Committee to Assess Research Doctorate Programs", National Research Council, *A Data – based Assessment of Research Doctorate Programs in the United States*, National Academy of Sciences, 2010.

[136] O'Bara, C., *Why Some Finish and Why Some don't: Factors Affecting Ph. D. Completion*, Doctoral Dissertation, *Claremont Graduate School*, 1993.

[137] Parry, Sharon, "Disciplinary Discourse in Doctoral Theses", *Higher Education*, Vol. 36, No. 3, 1998.

[138] Parry, Sharon, *Disciplines and Doctorates*, Dordrecht: Springer, 2007.

[139] Parsons, T. & Platt, G. M., *The American University*, Cambridge, Massachusetts: Harvard University Press, 1974.

[140] Pease, J., "Professor Mom: Woman's Work in a Man's World", *Sciological Forum*, Vol. 8, No. 1, 1993.

[141] Pearson, M. & Brew, A., "Research Training and Supervision Development", *Studies in Higher Education*, Vol. 27, No. 2, 2002.

[142] Pole, C. J., Sprokkereef, A., Burgess, R. G. & Lakin, E., "Supervision of Doctoral Students in the Natural Sciences: Expectations and Experiences", *Assessment & Evaluation in Higher Education*, Vol. 22, No. 1, 1997.

[143] Pole, Christopher J. & Sprokkereef, A., "Supervision of Doctoral Students in the Natural Sciences: Expectations and Experiences", *Assessment & Evaluation in Higher Education*, Vol. 22, No. 1, 1997.

[144] Powell, S. & McCauley, C. , "The Process of Examining Research Degrees: Some Issues of Quality", *Quality Assurance in Education*, Vol. 11, No. 2, 2003.

[145] President's Science Advisory Committee, *Scientific Progress, the Universities, and the Federal Government*, Washington D. C. : Government Printing Office, 1960.

[146] Robinson, C. , "Developing a Mentoring Program: A Graduate Student's Reflection of Change", *Peabody Journal of Education*, Vol. 74, No. 2, 1999.

[147] Ross, D. , "Facilitator, Director or Critical Friend?: Contradiction and Congruence in Doctoral Supervision Styles", *Teaching in Higher Education*, Vol. 13, No. 4, 2008.

[148] Rose, G. L. , "Enhancement of Mentor Selection Using the Ideal Mentor Scale", *Research in Higher Education*, Vol. 44, No. 4, 2003.

[149] Rose, G. L. , "Group Differences in Graduate Students' Concepts of the Ideal Mentor", *Research in Higher Education*, Vol. 46, No. 1, 2005.

[150] Ryan, W. C. , *Studies in Early Graduate Education*, New York: the Carnegie Foundation for the Advancement of Teaching, 1939.

[151] Sadlak, J. , *Doctoral Studies and Qualifications in Europe and the United States: Status and Prospects*, Bucharest: UNESCO, 2004.

[152] Sambrooka, S. , Stewartb, J. & Roberts, C. , "Doctoral Supervision... A View from Above, Below and the Middle!", *Journal of Further and Higher Education*, Vol. 32, No. 1, 2008.

[153] Seagram, B. , Gould, J. , & Pyke, S. W. , "An Investigation of Gender and other Variables on Time to Completion of Doctoral Degrees", *Research in Higher Education*, Vol. 39, No. 3, 1998.

[154] Smallwood, S. , "Doctor Dropout: High Attrition from Ph. D. Programs is

Sucking Away Time, Talent and Money and Breaking Some Hearts too", *Chronicle of Higher Education*, Vol. 50, No. 19, 2004.

[155] Smeby, Jens – Christian. , "Disciplinary Differences in Norwegian Graduate Education", *Studies in Higher Education*, Vol. 25, No. 1, 2000.

[156] Smith, D. , *The Everyday World as Problematic—A Feminist Sociology*, Boston: Northeastern University Press, 1987.

[157] Smith, D. , *The Conceptual Practices of Power—A Feminist Sociology of Knowledge*, Toronto: University of Toronto Press, 1990.

[158] Smith, D. , *Text, Facts, and Femininity: Exploring the Relations of Ruling*, London: Routledge, 1990.

[159] Smith, D. , *Institutional Ethnography: A Sociology for People*, Lanham, MD: AltaMira, 2005.

[160] Swilder, Ann, "Culture in Action: Symbols and Strategies", *American Sociological Review*, Vol. 51, No. 2, 1986.

[161] Stimpson, C. R. , "General Education for Graduate Education", *The Chronicle of Higher Education*, Vol. 49, No. 10, 2002.

[162] Taylor, T. & Beasley, N. , *A Handbook for Doctoral Supervisors*, London: Routledge, 2005.

[163] Thurgood, L. , Golladay, M. J. & Hill, S. T. , *US Doctorates in the 20th Century*, Arlington: National Science Foundation, 2006.

[164] Trevor H. , "A Quantitative Analysis of PhD Students' Views of Supervision", *Higher Education Research and Development*, Vol. 21, No. 1, 2002.

[165] Turner, Jim L. , Miller, M. & Claudia Mitchell – Kernan, "Disciplinary Cultures and Graduate Education", *Emergences*, Vol. 12, No. 1, 2002.

[166] Valimaa, J. & Ylijoki, Oili – Helena. , *Cultural Perspectives on Higher Education*, Spinger Nether lands, 2008.

[167] Vavrus, F. & Bartlett, L., *Critical Approach to Comparative Education: Vertical Case Studies from Africa, Europe, The Middle east, and the Americas*, Palgrave Macmillan, 2009.

[168] Walker, G. E., *The Formation of Scholars: Rethinking Doctoral Education for the Twenty – first Century*, San Francisco, CA: Jossey – Bass, 2008.

[169] Wang, C. & M. A. Burris, "Photovoice: Concept, Methodology, and Use for Participatory Needs Assessment", *Health Education and Behavior*, Vol. 24, No. 3, 1997.

[170] Wendler, C., Bridgeman, B., Cline, F. & et al. *The Path Forward: The Future of Graduate Education*, Princeton: Educational Testing Service, 2010.

[171] Wendler, C., Bridgeman, B., Cline, F., Millett, C., Rock, J., Bell, N., & McAllister, P., *The Path Forward: The Future of Graduate Education in the United States*, Princeton, N. J.: Educational Testing Service, 2010.

[172] Whitley, R., *The Intellectual and Social Organization of the Science*, New York: Oxford University Press, 2000.

[173] Winfield, G., *The Social Science Ph. D.: The ESRC Inquiry on Submission Rates*, London: Economiz and Sociab Research Conlil, 1987.

[174] Wright, A., Murray, J. P. & Geale, P., "A Phenomenographic Study of What It Means to Supervise Doctoral Students", *The Academy of Management Learning and Education*, Vol. 6, No. 4, 2007.

[175] Wulff, D. H., Austin, A. E. & Associates, *Paths to the Professoriate*, San Francisco: Jossey – bass, 2004.

[176] Ylijoki, Oili – Helena, "Disciplinary Cultures and the Moral Order of Studying—A Case Study of Four Finnish University Departments", *Higher Education*, Vol. 39, No. 3, 2002.

[177] Zhao, C. M., Golde C. M., & McCormick A. C., "More than a Sig-

nature:How Advisor Choice and Advisor Behaviour Affect Student
Doctoral Supervision", *Journal of Further and Higher Education*,
Vol. 31 , No. 3 ,2006.

[178]Zuckman,H. ,*Scientific Elite:Noble Laureates in the United States*,New
Brunswick (US) and London(UK):Transaction Publisher,1976.

三　网络资料

[179]美国教育部(http://www. ed. gov/)。

[180]美国化学学会(http://portal. acs. org/portal/acs/corg/content)。

[181]美国天文学学会(http://www. acs. org/)。

[182]美国数学学会(http://www. ams. org/home/page)。

[183]美国经济学学会(http://www. aeaweB. org/index. php)。

[184]美国现代语言学协会(http://www. mla. org/)。

[185]美国国家自然科学基金会(http://www. nsf. gov/)。

[186]美国大学协会(http://www. aau. edu/)。

[187]美国未来师资准备计划(http://www. preparing – faculty. org/)。

[188]美国卡内基教育教学促进会(http://www. carnegiefoundation. org/)。

后　记

　　本书是在我的博士论文的基础上修改而成的。博士论文得以完成，首先要感谢我的导师陈洪捷教授。九年前，拜于陈师门下。恩师治学严谨，博通古今中外，眼观现实。陈师对提出一个好的研究问题的近乎苛刻的要求使我明白了真学问、好学问的根基所在；在论文写作与修改过程中，陈师往往或发问，或举例，常常直指研究要处，启发我进一步地思考，指点我如何提炼观点、提升结论，提醒我在研究中要记得跳出自己的思维。陈师对全稿数次的细致指导，大至论文结构与思想逻辑，小至语句表达、引文出处、错字、外文拼写等，让我感动之余也警醒自己对待学问或任何事当在宏观上知晓如何完善严谨，在细节上懂得细致认真，但愿能慢慢习得陈师的那份从容与淡然。

　　感谢我的论文指导小组的几位老师，自始至终地耐心指教：陈学飞老师、刘云杉老师、蒋凯老师、马万华老师、施晓光老师、展立新老师。感谢陈向明老师，跟您学习质性研究方法，打开了我的研究之窗，您所教给我们的不仅是学术研究的方法，更是如何交往的艺术，而研究本身正是交往与不断理解的过程。感谢我的师兄沈文钦老师，在论文的选题和写作过程中，您时刻询问、提供最直接的建议与资料支持和帮助。感谢在北京大学教育学院学习过程中的其他授业教师：陈晓宇老师、阎凤桥老师、岳昌君老师、文东茅老师、林小英老师、李春萍老师、蔡磊砢老师、张冉老师、郭建如老师等。感谢北大研究生院的何峰老师在实地调研中的帮助。

　　感谢北京大学中国博士教育中心提供的平台，本书的选题灵感得益于在中心领导下参与的对中国本土研究生教育的实地调研。

　　怎能忘了在美求学的那段时光？感谢在印第安纳大学的两位导师：Heidi Ross 教授和 Luise McCarty 教授。Ross 教授不仅提供各种资源，而且帮助我制定在美的学习和研究规划，并带我参加学术会议。McCarty 教授每周都固定半天时间用于指导我的研究和学业，在精神和物质上对本书提供了不少支持。感谢印第安纳大学教育学院的 Phil Carspecken 教授在方法论上的指导，感谢 Barry Bull 教授对研究结构和思路的指导。

　　清华大学的袁本涛教授、北京师范大学的王英杰教授、石中英教授、刘宝存教授、华中科技大学的沈红教授均对本书提供了宝贵的建议，在此表示感谢。感谢我的硕导张晓唯教授，多年前您带我走进史学殿堂，叮嘱我学问要坐得冷板凳、要耐得住寂寞。多年来，我学业与生活的每一个进步都有您的鼓励与指点在其中。

　　本书还有幸得到了以下诸位学者的点拨：Ruth Hayhoe 教授、Dorothy Smith 教授、查强教授、李军教授。尤其是 Dorothy Smith 教授，虽未曾谋面，却就我对 Institutional Ethnography 的若干问题以 email 给予详尽解答，并赐教一些最新的思想。

　　感谢同窗好友赵世奎、张存群、边国英、秦琳、徐铁英、邢清清、刘子瑜、徐守磊、殷晓丽、王添淼、张琳、金帷、马佳、蔺亚琼、刘妍、管蕾、杨帆、王海迪、屈潇潇、潘昆峰、梁彦、杨素红、李秀珍……正是有诸位的陪伴，我的博士生活才更加丰富多彩。

　　必须要郑重感谢所有接受我访谈的受访者，为本书提供了丰富的、有感情的、生动的一手资料，他们的无私贡献与帮助、他们的思想与经历、他们自始至终的支持与关心，是本书得以形成的重要基础。尤为可贵的是，在实地访谈阶段，我也收获了友谊。从美回国后，我不时收到受访者的邮件，关心我论文和生活的进展，我也一直牵挂着我的受访者。这段作为研究的田野调查已构成我的人生之旅，值得珍重。

感谢我的家人，他们是我坚实的后盾和精神的动力。

正是在国家留学基金委的资助下我得以赴美学习并开展本书的研究工作，同时，这项研究受到香港圆玄学院"联校教育社科医学论文奖"一等奖金的资助，并获中国学位与研究生教育学会优秀博士学位论文奖，在此一并表示感谢。此外，本书的出版离不开天津师范大学教育科学学院的慷慨资助和中国社会科学出版社的辛苦工作，尤其是马明老师，对本书的编辑出版给予了很好的建议并付出了大量的心血，在书稿付梓之际，特此致谢。

文末，不得不感慨，学术研究就像挖金矿，挖出一堆，挑出一点点，丢弃剩下的。这项研究，从选题到资料搜集与分析，再到论文写作，经历了若干次的精选与推敲，力求更好。尽管如此，仍有瑕疵，恳请读者批评指正。

王东芳

2017 年 3 月于津